失われた徐福のユダヤ人
「物部氏」の謎

飛鳥昭雄・三神たける 著

学研
MU SUPER MYSTERY BOOKS

知られざる「もうひとつの秦氏」の謎と
中国を統一した秦始皇帝の正体に迫る!!

まえがき

秦氏《はたし》の謎は深い。ただたんに古代日本へやってきた渡来人という言葉ではいい表せないほどスケールが大きい。表向き、彼らは中国系渡来人といい、その一方で、朝鮮系渡来人であることは、すでに学界の常識。かといって、その故郷が百済《くだら》なのか、新羅《しらぎ》なのか、はては伽耶《かや》諸国なのか。テキストの読みようによっては、高句麗系渡来人であった可能性だってあるほどだ。まさに不可解な人々である秦氏を追いつづけ、その素性をまがりなりにも突き止め、実体が紀元1世紀、聖地エルサレムから消えたユダヤ人原始キリスト教徒であったことは、すでに何冊もの著書で発表してきた。

だが、そうした秦氏伝説のなかで、手つかずのまま、問題を先送りにしてきたテーマがある。それは「秦始皇帝《しんのしこうてい》」との関係だ。秦氏は『新撰姓氏録《しんせんしょうじろく》』のなかで出自を秦始皇帝に求めている。現在のアカデミズムでは、ほぼ完全に否定されているのだが、かといってすべてが虚構かといわれれば、イエスと即答できない部分もある。秦始皇帝の子孫が秘かに朝鮮半島に亡命しており、彼らの末裔がすべてではないにしろ、秦氏一族となった可能性はゼロではないからだ。

さらに、もうひとつやっかいなのは、同じ秦始皇帝の時代、東の海に船出してそのまま行方不明になった徐福《じょふく》の集団だ。不老不死の仙薬が手に入ると、言葉巧みに秦始皇帝に近づいた徐福は技術者と童男童女らを従えて出航し、一度は戻ってきたものの最終的に帰国することなく、伝説では見知らぬ土地で一国の王になったともいう。

中国から見て東にある島といえば、そう日本列島である。徐福の存在は古くから日本でも知られており、日本全国に徐福伝説が語り継がれている。しかも、徐福の末裔、もしくは徐福ゆかりの土地には、決まって秦氏の影がある。徐福の子孫が秦氏になったというのである。時代からいって、氏姓制度のなかった弥生時代、徐福の子孫が秦氏と名乗ること自体、ふつうならば考えられないことであるのだが、かといって、すべてを否定してしまうにはあまりにも全国的に流布しすぎている。

こうしたミステリーには必ず裏がある。ふつうだったらまともに相手にされないような伝説が現代にまで残る背景には、それなりの理由、具体的に歴史の真実の一片がまぎれこんでいる。

実は、秦氏ミステリーのひとつとして、この徐福伝説との関係を調べていったとき、ふと思ったことがある。徐福伝説における秦氏は、秦氏であって秦氏ではない。秦氏になりすました連中がいることに気づいたのだ。彼らは確信的に秦氏となった。というより、彼らが奉じる宗教、すなわち神道の教義を理解し、隠された奥義に触れることで、いとも簡単に秦氏と見分けがつかなくなってしまうのである。まさに盲点だった。それに気づくまでに20年近く時間を要してしまった。いまだにアカデミズムは堂々巡りを繰り返しているが、もう答えは出ている。徐福伝説に関わり、秦氏になりすました一族、それは物部氏《もののべし》である。

もちろん、物部氏のすべてが秦氏になったわけではないが、そもそもなりすましができるということは、だ。元をただせば、同じ血を引く同族であったことを意味する。物部氏もまた、ユダヤ人だったのである。ようやく物部氏の謎が解けたことによって、日本における古代イスラエル秘史の全貌が見えてきた。ちょうどジグソーパズルの重要なピースがはまったことで、そこに大きな絵が見えてきたようなものである。ひょっとしたら、これまでの自説もまた若干の修正を余儀なくされるかもしれないが、大筋で見立ては間違っていなかった。

ちなみに、本書は前著『失われた日本ユダヤ王国「大邪馬台国」の謎』(ムー・ブックス)の続刊で、合わせて上下巻のような性格付けになっている。もちろん、本書単独でも仮説の全体像を理解できるように配慮したつもりであるが、より深く知りたい方は、前著はもちろん、ネオ・パラダイムASKAシリーズの既刊の参照をお勧めしたい。前著に書いたことは重複を避けるため、なるべく説明を簡潔にしたからだ。

謎学研究家　三神たける

もくじ

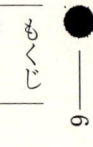

第1章―不老不死の仙薬を求めた徐福の謎―39

第2章―日本における徐福伝説の謎―61

プロローグ

雛祭りの秘密と不老不死の非時香果

雛祭りと日本神話

冬の寒さがゆるみはじめる早春のころ。桃の花咲く季節である3月3日は、全国各地で「雛祭り」が行われる。華やかな和服に身を包み、柔らかな髪の毛にきれいな簪《かんざし》を挿した女の子たちが、部屋にしつらえられた雛人形の前で甘酒をいただく。一連の儀礼は、女の子が女性としてたしなむべき行儀作法を教えることが目的だといわれる。よその家にお呼ばれしたときに、恥ずかしくないように、その所作を教える機会なのだとか。

とりわけ、雛人形はお内裏様とお雛様と並び称すように、これは婚礼の様子を再現したものである。いつかはお嫁入りする女の子に、華やかな結婚式の様子を憧憬の眼差しで見つめさせようとする親の思いが込められているという。

ともすれば、雅びな「おままごと」とも考えられがちな雛祭りであるが、意外にも、そこには日本神話に根ざす壮大なる宇宙観が反映されていることを知る人は少ない。

そもそも節句とは季節の節目であり、こと一桁の奇数が月と日で重なったときに行われるものである。ただし、1月1日の「元日」だけは特別扱いとされ、代わりに1月7日を「人日《じんじつ》の節句」とし、以下、3月3日の「桃の節句」、5月5日の「端午の節句」、7月7日の「七夕の節句」、9月9日の「重陽《ちょうよう》の節句」と続き、併せて、これらを「五節句」と呼ぶ。

⬆女の子の節句である雛祭りには日本神話が深くかかわっている。

いずれも神道の儀礼と深く関わる五節句は、そのバックボーンに日本神話がある。3月3日の雛祭りの場合、その原型が『古事記』に記されている。主人公のお雛様は神道の最高神にして、太陽の女神「天照大神《あまてらすおおみかみ》」であり、一方のお内裏様は荒ぶる男神「スサノオ命」である。両者は両親を同じくする兄弟なのだが、神話の世界は舞台俳優のようにキャラクターや属性が容易に変容し、新郎と新婦という象徴で読み解くことが可能なのだ。

天照大神とスサノオ命の誓約

『古事記』曰く、姉である天照大神に会おうと、スサノオ命は神々の世界である高天ヶ原《たかまがはら》に地上から単身、昇ってくる。もともと性格の荒いことを知っている天照大神はスサノオ命が高天ヶ原を武力で奪おうとしているのではないかと警戒し、完

⬆これによって誕生した３人の女神と５人の男神は雛祭りの三人官女と五人囃子を表している。

全武装して出迎える。

　これを見たスサノオ命は自らの心にやましいところはないと主張。潔白を証明するために、ふたりで神意を明らかにする「誓約《うけい》」を行い、そこで生まれた神々をもって判断しようではないかと提案する。男神なら正しく、女神であれば正しくないというわけだ。

　ここで「誓約」という言葉に注目してほしい。これはいうなれば、誓いである。神聖なる誓いの儀式をしようというのであるから、ある意味、神前で行われる結婚式であるといってもいい。事実、誓約で神々が誕生する。いうまでもなく、これはふたりの神の間に生まれた子供であると解釈できる。

　誓約は高天ヶ原の天安河《あめのやすかわ》をはさんで、その両岸にふたりが立つことで始まった。最初に天照大神が、スサノオ命がもっていた十握剣《とつかのつるぎ》を三段に折り、それを天真名井《あめのまない》の水につけて、そのまばりばりと口の中でくだいた後に大きく息を吹きだした。すると、吐息から3人の女神、すなわち田心姫《たごりひめ》、湍津姫《たぎつひめ》、そして市杵嶋姫《いつきしまひめ》が誕生した。

対するスサノオ命は天照大神の角髪《みずら》にあった八坂瓊勾玉《やさかにのまがたま》をばりばりと口の中でくだき、大きく息を吹きだした。すると、その吐息から5人の男神、すなわち正勝吾勝勝速日天忍穂耳尊《まさかつあかつかちはやひあめのおしほみみのみこと》、天穂日命《あめのほひのみこと》、天津彦根命《あまつひこねのみこと》、活津彦根命《いくつひこねのみこと》、そして熊野橡樟日命《くまののくすひのみこと》が誕生する。

スサノオ命が男神を生んだことで、邪《よこしま》な心がないことが明らかとなった。天照大神もこれを認め、その証として、生まれた神々は互いに交換し、各々の子供とすることが決まった。つまり、5人の男神は天照大神の息子、3人の女神はスサノオ命の娘とされたのである。

さて、ここで思いだしてほしいのは、雛壇飾りである。かつてはお内裏様とお雛様だけだったものが、時代を経てどんどん豪華となり、お付きの者も増えていく。雛祭りの唄にもあるように、お内裏様とお雛様の下には「三人官女」が仕え、その下には「五人囃子」が控えている。

実はこれ、天照大神とスサノオ命が誓約で生みだした神々なのである。三人官女は天照大神の吐息から生まれたスサノオ命の3人の娘で、五人囃子はスサノオ命の吐息から生まれた天照大神の5人の息子を象徴しているのである。

雛祭りが『古事記』における天照大神とスサノオ命の誓約という神話を反映しているということは、同時に、壮大なる天空の世界が映しだされているということでもある。高天ヶ原とは神々の住む天上の世界であり、太陽や月、そして星々が光り輝く大宇宙であることは、天照大神が太陽神であり、スサノオ命が闇の神、もしくは星神の性格を併せもつことからもわかるだろう。

ふたりが誓約を交わした天安河とは、その意味で、まさに夜空を流れるミルキーウェイ、つまり天の川なのだ。

スサノオ命の娘の数である3が重なる3月3日の桃の節句が女の子の儀礼であるのに対して、天照大神の息子の数である5が重なる5月5日の端午の節句が男の子の儀礼で、かつ「七五三」という子供の神道行事に関わるもうひとつの数である7が重なる七夕の節句は、男女が関わる結婚の儀礼なのだ。

もっとも、婚礼は基本的に女性の儀式である。3月3日が女の子のお祭りであるように、7月7日も同様に女性の祭礼であるといっていい。七五三において男の子は5歳のみだが、女の子は3歳と7歳にお宮参りをするしきたりなのもそのためだ。

さて、ご存じのように七夕伝説では天の川を挟んで織姫と彦星が一年に一度出会うといわれている。まさに、これが日本神話において、天安河を挟んで行われた天照大神とスサノオ命の誓約なのだ。織姫とは高天ヶ原で機織りをする天照大神のことで、彦星とは牛頭天王《ごずてんのう》の異名をもつスサノオ命のことなのである。したがって、この場合、天照大神は織女星《しょくじょ》であり、スサノオ命は牽牛星《けんぎゅう》に対応する。

さらに日本神話において、天照大神の5人の息子は夜空に浮かぶ光る5つ星、プレアデス星団として知られる「昴《すばる》」のこと。昴は6個の星として知られるように、『日本書紀』の一書《あるふみ》には、天照大神の息子が6人であると記されている。

一方のスサノオ命の3人の娘は冬の星座として知られるオリオン座の「三つ星」のことである。オリオン座は「鼓星《つづみほし》」ともいわれるように、三つ星の周りに4つの星がある。三つ星の3と周りの星の4を足した合計の7が鼓星の数であり、これが七五三の7の由来ともなっているのである。

このように雛祭りには、織女星と牽牛星、それにオリオン座とプレアデス星団、昴という壮大なる夜空の星座が、それぞれお内裏様とお雛様、そして三人官女と五人囃子という姿で雛壇に飾られているのである。ちなみに、天の川である天安河は、女の子が飲む「甘酒」という形で流れている。

左近桜と右近橘

雛祭りが婚礼を模していることは、とりもなおさず子孫の繁栄の願いが込められており、永遠の生命を謳いあげているといってもいい。事実、節句の名前にもなっている「桃」は古来、不老長寿の仙薬として知られており、これを投げつければ地獄の鬼も退散すると信じられてきた。昔話として、鬼退治をするヒーローの名前が「桃太郎」なのもここに理由があるのだ。

桃だけではない。雛祭りには、もうひとつ重要な不老長寿の象徴が雛壇に飾られている。それは両脇に置かれたふたつの樹、すなわち「左近桜」と「右近橘」である。

同じものは天皇が住まう平安京の内裏に建てられた「紫宸殿《ししんでん》」の前にもある。紫宸殿には天皇の即位の儀式に使用する「高御座《たかみくら》」が置かれている。高御座は天皇と皇后、それぞれあり、ふたつ並べて陛下が即位する光景は、ある意味、神聖なる現人神《あらひとがみ》の婚礼であり、日本における雛祭りの原型といってもいい。

左近桜と右近橘は、神聖なる空間の両脇に立つ神聖な樹木であり、それらは宇宙の根本原理である陰と陽をそれぞれ象徴している。すなわち、内裏側から見て左側に立つ桜は陽であり、右側に立つ橘は陰なのだ。

両者は極めて対照的な樹である。桜の花は美しく、ぱっと咲いてぱっと散る。まさに日本人

⬆京都・平安京の紫《し》宸殿《しんでん》。その前には雛壇に飾られる左近桜と右近橘が植えられている。

の美学を象徴する花である。これに対して、橘の花は小さく地味で目立たないが、つつましく可憐である。桜の実は小さく食べることができないが、橘の実は食用になる。また、桜は秋になると葉が落下する広葉樹だが、橘は冬でも葉が枯れることのない常緑樹である。

当然ながら、これらのモチーフもまた日本神話にある。桜＝サクラという言葉の「サ」とは山神の精を意味する。春になって、山神であるサが里に降りてきて、それを迎える「座」、すなわち「サ・クラ」が桜なのだ。人々は桜の花が咲く光景を見て、山神が里にやってきて田畑に活力を与えていると考えたのだ。

それゆえ山神である「大山祇神《おおやまづみのかみ》」の娘「木花開《このはなさく》耶姫《やひめ》」は、文字通り桜の神とされたのである。名にある花開く木とは桜のことなのだ。

ただし、大山祇神にはもうひとり娘がいた。木花開耶姫の姉の「磐長姫《いわながひめ》」である。木花開耶姫が花のように容姿が美しいのに対して、磐長姫はそうではなかった。ために大山祇神がふたりの娘を嫁に出したとき、天孫ニニギ命は木花開耶姫だけを選んでしまったのだ。これが原因となり、以後、地上の世界に住む人々の寿命は極端に短くなる。磐長姫は岩のように長い生命をもたらす大地母神だったのだ。

雛壇に飾られるふたつの樹は、まさに大山祇神のふたりの娘を意味している。左近桜は木花開耶姫であり、右近橘は磐長姫なのだ。美しく着飾るという意味で、女の子たちは木花開耶姫として立ち振る舞うのだが、もうひとつ、彼女たちはやがて子供を身ごもり、子孫を生みだして生命をつないでいく磐長姫へと成長していくのだ。

まさに、その意味で右近橘の実は「生命の樹の実」であり、桃と同様、不老長寿の仙薬なのだ。このことは『古事記』や『日本書紀』にも記されており、寿命が短くなった古代天皇の秘密を解き明かすひとつの鍵となっているのだ。

非時香果と田道間守

第11代垂仁《すいにん》天皇の時代のことである。天皇は三宅氏の祖「田道間守《たじまもり》」に対して、常世国《とこよのくに》にあるという「非時香果《ときじくのかくのこのみ》」を持って参れと命じた。非時香果とは、いつでもかぐわしい香りを放つ木の実で、当時、仙薬のひとつと考えられていた。

命を受けた田道間守は、さっそく常世国へと向かった。常世国とは、海の向こうにあるという神仙の国で、仙人が住んでいる秘密の世界である。俗人が簡単に行けるところではない。それでも、田道間守は艱難辛苦《かんなんしんく》を乗り越えて、ついに常世国にたどり着くことに成功し、幻の非時香果を手に入れることができた。

かくして10年にも及んだ長旅の末、田道間守は縵《かげ》四《よ》縵《かげ》と矛《ほこ》四《よ》矛《ほこ》、そして非時香果を携えて無事に帰国するのだが、そこで待っていたのは主君の死であった。1年前、すでに垂仁天皇は崩御していたのである。

⬆垂仁《すいにん》天皇のために常世国《とこよのくに》から非時香果《ときじくのかぐのこのみ》を持ち帰った田道間守《たじまもり》の像。

さすがの非時香果も、死んだ者を生き返らせることはできない。悲しみに打ちひしがれ、希望を失った田道間守にとって、もはや不老不死という言葉さえ空しく響いたことであろう。天皇の亡骸を葬った陵墓の前で泣き叫んだ田道間守はそのまま死んでしまったと記紀は伝える。人は悲しくて死んでしまう生き物なのだ。生命とは何か。不老不死は人にとってどんな意味があるのか。人生の不条理を改めて考えさせられるエピソードである。

しかし、はたして、これは史実なのだろうか。できすぎといえば言葉は悪いが、どうも神話のひとつのように思えてならない。人が悲しくて死ぬ存在であることを否定するつもりは毛頭ない。逆に希望さえあれば、人は生きていけるものだ。

気になるのは「非時香果」である。エピソードは『古事記』と『日本書紀』の両方に載っているのだが、いずれも非時香果について、今の「橘」であると述べている。橘の起源を物語っているのだが、不可解なことに、もともと日本列島に橘は自生しており、外国へわざわざ身の危険をおかしてまで捜し求めにいくほどの木の実ではないのだ。橘に似た柑橘類の一種だと幅をもたせて拡大解釈してもいいのだが、今の橘であるとことさらに強調しているのはなぜなのか。

⬆非時香果のこととされる橘はもともと日本でもごくふつうに見られる樹木だ。

古代日本において、橘はごくふつうの木の実であった。常緑樹で、不老長寿の象徴とされてはいるものの、常世国にだけ存在する特別な木の実ではない。記紀神話にはときどきこうした不可解な場面がある。あたかも、まったく別の意味が込められているとでもいいたげに……。

非時香果、すなわち橘とは暗号に違いない。そう確信したのは、元伊勢のひとつ、京都の籠《この》神社の取材をしたときのことだった。

元伊勢籠神社

田道間守は非時香果を捜しに常世国へと行ったという。常世国とは仙人が住む世界で、それは中国における神仙思想がもとになっている。日本における常世信仰の発祥の地は丹後《たんご》、日本三景のひとつ、天《あま》の橋立《はしだて》の付け根に鎮座する元伊勢「籠神社」であるといわれている。海の中の常世である龍宮城が登場するお伽噺「浦島太郎」も、もとは籠神社に伝わる伝説なのだ。

元伊勢とあるように、籠神社は各地に存在する伊勢神宮の跡地のひとつ。しかも、内宮《ないくう》のみならず、外宮《げくう》の元伊勢でもある。ゆえに神道はもちろん、日本古代史の謎を解き明かす重要な鍵を伝承する唯一の神社だといってもけっして過言ではない。実際、それを裏づけるように、籠神社には前漢時代の鏡が代々伝承されており、神職を務める海部《あまべ》氏《し》の系図は国宝に指定されているほどである。

⬆丹後一宮《たんごいちのみや》として知られる籠《この》神社。

かくも由緒正しき籠神社に、これまで筆者らは3度にわたって取材をさせていただき、貴重なお話を聞くことができた。取材のたびに海部光彦宮司が語る極秘伝に度肝を抜かれ、衝撃的な思いを繰り返してきた。その成果は、ネオ・パラダイムASKAシリーズの既刊として発表させていただいた次第である。

そうした取材にあって、実は、非時香果に関する同じ話を3回聞かされた。まさに極秘伝のひとつとして、古代史の謎を解くための重要な鍵として語られたものなのだが、あまりにも難解であるために、最初の2回の取材では、答えが出なかった話である。

しかしながら、3度目の正直とでもいおうか、ついに謎が解けるときがやってきた。不老不死をもたらす非時香果の暗号が意味することがわかったのである。

物部氏と徐福

　あれは2009年3月のことだった。目的は、ひとつ。古代豪族「物部氏《もののべし》」の正体を知ることにあった。籠神社の祝部《はふりべ》であった海部氏は物部氏と同族。物部氏の中の物部氏であり、歴史上抹殺されてきた物部氏についての秘密を握っているのである。

⬆日本古代史の謎を解く鍵を握る籠神社の海部《あまべ》光彦宮司。

　もっとも、籠神社への取材は常に物部氏がテーマだった。日本古代史の謎を物部氏という視点から分析するに当たって、籠神社の極秘伝はどうしても避けることができない重要な手がかりだったのだ。

　だが、物部氏は迷宮である。籠神社の取材をしてもなお、1回目は天皇家と騎馬民族、2回目は天之日矛《あめのひぼこ》と秦氏《はたし》の話として最終的にまとまり、ずばり物部氏の正体そのものについては事実上、棚上げになっていたのである。そうした経緯もあって、今回ばかりはブレることなく、最終的な結論を手に入れようと心して臨んだのだ。

とはいえ、取材はあくまでも相手あってのこと。ちょうど4月に行われる葵祭（藤祭）の準備で多忙極まるなか、海部光彦宮司には無理をいって時間を割いてもらった。無駄なことに貴重な時間を費やすわけにはいかない。筆者らは挨拶もそこそこに、いきなり本題に入ることにした。飛鳥昭雄は単刀直入、こう切りだした。

「ついに物部氏の正体がわかりました。つきましては、そのことで確認したいことがあります」

ハッタリにも聞こえるが、そうではない。飛鳥には自信があった。しかるべき筋からの信頼に足る情報を手に入れていたのだ。これに対して、海部宮司は少し間を置きながら、こう答えた。

「物部氏と海部氏では格が違います。ひとつの大きなグループを形成していましたが、中核を担っていたのは海部氏です」

物部氏をいくら調べても、海部氏のことを知らなければ物部氏をわかったことにはならないという意味か。物部氏と同族でありながらも、祭祀一族として存続してきた海部氏は言霊《ことだま》でいえば「アマ部」、つまり「天部」である。物部氏は天神ニギハヤヒ命を祖とするが、海部氏は天火明命《あめのほあかりのみこと》を祖とする。天孫族であると同時に、天皇家と同族であるという意識がある。古代天皇のルーツが大陸の騎馬民族であることを確信している飛鳥は、こう切り返した。

「海部氏という名前からすれば、航海術に長けていたことはわかります。とすれば、そのルーツは大陸ではないのですか」

この瞬間、宮司は〝ついに来たか〟という顔で笑った。というか、そこまではいわなくてもわかるでしょうとでもいいたげだ。状況を見計らった飛鳥は続けた。

「ずばり聞きます。物部氏は徐福《じょふく》の末裔なのではないでしょうか」

徐福とは紀元前3世紀、史上初めて中国を統一した秦始皇帝《しんのしこうてい》のもとにいた方士《ほうし》で、後にいう道教の呪術師のような存在だった。彼は不老不死を願う秦始皇帝に近づき、東海に浮かぶ蓬莱《ほうらい》山《さん》に行って幻の仙薬を手に入れてくると奏上。はたして秦始皇帝の信を得て、童男童女と技術者、それに莫大な財宝とともに船出したもののついには戻らなかったと伝えられる。一説には、中国から見て東海に浮かぶ島とは日本のことではないかともいい、各地に徐福伝説が残っている。その徐福と配下の人々が物部氏となったのではないかというのである。

「……さあ、それはどうでしょうな。ただ『古事記』には、不老不死の非時香果を求めた田道間守の話があります。帰国したときにはすでに天皇は死んでおり、彼は悲しんで泣き死んだと書かれていますが、よほどのことだったのでしょう」

海部宮司は徐福については結局、直接的に言及はしなかった。思えば、これまで2回の取材でもほぼ同じような話を聞いた。田道間守と徐福伝説は関係があると匂わせる発言を前に筆者は腕を組み、しばし遠くを見つめた。

「秦」の暗号

徐福と物部氏を結ぶ田道間守。それらを結ぶ不老不死の仙薬「非時香果」は、先述したように今日、橘と呼ばれていると記紀はいう。日本における最上級の橘は、やはり天皇陛下のそばにあった紫宸殿の前に植えられた右近橘であろう。

その右近橘は、もともと謎の渡来人とされる秦氏の首長「秦河勝《はたのかわかつ》」の邸宅にあったものであることが『拾芥抄《しゅうがいしょう》』という書物に記されている。秦河勝は聖徳太子《しょうとくたいし》のブレーンともいうべき舎人《とねり》だった人物で、晩年、橘の樹につく青虫を常世虫として喧伝して世をかどわかした大生部多《おおうべのおお》なる人物を討ったという。

橘に関わる秦氏は秦河勝だけではない。非時香果を求めて旅立った田道間守自身、新羅《しらぎ》の王子である天之日矛の子孫であり、その天之日矛は秦氏集団の象徴であることが学界の定説となっている。いうなれば、田道間守は秦氏なのだ。

また、非時香果が生えているとされる常世国だが、それを名前に関した常世連《とこよのむらじ》は、みな秦氏と同族であることがわかっている。渡来人である秦氏であったからこそ、海外の事情に詳しかったという指摘もあるくらいだ。

当然ながら、不老不死伝説にも秦氏はからむ。人魚の肉を食べて不老不死になった「八百比丘尼《やおびくに》」の父は蘆屋道満《あしやどうまん》で、彼は秦道満《はたのどうまん》ともいった。もちろん説話ではあるものの、日本史上、初めて不老不死になったのは秦氏なのである。

さらに、秦氏の秦という字は秦始皇帝の秦でもある。『新撰姓氏録《しんせんしょうじろく》』なる書物によると、秦氏は秦始皇帝の子孫だという。不老不死の仙薬を求めた秦始皇帝が秦氏の祖先だというのははたして偶然なのか。

そして、もうひとつ。だめ押しは徐福である。中世における中国の書物『義楚六帖《ぎそろくじょう》』には、徐福は日本に渡来して、その子孫は秦氏を名乗っていると記されているのだ。これらを素直に信じれば、古代中国からやってきた徐福と秦始皇帝の子孫は不老不死の常世信仰を日本にもたらし、それが記紀における田道間守伝説となったと結論づけることができるだろう。事実、そう声高に主張する古代史研究家も少なくない。

が、しかし!!

世の中、そんなに甘くない。もっともらしい話には必ず裏がある。いかにも、といった話には落とし穴があり、罠が巧妙に仕掛けられている。世の真理は常に邪な者たちを遠ざけるためにトリックが施されている。ただし、その一方で、答えは目の前に堂々と掲げられているのだからたちが悪い。

秦氏を追いつづけて早、20年。まともに秦氏を調査していくと、秦始皇帝はもちろん、徐福との接点はどんどん希薄となり、代わって浮かびあがってくるのが、なぜか物部氏なのである。かといって、物部氏は秦氏ではない。秦氏とともに渡来してきた騎馬民族の王である古代天皇かと思えば、これもまた違う。古代朝鮮語で海を「ハタ」とも読むからといって、海部氏は秦氏ではない。

この堂々巡りを3回転半……ようやく見えてきたのは「秦」である。「秦氏」ではない。ただの「秦」である。「氏」を取ったとき、あらためてそこに浮かびあがる「秦」の意味……。はたして、それはいかなるモノなのか。まずは徐福とは何者であるのかについて述べることにしよう。

第1章

不老不死の仙薬を求めた徐福の謎

●——40

不老不死の夢

富と権力と名声。およそ俗人は、これらを手に入れるために人生の多くの時間を費やすのであろう。だが、ひとたび栄耀栄華を極めたとしても、この世に生まれた者はだれもがいずれ死を迎える。生きること、病気になること、老いること、そして死ぬこと。仏教でいう人の四苦は、到底避けることができない。

紀元前3世紀、中国全土を統一し、強大なる秦《しん》帝国を一代にして築きあげ、富と権力と名声をほしいままにした秦始皇帝《しんのしこうてい》でさえも、最後に求めたのは不老不死という見果てぬ夢であった。忍び寄る老いを実感する秦始皇帝は次第に神仙界を夢想するようになり、不老長寿はもちろん、不老不死の仙薬を求めることとなる。

秦始皇帝のご所望を聞き及んだ人々は、当然ながらそれに応えようと奔走する。不老不死の仙薬を献上できれば、褒美はもちろん、しかるべき地位が保証されるからだ。

とはいえ、一般の俗人が神仙界に容易に行けるはずもなく、不老長寿を謳う仙薬はもっぱら神秘思想に彩られた呪術の担い手、いうなれば古代の錬金術師によって製造されてきた。「金《きん》丹《たん》」などは、その代表であるといえよう。

しかし、不老長寿と不老不死とでは、意味が根本的に違う。冷めたいい方をすれば、不老不死をもたらす薬など、この世に存在するはずはないのだが、そこは神仙思想がリアルに信じられていた時代である。俗世界を離れた神仙界には仙人が住んでいるといい、彼らは不老不死の仙薬をもっていると人々は当たり前のように信じていたのだ。

かくて、古代中国の呪術師、後の道教における道士ともいうべき「方士《ほうし》」が次々と秦始皇帝のもとに接近してきては不老不死の仙薬に関する甘い話をもってきた。曰く、秦始皇帝のために神仙界に行って不老不死の仙薬を取ってきましょう。ついては、そのために必要なしかるべき額の支度金をいただきたい、と。

もちろん、その多くは根拠のない甘言であり、方士の多くは詐欺師であった。当時のことを記した司馬遷《しばせん》の歴史書『史記《しき》』には、莫大な費用をかけて仙薬を捜させたにも関わらず、まったく成果を出せないばかりか、謀《はかりごと》をしたことがばれたとして、逃亡した慮生《ろせい》や侯生《こうせい》のほか、見せしめを含め、多くの方士が殺されたことが記されている。

おそらく秦始皇帝もうんざりしていたことだろう。はたして、不老不死の仙薬も本当に手に入るのか。不安を通りこして、ひょっとしたらあきらめの境地に至っていたのかもしれない。

ところが、そうした詐欺師まがいの方士がたくさんいるなかで、結局、秦始皇帝はひとりの方士だけを信用する。

「人をして、すなわち童男童女をもたらして、海に入りて、これを求めしむ」（『史記』封禅書《ほうぜんしょ》第6）

不老不死の仙薬を手に入れるために、幼い子供たちといっしょに渡海した人がいるというのだ。ここに記された「人」こそほかでもない、秦始皇帝の信任を受けた唯一の方士「徐福《じょふく》」である。

徐福

秦始皇帝のお眼鏡にかなった徐福は、もともと秦の人間ではない。斉《せい》という国の人間である。秦が中国の西端に位置するならば、斉は東の端に位置し、山東《さんとう》半島を含む東シナ海沿岸に広がる領域を支配していた。

一般に徐福と表現されているが、『史記』の「秦始皇本紀《しんしこうほんぎ》」には「徐市《じょふつ》」という名前で登場する。これは中国語で「福」と「市」がともに同じ音「フー」であるため、借字したものだと思われる。後の記録がすべて徐福となっていることから、本書でもこれにならって徐福の名で統一して表記する。

先述したように、徐福は「方士」であった。方士とは道教の呪術師、道士のようなもの。当

⬆秦始皇帝《しんのしこうてい》に拝謁する徐福《じょふく》。

時はまだ今日のような道教が成立していなかったため、ここでは神仙思想の呪術師という意味である。

もっとも呪術師といっても、易占《えきせん》や星占い、それに護符や呪文などといった占術や文字通りの呪術だけを行っていたわけではない。かつての錬金術が今日の化学の基礎を築いたように、呪術師は当時の最先端科学技術をも身につけていた存在であることを忘れてはならない。おそらく方士であった徐福は化学のみならず、地理や天文学、医学、建築技術などにも通暁していた可能性は十分ある。

その徐福と秦始皇帝の出会いは紀元前219年のこと。当時、中国全土を統一した秦始皇帝は自らの名声と権威を確固たるものにするために全国を巡行し、各地に業績を記した石碑を建立させて

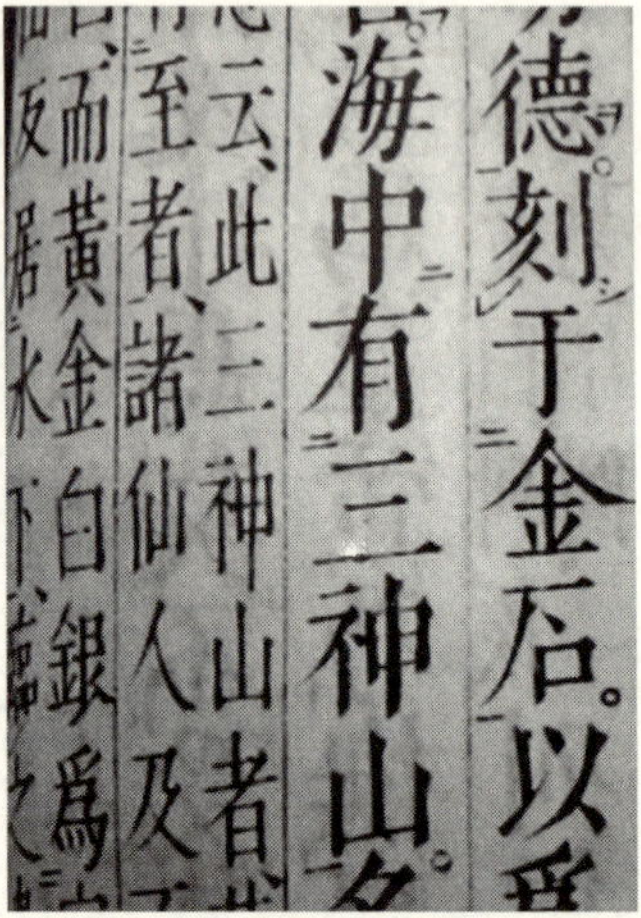

⬆「海中に三神山あり」と書かれた『史《し》記《き》』の部分。

いた。巡行は生涯で5回にわたって行われたのだが、その2回目に秦始皇帝は斉にやってくる。海を見るのは初めてであった秦始皇帝が渤海《ぼっかい》に面した黄県《こうけん》（山東省竜口《りゅうこう》）を訪れた際、徐福が面会を求めたのだと思われる。

徐福と秦始皇帝の会見の状況については詳しく記されていないものの、秦始皇帝が語った内容が『史記』に簡潔に記されている。

「斉の人、徐市らは上書して曰く。海中に三神山あり、名づけて蓬萊《ほうらい》・方丈《ほうじょう》・瀛州《えいしゅう》といい、そこに僊人《せんにん》がいる。斎戒《さいかい》して、童男童女とともに求めてきましょう。これにより、徐市は童男童女数千人をともなって渡海し、僊人を捜し求めた」（『史記』「秦始皇本紀」第6／秦始皇28年）

僊人とは仙人のことである。東の海の向こうに、仙人が住むという三神山がある。名を蓬萊、方丈、瀛州という。そこに不老不死の仙薬があるので、体を清めた童男童女たちを連れてこの徐福が取ってきましょうというのだ。

説得の甲斐があったのか、見事、徐福の奏上が聞き入れられ、秦始皇帝はこれを許可する。長旅に必要な食料や資材、財宝なども持たせたに違いない。万端の準備を整え、徐福は約束通り、数千人の童男童女たちとともに船出したという。

童男童女の謎

徐福がほかの方士と違ったのは、不老不死の仙薬を深山幽谷を分け入った内陸ではなく、海の彼方に求めたことにある。もっとも東海の神仙界の存在は当時の人にとっては常識のようなもので、発想としてはさほど珍しいものではない。むしろ秦始皇帝をうならせたのは、いっしょに神仙界に連れていこうと提案した童男童女の存在にあったようにも思われる。

なぜ仙人が住む世界に幼い子供たちを連れていく必要があったのか。現代人の感覚ではよくわからない。分別のない子供たちの世話をするだけでも大変で、ともすれば足手まといになるわけで、積極的に同行させる意味が見えないかもしれない。

しかし、ここがまさに呪術的な発想なのだ。神仙界は俗人の世界とは違う。聖なる場所は必ず門番ともいうべき恐ろしい存在がいる。ふさわしくない人間を寄せつけないために、悪鬼のような存在が守っているのである。いわば試練ともいうべき難関をくぐり抜ける際、童男童女が必要なのである。

世間に揉まれて酸いも甘いも知った大人は、ある意味ずるがしこい存在である。処世術といえばそれまでだが、世の中、きれいごとだけでは通らないことをよく知っている。純粋な心というものを忘れてしまっているのだ。ために、これが隙となってしばしば魔が差すという言葉があるように、人は犯罪に手を染め、自らの身を滅ぼすのだ。

この点、幼い子供たちは純真である。邪悪な心がない。つけいる隙がないので、いわば悪鬼は手を出せないのである。非常に逆説的ではあるが、何も知らない朴訥《ぼくとつ》な心であるからこそ、幼い子供たちには魔力があるのだ。

子供、いわゆる童子に力があるという思想は何も中国に限ったことではない。日本においても、幼子のお釈迦様を仏像として表現したり、聖人君子として知られる聖徳太子の姿が童子形で描かれるのはそのためである。魔力をもった童子という意味では、芸能の世界における『笛《ふえ》吹童子《ふきどうじ》』も同様だ。

ちなみに日本では、童子の魔力は反転して、そのまま鬼の名前になる。有名な「酒呑童子《しゅてんどうじ》」や「茨木童子《いばらきどうじ》」、さらには天皇の輿担ぎで、鬼の子孫と称した京都の「八瀬童子《やせのどうじ》」などもまた、みな鬼の魔力を表現した名前である。

おそらく徐福は秦始皇帝にこの点を強調したのだろう。童男童女を連れていくというユニークな発想と呪術的な思想に、秦始皇帝は感銘を受けたに違いない。そこがまさに徐福がほかの方士と決定的に違うところである。

仙人が住む三神山

俗人が「谷の人」と書くのとは対照的に、仙人は「山の人」と書く。中国では人里離れた高い山には仙人が住むと、古くから信じられてきた。もっとも山は何も内陸だけにあるわけではない。海にもある。海に浮かぶ高い山のうち、仙人が住むところを「神山」といった。なかでも、最も神聖な3つの神山のことを「三神山」と称した。

⬆三神山のひとつ、蓬莱山《ほうらいさん》をかたどった壺。

これが、徐福が奏上した三神山、すなわち「蓬莱山」と「方丈山」と「瀛州山」である。ただし、山とあるが、実際は高い山をもった島のことである。

これら三神山は中国から見て東の海の向こうに存在すると信じられてきた。神仙界ゆえに、俗人は容易に近づけない。遠くから島影が見えて

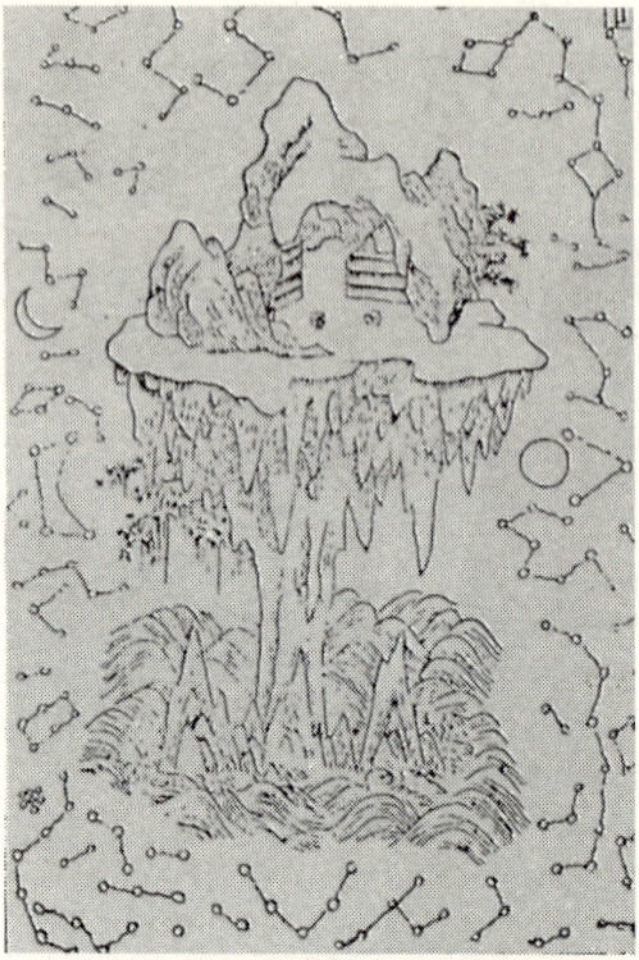

⬆キノコのような形をした蓬莱山。これは古代人が蜃気楼を見間違えたのではないかといわれている。

も、なかなか近づくことができない。無理に近づいても、跡形もなく姿が消えてしまうという。それゆえ長らく幻の島であると伝えられてきた。

　はたして、三神山など実在するのか。見た者は多いが、到達した者はいない。次元の異なる神仙界とは、まさにそういうものであると強弁すればその通りなのだが、ここで少し見方を変えると興味深いことがわかる。

　古来、三神山のひとつ、蓬莱山は数多く絵画に描かれてきた。それらを見ると、いくつか共通点があることに気づく。全体的に蓬莱島はキノコのような形をしているのだ。長い茎のような峰の上に大きな山があり、非常にアンバランスな印象を受ける。しかも、蓬莱山の下にはつららのような部位が認められ、あたかも鍾乳石に見える。

　実はこの光景、今でも夏の暑い日に実際、海上で見られるのだ。蜃気楼《しんきろう》である。気温の逆転層ができると、遠くの船や島が縦に長く伸びて見える。屈折の具合によって、上下逆さまの映像が見えることもあり、その光景はまさに蓬萊山の絵そのものなのだ。それゆえ現代では、蓬萊山とは東海でしばしば目撃される蜃気楼を見た古代人が実在する島と見間違えたものであるというのが定説となっている。

はたして、徐福が目指した三神山が蜃気楼だったのかどうかは、今、この段階では断定できないが、可能性は十分ある。事実、船出した徐福は、その後、なかなか蓬萊山にたどり着けないのである。

第1回目の航海と帰国

秦始皇帝の期待を背に船出した徐福であったが、なかなか帰ってこない。待てど暮らせども、徐福が帰国したという情報が秦始皇帝のもとには届かない。そのため、日に日に徐福の評判は悪くなる。出航から7年たったころの状況を司馬遷はこう記している。

「徐市らは巨万の財を費やして計れども、ついに薬を得ることはできなかった。いたずらに姦利をもって相告ぐること日に聞こゆ」（『史記』「秦始皇本紀」第6／秦始皇35年）

莫大な財宝をもとに船出したが、徐福は帰ってこない。きっと不老不死の仙薬を手に入れることができないのだ。世間では、徐福の語ったことはすべて嘘で、財宝を手に入れるために秦始皇帝を騙したのだという噂が立ったらしい。

確かに無理もない話であるが、こうした状況が続くなか、それから2年たってやっと徐福は帰国。秦始皇帝の御前に現れ、状況を説明する。

「方士徐市ら、渡海して神薬を求めて数年たったが、これを得ることができなかった。多くの費用がかかった。これを責められることを恐れた徐市は、いつわりて曰く。蓬莱の薬はあったが、いつも大鮫魚に邪魔されて、島に上陸できない。願わくば、射手を同行させて、これを連努で撃ちましょう」(『史記』「秦始皇本紀」第6/秦始皇37年)

帰国した徐福は手ぶらであった。約束の仙薬を手に入れることができなかったのだ。さすがに莫大な費用をかけたプロジェクトである。何も成果がなかったではすまない。責任を問われることはもちろん、事と次第によっては命の保証はない。そう考えた徐福は、なんとかうまいいわけを考えついた。蓬莱山には行ったものの、邪魔がいて上陸できないことにしようというのだ。なんでも大きなサメがおり、これをなんとかしないと仙薬は手に入らない。できることなら、射撃の名手を同行させていただければ、邪魔をするサメを撃ち、蓬莱山に上陸したい。さすれば、必ず不老不死の仙薬は手に入れることができるでしょうというわけだ。

なんともあさましい印象を受けるが、あくまでもこれは徐福から100年後の司馬遷が当時の情報をもとにまとめた記述である。直接、徐福に取材して書いたものではない。それゆえ、徐福の弁護側に立った見方をすれば、これが虚言かどうかはわからない。実際にサメがいたのかもしれない。サメはいなくてもなんらかの事情があって蓬莱山にたどり着けなかったか、仮にたどり着いたとしても、仙薬を手に入れられない理由があったのかもしれない。

ただひとついえることは、虚言かどうかは別にして、当の秦始皇帝は徐福の言葉を信じたということである。ふつうならば、仙薬の入手に失敗したのだから、あの激しい性格ゆえ、目の前で切り殺されても不思議ではない。少なくとも徐福をこころよく思わない人々は、それを当然のことと考えていたに違いない。

ところが、不思議にもそうはならなかった。歴史家たちは、それだけ秦始皇帝の不老不死に対する期待が高かったからだろうと述べるが、いずれにしても異例である。

第2回目の航海と伝説

徐福に関する『史記』「秦始皇本紀」の記述は、徐福の帰還と新たな出航の奏上で終わりなのだが、結局、これが認められたらしく、第1回目の航海の詳しいあらましとその続きは『史記』「准南衡山列伝《わいなんこうざんれつでん》」のほうに記されている。名前はここから徐市ではなく徐福となるのだが、「本紀」に比べて「列伝」の内容はずっと具体的でドラマチックである。

「また徐福をして海に入って神異の物を求めしむ。還って偽辞をなして曰く。臣、海中に大神を見る。いって曰く、汝は西皇の使いか、と。臣答えて曰く、然りと。汝、何をか求むる。曰く、願わくば延年益寿の薬を請はん、と。神曰く、汝が秦王の礼薄し。観るを得れども取るを得ず、と。すなわち臣を従えて東南のかた蓬莱山に至り、芝成の宮殿を見る。使者あり。銅色にして龍形、光上って天を照らす。これによりて臣再拝して問うて曰く、よろしく何をよってかもって献ずべき、と。海神曰く、令名の男子および振女と百工の事とをもってせば、すなわちこれを得ん、と。秦の皇帝、大いによろこび、振男女三千人を遣り、これに五穀の種と百工とを資して行かしむ。徐福、平原広沢《へいげんこうたく》を得、とどまりて王となりて来らず。これによりて、百姓悲痛し相思うて、乱をなさんと欲する者、十家に六あり」（『史記』「准南衡山列伝」第58）

秦始皇帝は徐福の奏上を受けて、三神山に行って不老不死の仙薬を取ってくるように命じた。数年たって後、徐福は帰国したが、仙薬は入手できていなかった。徐福は偽りの物語をでっちあげてあたかも真実のように申し開きを行い、航海の状況を説明した。

それによると、徐福は確かに神仙界に到達した。が、そこで大いなる神に出会う。大神は徐福に向かって、汝は秦始皇帝の使いの者かと聞いてきた。徐福がそうだと答えると、大神はいったい何を捜し求めてやってきたのかと問いただした。

徐福が命を延ばす効果のある薬、すなわち不老不死の仙薬をいただきたいと申すと、大神はいった。秦始皇帝の貢ぎ物が足りない。しかるに、見るだけならいいが、手にとって持っていくことは許さない、と。

↑『史記』を書いた司馬遷《しばせん》。

こうして、徐福は大神に連れられてさらに東南の蓬莱山に行き、そこで霊芝《れいし》でできた立派な宮殿を見た。そこには仙人の使者がおり、その姿は銅のような色で龍のような外見をしており、発する光は天上にまで届いていたという。

驚く徐福は、再び大神に礼拝し、どうしたら仙薬を手に入れることができるのでしょうかと尋ねた。すると大神は、家柄のいい良家の男の子と女の子たちと、多くの技術者を連れて献上すれば、望みの品は与えてもよかろうという。

この話を聞いた秦始皇帝は非常に喜んで、すぐさま良家の男の子と女の子、総勢3000人を集め、さらにさまざまな分野の多くの技術者と五穀の種を用意し、徐福に託した。命を受けた徐福は、これらの人々と財宝とともに再び船出したという。

しかし、徐福は二度と帰国することはなかった。彼は海の向こうに新たな別天地を見つけ、そこで国を建国し、自ら王となったのだ。これを聞いた民は怒り悲しみ、反乱を起こそうとする者が10戸のうち6戸にも上ったという。

さて、これを読んでわかるように、徐福と神仙界の大神、すなわち仙人の問答は、ほとんどファンタジーである。文字通りのことがあったとは到底思えない。ゆえに司馬遷も、これはあくまでも徐福が虚言を語ったのだという文脈で紹介している。

いわば口からでまかせを秦始皇帝は信じたのであり、徐福は稀代の詐欺師であったというわけだ。徐福にしてみれば、もともと存在しない不老不死の仙薬を餌に、秦始皇帝から莫大な財産と有能な技術者、それに将来が有望な若者を手に入れることができたのだ。

バカ正直に帰国すれば、処刑されることは火を見るよりも明らかである。というより、最初から新天地に国をつくろうという目的があったのかもしれない。だとすれば、すべての辻褄が合ってくる。

しかしながら、ここまで来ると、ほとんど客観的な歴史とはいい難いのも事実である。後世の歴史家は、司馬遷自身、彼が生きた時代の方士たちの語る大げさなホラ話をまともに受けて、徐福伝説を史実として書き記したのだと指摘するほどである。

とくに唯物論的な歴史学では、こうしたファンタジーものは神話や伝説の類いとして排除する。歴史的な事実の反映を読み取ることはあっても、史実とはみなさないというのが学者の一貫した立場であり、それは意外にも第2次世界大戦中まで続いた。

徐福村の発見

はたして徐福は実在の人物なのか。戦後、多くの議論がなされたが、この問題に関してひとつの結論が出たのは、実は1980年代に入ってからのことである。中国共産党は国家事業の一環として『中華人民共和国地名辞典』の編纂を計画。そのために、中国全土の地名調査を行った。

すると、ここで思わぬことが判明する。1982年6月、江蘇《こうそ》省連雲港市贛楡《かんゆ》県「徐阜村」が、清国乾隆帝《しんこくけんりゅうてい》の時代まで「徐福村」と称していたことが明らかになったのである。徐阜は南の前徐阜村と北の後徐阜村に分かれており、その北徐阜に徐福の実家があったことまでわかったのだ。

調査にあたった徐州師範の羅其湘教授の報告によると、地元の人々は古来、徐福の子孫と称

↑中国の江蘇《こうそ》省連雲港市贛楡《かんゆ》県にかつてあった徐福村。中央は茂在寅男名誉教授。

しており、かつては徐福廟なるものも複数存在していたらしい。ちなみに、現在では徐福が再評価され、新たに徐福廟が再建されている。

また、今でこそ徐氏そのものを名乗る人は少ないものの、かつては大勢いたらしい。ただ、徐福が帰国しないために体制側からの圧力を避けるため、徐福一族の多くは改姓を余儀なくされたのだとか。実際、徐福村の周囲には秦代の遺跡が数多く存在し、なかには春秋時代にまで遡る遺跡や遺物が発見されている。

中国徐福会の汪承恭理事も、かつては徐福の実在を疑っていたひとりだが、徐福村の発見により、その実在性を確信していると語る。汪理事は徐福村周辺の考古学的な物的証拠を丹念に検証し、2200年前、ここに斉の町があり、徐福一族が住んでいたことを実証した。まだ研究すべき余地はあるものの、徐福の実在は間違いないと語る。

また、徐福の実在を疑う要素のひとつとして指摘されるのが、船の問題である。当時、はたして外海を航海するだけの船があったのか。しかも『史記』が記すように、何千人もの童男童女を乗せる巨大な船を建造するだけの技術があったのかという疑問だ。

これについては、水中考古学の世界的な権威であり、船の歴史に詳しい東京海洋大学の茂在《もざい》寅男《とらお》名誉教授が、詳細な論考を行っている。それによると、徐福の時代からわずか後の弥生時代中期後半の弥生式土器に描かれた船の線刻画から、長さ20メートル以上に及ぶ船が当時、存在したことがわかっているという。仮にそのレベルの船ならば、数十隻の大船団で徐福は渡航したはずで、それも季節風や海流を考慮すれば、決して不可能な航海ではないと主張する。

こうして中国はもちろん、日本の学者も参加して、徐福をテーマとする国際的シンポジウムが開かれ、さまざまな議論が行われた。結果、現在では、徐福はけっして架空の存在ではなく、歴史的に実在した人物として評価が固まっている。

徐福は、どこへ消えたのか

徐福が実在したとすれば、次に問題となるのは出航の場所である。これについてはまだ確たる証拠は見つかっていないが、徐福が秦始皇帝に初めて会った琅邪《ろうや》あたりではないかと考えられている。徐福が出航した後も秦始皇帝が同地を訪れていることから、琅邪湾から船出した可能性が高いというのだ。

また神仙思想が根強くある山東半島の蓬莱閣も候補地のひとつ。東シナ海を臨む高台からは、天気のいい日には水平線に蜃気楼が見える。これを三神山と見た徐福が蓬莱閣から船出した可能性があるというのだ。

このほかにも、河北省《かほく》の秦皇島《しんこうとう》、浙江省《せっこう》の寧波《ねいは》、江蘇省の贛楡など数多くの説があり、まだ定説がないのも事実である。ただ、いずれにせよ徐福が斉の領土の海岸から船出したことはほぼ間違いない。

だとすれば、船は黒潮に乗って北上し、太平洋側の日本海流、もしくは日本海側の対馬海流に沿って航海したことは想像に難くない。後に徐福の消息が直接的に聞こえていないことから考えて、中原《ちゅうげん》を中心とする中国の諸国ではなく、もっと遠い場所へと流れていったはずだ。

その意味で、ひとつ可能性として考えられるのは、隣の朝鮮半島である。これは伝説ではあるのだが、確かに朝鮮には徐福が到達したという噂がある。これは歴史文学者の逵志保氏が著書『徐福論』のなかで紹介しているのだが、唐の時代、徐福が新羅《しらぎ》に到達したという説があり、顧況なる人物が新羅に赴任する際に詠んだ詩のなかに、徐福が出迎えてくれるかもしれないという一節があるという。興味深いことに、この説は日本でも知られていたようで、藤原茂範《ふじわらのしげのり》が著した『唐鏡《からかがみ》』には、徐福が得た平原広沢が新羅国であると記されているという。

また、南海島の錦山に「徐市起礼日出」と刻まれていたともいい、同じく済州島《さいしゅうとう》の西帰裏の

⬆韓国の南海島の錦山に刻まれた「徐市起礼日出」の文字。

正房瀑布の石碑に「西市過此」という文言があり、徐福が航海の途中で立ち寄ったことを思わせるというのだ。済州島はかつて「瀛州島」とも称していたことから、ここが三神山のひとつである瀛州だったのではないかともいい、済州島の「済」という字は徐福の故国「斉」に由来するという指摘もある。

しかし、いずれも徐福が上陸し、国を得たという平原広沢とはいい難く、また子孫とおぼしき人々や関連する史跡も少ないことから、どうも本隊はさらに航海を続けたらしい。あくまでも、これは無事に海を乗り切ったらという条件つきではあるが、その場合、最も可能性があるのはほかでもない、日本列島である。

不思議なことに日本列島には、まさに全国規模で徐福が渡来したという伝説が数多く存在するのである。しかも、中国の歴史学者もまた、その信憑性に注目しており、そもそも日本という国をつくったのは徐福なのではないかという指摘までしているのだ。

はたして、徐福は日本列島にやってきたのか。次章では、中国の歴史学者の学説を踏まえながら、日本の徐福伝説を見てみることにしよう。

第2章

日本における徐福伝説の謎

徐福＝神武天皇説

司馬遷《しばせん》の『史記《しき》』によれば、徐福《じょふく》は未知なる世界へと赴き、そこで平原広沢《へいげんこうたく》を得て、自らが王になったという。もちろん徐福自身、中国には帰ってこなかったのであるからして、情報源は伝聞であり、噂話に近いものであることは間違いない。

だが、そうだったとしても、数千人にも及ぶ童男童女と職人技術者を従えた大船団がすべて海の藻屑になったとは考えにくい。古代世界にあっても、情報は漏れ伝わるものだということを考えれば、人伝えではあっても、徐福が東海の蓬莱山《ほうらいさん》になぞらえられるような島にたどり着き、そこで国をつくったという話は無視できない。

もし、そうだとすれば、最も可能性が高いのは日本列島である。徐福は日本にやってきて、自らの王国を築いたことになる。仮に、それが今日まで続く「日本」という国であったとすれば、徐福は初代の日本国王だったことになる。もちろん、その時代には日本という国号はなかっただろうが、王権という意味で古代の豪族、なかでも強大な権力をもった大王になったとすれば、彼は初代天皇だった可能性が出てくる。

この可能性に最初に気づいたのは清《しん》代の黄遵憲《こうじゅんけん》氏であったといわれる。黄氏は著書『日本国志』で、徐福が向かった先が日本であることをふまえ、神国日本を建国したのは徐福であると結論。古代天皇は徐福の子孫、もしくはいっしょに引き連れてきた人々の子孫であると主張する。古代天皇家のシンボルである鏡・剣・勾玉《まがたま》は、すべて秦《しん》代の武器や宝飾であり、神々の名前に見える「尊」や「命」といった接尾語は、秦代においてはごく普通の一般名詞であったと指摘する。

　さらにこの仮説を敷衍《ふえん》し、初代神武《じんむ》天皇こそ徐福その人であったという説を発表したのが日本への留学経験をもつ台湾の歴史学者、衛挺生教授であった。燕京大学や復旦大学などで教授を務めた衛氏は1950年に著書『徐福入日本建国考』（『日本神武開国新考』）を発表し、そのなかで「徐福＝神武天皇説」を大々的に展開する。

⬆初代神武《じんむ》天皇。日本にやってきた徐福《じょふく》が神武天皇になったのではないかという説がある。

　興味深いのは名前の一致である。日本語における「神武」の発音は中国語の「徐福」の発音に近く、とくに山東《さんとう》省の方言ではほとんど同じに聞こえるという。

　また、神武天皇の父親はウガヤフキア

↑日本にやってきて王国を築いたといわれる徐福。

エズ命で、正式名を漢字で書くと「天津日《あまつひ》高日子《こひこ》波限《なぎさ》建《たけ》鵜《う》葺草《がや》葺《ふき》不合命《あえずのみこと》」、もしくは「彦《ひこ》波瀲《なぎさ》武《たけ》盧茲草《うがや》葺《ふき》不合尊《あえずのみこと》」で、ここに「建」や「武」という文字が見える。一方の徐福の父の名は「徐猛」といい、日本語で「猛」は「たけし」や「たける」と読むことができると同時に、これは「建」や「武」にもいえる。つまり、神武天皇の父ウヤガフキアエズ命は徐福の父、徐猛のことだという。

日本神話においてウガヤフキアエズは神々に近い存在で、神武天皇を含めて子孫は「天孫」と称した。まず、天から来たということは、地元の人間にしてみれば、よそから来たことを意味し、そもそも泰山において天孫とは天帝の孫であり、天孫氏とは泰山にいる民族のことで、まさに徐福らを意味していると解釈できる。

徐福は船団を組んで東方に旅立ったが、同じく神武天皇もまた船団を組んで九州から畿内へと東征している。搭乗しているのは童男童女とあるが、実際は青年に達した若者たちで、これは神武天皇が率いた男軍と女軍であり、彼らは行く先々で持ってきた五穀を植えた。そのため神武天皇は東征の過程で、各地に数年も逗留《とうりゅう》したのだ。

神武天皇の時代は、日本の歴史区分でいえば弥生時代の前期に相当する。それは紀元前203年のことで、徐福が紀元前210年に出航し、最初に上陸した九州に9年ほど滞在したことを考慮すれば、年代的にも合致する。稲作文化を日本にもたらし、事実上、弥生時代の幕開けをもたらしたのは、まさに徐福＝神武天皇だったのである、と。

このほかにも、日本神話と斉《せい》の国で行われていた祭祀との共通点や考古学的な遺物の裏づけ、さらには民に中国語をあえて使用させない愚民化政策などを行ったせいで、文字や言葉が後世に伝わらなかったなど、衛氏は興味深い論考を行っている。

徐福と神武天皇伝説

衛氏の徐福＝神武天皇説は、中国や台湾の歴史学者の間ではかなり評判となった。なかでも、台湾の彭双松氏は衛氏の仮説を発展継承させ、膨大な著書『徐福研究』として発表したことはよく知られる。

彭氏は文献史学的に徐福の実在性を詳細に検討したうえで、日本全国の徐福伝説の地をくまなく歩き回り、これらと神武天皇の事績を比較検討している。人類学的な縄文人と弥生人の骨格の違いと古代中国人の骨格の比較、さらには弥生式土器についても言及。徐福＝神武天皇説を考古学的な視点からも論証している。

同様の説は香港の羅穂積氏なども論文を発表しているが、確かに徐福伝説と神武天皇伝説の間には、妙な符合ともいうべき整合性があるのは事実である。神武天皇は九州を出発し、瀬戸内海を経て畿内へと攻め上ってきたとき、難波で長髄彦《ながすねひこ》の軍勢に一度敗れて退却を余儀なくされている。

仮に神武天皇が徐福だったとすれば、だ。季節風や海流を考慮して、中国から船団を組んでやってきた徐福が九州北部に上陸したことは想像に難くない。そこで態勢を十分整えた後、東へと攻め上っていく。

しかし、ここで先住民の抵抗にあって、目的地である大和盆地に入ることができない。そこで一度、退却。九州にベースを置いたまま、本国である秦帝国へと帰国し、状況を秦始皇帝《しんのしこうてい》に報告する。邪魔がいるのでなかなか畿内へと上陸することができない。しかるに強力な援軍をつけてください、と。

これに応えて、秦始皇帝は新たに大船団を徐福に与える。軍備の増強を図った徐福は再び畿内へと侵攻し、今度は紀伊半島をぐるりと回って敵の背後を突く作戦に出る。これが見事に成功し、徐福は大和盆地へ入ることができ、そこにいた先住民を征服。自らが大王、すなわち初代天皇として即位し、新たに大和朝廷を開いた。

先住民を征服し、王として君臨する際、徐福は秦始皇帝のことが頭にあった。中国全土を統一した王の王として、秦始皇帝が「皇帝」と名乗ったように、日本を征服した徐福は先住民の王とは格が違うことを示すために「天皇」と称した。これが後の神武天皇だというわけである。

さて、小説のネタとしては非常におもしろいのであるが、はたして、この徐福＝神武天皇説は、どこまで実証できるのであろうか。

神武天皇は実在したか⁉

徐福は神武天皇となったのか。言葉を換えれば、神武天皇は徐福だったのか。この問題に関して、日本のアカデミズムは冷淡である。ほとんど相手にしていない。そんな説もあるのは承知しているが、学問的な俎上に上げるテーマではないという態度が見える。

理由はいくつかあるのだが、大きな問題は神武天皇の実在性である。はたして、神武天皇は実在したのか。神武天皇は記紀では紀元前660年に即位したというが、当時は弥生時代を通りこして縄文時代である。最近では弥生時代の開始が遡ってはいるものの、それでも中央集権的な王朝が存在した痕跡は考古学的にゼロである。

そのあたり、中国の歴史学者も承知しているのだろう。紀元前660年という数字よりは、考古学的に弥生時代が実質始まったとされる紀元前3～前2世紀ごろに神武天皇の時代を想定しているのだが、そうなると逆に予定調和的な論理展開に批判がないわけではない。

実証主義をモットーとする戦後の歴史学において、古代史における神話的な要素は史実ではないとしてすべて排除するのが基本である。記紀における神武天皇の生涯は、天から金色に光る鵄《とび》がやってきて弓矢の先に止まったとか、山の中で尻尾の生えた人間に遭遇したなど、あまりにもファンタジー的要素が多い。それゆえ実在の人物というよりは神話の中の登場人物である。

続く第2代の綏靖《すいぜい》天皇から第9代の開化《かいか》天皇まで、ほとんど事績は記されておらず、歴史のない欠史八代《けっしはちだい》と呼ばれるように、その実在性は非常に疑問視されている。批判的に考えて、実在した可能性があるのは、およそ第10代崇神《すじん》天皇からであるというのが学界の定説だといっていいだろう。

こうした見方からすれば、徐福＝神武天皇説は、いわば実在しない人物の正体が徐福であるといっているようなもので、学問的な俎上に上げるほどの命題ではないというのが、日本のアカデミズムの本音なのだろう。徐福が日本列島にやってきた可能性までは否定しないものの、神武天皇と同一人物だったという説には無理があるといったところが、およそ学界のコンセンサスに近いのではないだろうか。

しかし、だ。徐福＝神武天皇説の是非とは別に、日本列島の各地には徐福伝説が数多く残っている。すべてではないが、なかには神武天皇ゆかりの土地もある。そこで、日本神話と神武天皇の東征ルートをたどりながら、全国の主な徐福伝説を見ていこう。

天孫降臨神話と徐福

日本の神々、とくに天津神《あまつかみ》は高天ヶ原《たかまがはら》に住むとされる。最初に高天ヶ原から地上に降臨してきたのが天照大神《あまてらすおおみかみ》の孫、すなわち天孫ニニギ命である。ニニギ命は九州の高千穂《たかちほ》、クシフル岳に降臨したとされるのだが、具体的な場所については大きくふたつの候補地がある。ひとつは鹿児島の霧島連峰にある高千穂峰、もうひとつは宮崎の臼杵《うすき》郡にある高千穂が知られる。

ここで高天ヶ原を文字通りの天上世界ではなく、日本の国土以外の場所と解釈すれば、天津神及び天孫族は海外からやってきたことになる。天孫降臨型の神話は隣の朝鮮半島にもあり、なかでも伽耶《かや》を建国した金首露《キムスロ》は亀旨峰《クジホン》に降臨したといい、その名前のクジホンがクシフル岳、もしくはクジフル岳に音が似ているという指摘もある。ために、天孫族は朝鮮半島からの渡来人であるという説もある。

だが、海外という意味では、朝鮮半島のほかにも中国からの可能性もある。天孫族ではない

↑天孫降臨神話を描いた絵。天津神《あまつかみ》は天上世界から降臨したと思われているが、天津神が住む高天《たかま》ヶ《が》原《はら》は海外かもしれない。

が、九州の熊本には仁徳《にんとく》天皇の時代、中国から大量の河童が渡来してきたといい、その伝説にちなんだ石碑が球磨《くま》川岸に建っている。妖怪としての河童ではなく、後世、河童と呼ばれた亡命中国人のことだと考えれば、同様のことが2200年前にあったとしても不思議ではない。

徐福＝神武天皇説を支持する中国の学者たちは、高天ヶ原を中国本土、具体的には秦帝国だと位置づけ、徐福及び率いてきた集団が日本神話の天孫族に反映されていると主張する。すなわち、この場合、ニニギ命が徐福で、つき従った五部の神々が童男童女と技術者たちということになる。

確かに天孫降臨した神々である天児屋根命《あめのこやねのみこと》、天太玉命《あめのふとだまのみこと》、天鈿女命《あめのうずめのみこと》、石凝姥命《いしこめどりのみこと》、玉屋命《たまのやのみこと》は、それぞれ男神と女神であると同時に、祭祀氏族と祭具を作る技術者である。しかも、ニニギ命は天照大神から稲穂を授かって降臨しており、徐福が中国から五穀の種を持ってきたという話とも一致する。

もちろん、徐福は天上世界から降臨したわけではなく、あくまでも船に乗って九州へとやってきた。奈良時代、中国から招かれ、後の唐招提寺《とうしょうだいじ》を建立した高僧、鑑真《がんじん》和尚は南西諸島に沿ったルートでやってきた。この南路南線と呼ばれる航路を徐福も使った可能性は十分ある。だとすれば、本土で最初に上陸するのは鹿児島である。

実際、薩摩半島の坊津《ぼうのつ》町や串木野《くしきの》市には徐福伝説がある。第8代孝元《こうげん》天皇の時代、島平浦の照島にある秦波止に上陸した徐福は、その後冠岳に登ると山頂に祭壇を築き、天の神々を祀る「封禅《ほうぜん》の儀」を執り行ったという。

封禅の儀とは本来、天子が地上の王権を確立するための儀礼で、かの秦始皇帝もまた山東半島にある泰山で行っている。徐福が封禅の儀を行ったということは、自らが新天地における天子だという自負があったことになる。

伝承によると、天子のシンボルともいうべき冠を地中に埋めたことから、この山を冠岳と呼ぶようになったのだとか。いずれにせよ、封禅の儀を行って天子になったとすれば、地上の王権を授かって降臨したニニギ命に姿がだぶる。

また、もうひとつの天孫降臨の地である宮崎にも徐福伝説がある。天孫ニニギ命から数えて

4代目、曾孫に当たるのが神武天皇である。神武天皇は宮崎で生まれた。ここで徐福の業績は、ニニギ命から続く王権を継承した神武天皇へと移行する。

これを裏づけるように、宮崎の延岡《のべおか》には徐福伝説があり、上陸するために船をつないだ岩が今日、徐福岩として残っている。

福岡の徐福伝説

記紀によると、宮崎で生まれた神武天皇はある日、東征を開始する。日向《ひむか》を発ち、そこから大分の宇佐《うさ》を経て筑紫《ちくし》に至り、岡田宮《おかだ》をつくる。岡田宮があった場所は、現在の北九州、遠賀《おんが》川の河口周辺と見られている。考古学的に遠賀川流域で発掘される弥生式土器には特徴があり、一説には弥生文化の発祥地ではないかとも目されている。神武天皇が実在したかどうかは別にして、ここに一大文化圏があったことは間違いない。

その筑紫にも徐福伝説はある。邪馬台国《やまたいこく》の都があった場所だともいわれる福岡県の八女《やめ》市には童男山《どうなんざん》古墳がある。童男山の由来になったのが徐福の引き連れてきた童男童女で、これは徐福の墓だというのだ。調査では6世紀の横穴式墳墓とされ、歴史的に合わないのだが、地元の郷土史家たちは徐福の墓があったところに後世、古墳を建造したのではないかと指摘する。

伝承によると、長い航海の末、筑紫にやってきた徐福だが、最後に嵐に遭って遭難。ひとり生き残った徐福は八女の海岸に漂着したものの、村人の介抱の甲斐もなく死ぬ。その際、徐福は不老不死の仙薬よりも大事なものは村人たちの温かな心であったと語ったのだとか。亡骸は童男山に葬られたという。

いかにも昔話や講談のようなストーリーだが、地元では毎年1月20日に童男山古墳の前で童男山ふすべというお祭りを開催し、徐福と童男童女らの霊を慰めているという。

佐賀の徐福王子伝説

神武天皇とは直接関係はないのだが、福岡の隣の佐賀は徐福伝説が濃厚な地として全国に知られている。佐賀県全域に徐福伝承が及んでいるといっても過言ではない。伊万里《いまり》市の波多津《はたつ》町は最初に上陸した地で、そこから徐福は杵島《きしま》郡山内町へ行ったのだとか。有名な武雄《たけお》市の武雄温泉では、徐福が長旅の疲れを癒し、そこから再び出立して杵島郡有明町の龍王崎《りゅうおうざき》で別動隊と合流したという。同じく温泉にまつわる話として、佐賀郡富士町には徐福がお告げによって発見したという鶴霊泉がある。

しかし数ある伝承地のなかでも、その中心地は金立山《きんりゅうざん》であるといっても過言ではない。上陸地点とされるのは佐賀郡諸富町寺井津で、ここには徐福御手洗井戸がある。井戸の水で身を清めた後、徐福たちは金立山へ向かったという。

⬆佐賀県諸富町寺井津にある徐福御手洗井戸。

寺井津には、かつて金立権現神社があったのだが、その後社は金立山に移され、今日の金立神社になったという。金立神社の社は全部で4つあり、山頂に奥宮《おくみや》、そこから下って本宮、中宮、そして下宮がある。祭神は保食神《うけもちのかみ》、罔象女《みづはのめの》神《かみ》、オシホミミ命、そして徐福である。

金立神社は日本の正史『三代実録』にも登場する古社で、古代においては金立山が神奈備《かんなび》、もしくはご神体山であった。徐福は金立山を蓬莱山とみなしたといい、佐賀市の重要文化財に指定されている「金立神社縁起図」には、金立山にやってきた徐福一行の様子が描かれている。興味深いことに、ここには徐福が「徐福王子」と記されている。まるで秦始皇帝の息子であるかのような扱いには何か深い秘密があるのかもしれない。

伝説の変容という意味では、千布《ちふ》に伝わる物語は徐福伝説の極致だろう。曰く、地元の豪農、源蔵の娘であったお辰に徐福がひと目惚れ。が、不老不死の仙薬を捜すという大義ゆえ、徐福とお辰の恋は結ばれず、嘆き悲しんだお辰は身を投げて死んだ。これを不憫《ふびん》に思った村人

⬆徐福と関係の深い金立《きんりゅう》神社。上から奥宮《おくみや》、本宮（中左）、中宮（中右）、下宮。

たちが観音堂を建てたという。

ここまでくると、ほとんど浄瑠璃や歌舞伎のお題目のようであるが、それだけ徐福伝承が根づいている証拠であるといえなくもない。もっとも金立山の徐福伝説は、こういった民俗学的な考証とは別に考古学的な研究も進められている。

というのも金立山のすぐ近くには、大規模な弥生時代の群生集落跡地で有名な吉野ヶ里《よしのがり》遺跡があるのだ。近年の邪馬台国ブームの先駆けともなった吉野ヶ里遺跡の特徴は環濠集落もさることながら、なんといっても膨大な数の甕棺《かめかん》にある。九州北部にだけ見られる甕棺文化は、不老不死の神仙思想がもとになっているのではないかという指摘もある。

弥生時代は稲作をもって大きな社会的な変化が起こった。稲の種類から分析して、日本の稲作は中国の江南《こうなん》が起源であるといわれる。五穀を携えて日本に渡来した徐福が稲作を広め、弥生文化を花開かせたとすれば、まさに金立山と吉野ヶ里遺跡は、その発祥地だったことになる。その意味で、金立山の徐福王子伝説は日本のみならず中国のアカデミズムからも注目されているのだ。

神武東征と熊野の徐福伝説

宮崎から宇佐、そして筑紫と移動した神武天皇はその後、安芸《あき》へとやってくる。安芸には7

年ほど滞在しているのだが、ここには日本三景のひとつ、宮島《みやじま》がある。いうまでもなく安芸の宮島は厳島《いつくしま》神社が鎮座する島として知られているが、野崎の厳島蓬萊は徐福が目指した蓬萊山だという伝説がある。

また、隣の山口県の祝島《いわいしま》にも徐福伝説がある。なんでも徐福が中国から持参した仙薬のひとつが今日のキーウイフルーツだというユニークな説もある。キーウイフルーツはニュージーランドの特産として知られるが、原産は意外にも中国なのだという。

さて、瀬戸内海を東に進んだ神武天皇は難波から畿内に入るのだが、先述したようにここで先住民の長髄彦の軍勢に劣勢を強いられ、いったん退却。あらためて態勢を整えて、今度は紀伊半島をぐるりと回り、熊野に上陸する。

↑和歌山県新宮《しんぐう》市の徐福公園にある徐福の墓。

熊野における徐福伝説地は大きくふたつある。ひとつは熊野市、もうひとつは新宮《しんぐう》市である。まず、熊野市における徐福の上陸地点は羽田須《はだす》という集落だ。ここにはかつて徐福神社があったが、１９０７年に移転し、今は

↑和歌山県新宮市に鎮座する阿須賀《あすか》神社の境内にある徐福祠。

羽田須《はたす》神社に合祀されている。その境内には大きな楠があり、その下に徐福の墓がある。

墓石自体は新しいものだが、徐福伝説はかなり遡ることができると見られており、それを裏づけるように、徐福の墓へ至る坂道を工事した際、現場から半両銭が出た。半両銭は秦始皇帝が作らせた貨幣のひとつ。出土状況が状況だけに、まだアカデミズムの評価は定まっていないようだが、これが秦代にまで遡る歴史的資料ならば、徐福伝説は一気に現実味を帯びてくることになる。

一方、新宮市の徐福伝説だが、こちらにも徐福の墓がある。熊野三山のひとつ、熊野速玉大社《はやたまたいしゃ》の境外摂社とされる阿須賀《あすか》神社のそばに徐福祠がある。背後の山はその名も蓬莱山といい、徐福が目指した蓬莱山だという。「秦徐福之墓」と刻まれた石碑のそばには、徐福に従った7人の家臣の墓が「七塚」として残っている。

熊野の徐福伝説は中世に広く知れわたっていたようで、九州の徐福伝説や後に述べる富士山周辺の徐福伝説にも熊野の名前が出てくる。都のあった山城国《やましろ》から見て、熊野は普陀落《ふだらく》浄土の地と考えられており、紀伊山地は仙人の住む異界とみなされていたのだ。

実際に熊野の地に立つと、神秘的な仙境の地にやってきた徐福の話が語り継がれ、記紀神話が成立する過程でいつしか神武天皇の物語として変容していったとする説が、あながち否定できない主張にも思えてくるから不思議だ。

丹後の徐福伝説

熊野から畿内に入った神武天皇は長髄彦の軍勢を破り、天神を祀って初代天皇に即位するのだが、このとき同じ天孫族のニギハヤヒ命と出会っている。神武天皇が来る以前、すでに天孫族が畿内に入り、大王となっていたのである。最終的にニギハヤヒ命は神武天皇に帰順するのだが、これがなんともミステリアスなのである。詳しい分析については既刊に譲るが、不可解な謎に深く関わっているのが、プロローグでも紹介した丹後《たんご》の籠《この》神社である。

籠神社は元伊勢のひとつとして知られ、かつて伊勢神宮内宮《ないくう》の主祭神である天照大神のご神体を祀っていた。そればかりではない。伊勢神宮外宮《げくう》の主祭神である豊受大神《とようけのおおかみ》は直接、籠神社

⬆若狭湾の沖に浮かぶ冠島《かんむりじま》（右）と沓島《くつじま》（左）。

から勧請されており、二重の意味で元伊勢、まさに本伊勢なのである。

あまりにも秘密を知りすぎた籠神社は、しばしば体制側から弾圧されてきた。今でこそ主祭神の名を天火明命《あめのほあかりのみこと》としているが、奈良時代以前はホホデミ命だった。一般にホホデミ命は天孫ニニギ命の息子、山幸彦《やまさちひこ》として知られるが、どうも実際は同じ名前をもつ神武天皇のことを意味していたらしい。

間接的ではあるが、籠神社もまた神武天皇ゆかりの神社であるということができるだろう。その籠神社の奥宮は背後にある天真名井《あめのまない》神社とされるが、もうひとつ海の向こうにも奥宮がある。日本三景のひとつ、天の橋立の向こう、若狭《わかさ》湾の沖に「冠島《かんむりじま》」と「沓島《くつじま》」が浮かんでいる。

冠島は雄島や大島、息津島、因津島、あるいは常《とこ》世《よ》島《じま》と呼ばれ、籠神社の主祭神である天火明命が最初に降臨した地であるといい、それを祀る老人嶋《おいとしま》神社がある。隣の沓島は雌島や姫島、小島とも呼ばれ、天火明命の后神である市杵島姫命《いつきしまひめのみこと》が降臨した。

実は、冠島との間にはもうひとつ島があった。名を「凡海郷《おおしあまごう》」という。が、奈良時代の大宝《たいほう》元年（701）3月、3日3晩続いた大地震によって沈んでしまったという。海中に沈んだ楽園伝説がまた龍宮伝説にひと役買ったことは想像に難くないが、徐福との関係で注目したいのは島の名前にある「冠」と「沓」である。真ん中の島が亡くなり、冠と沓という名の島が残った。

これは、まさに神仙思想のひとつ「尸解仙《しかいせん》」を思わせる。尸解仙とは修行を積んで神と等しくなった仙人のことで、もはや朽ちる肉体さえも持っていない。尸解仙になるとき、人は身につけていた冠と沓だけを残していくといわれ、籠神社の奥宮である冠島と沓島、そして凡海郷は、それを文字通り表現しているのだ。

しかも、丹後半島において、最も冠島と沓島に近い伊根町には、古くから徐福伝説がある。ここでの上陸地点は新崎のハコ岩と呼ばれる景勝地で、すぐそばに秦徐福漂着の

⬆徐福が上陸したといわれる京都府伊根町のハコ岩。

地という案内板が立てられた岩影と、徐福を主祭神として祀る新井崎《にいざき》神社がある。伝えられるところによると、丹後にやってきた徐福は特産の菖蒲と黒茎の蓬《よもぎ》を仙薬だと考え、これを携えていったん中国へ戻った後、再びやってきた。進んだ技術と人望によって徐福は村人の崇敬を集め、ついには村長になったというのだ。

今でも新崎には徐福の子孫と称す人々が住んでおり、郷土史家の石倉昭重氏は丹後徐福会を立ち上げ、自宅を「徐福庵」として研究を続けている。もっとも徐福庵自体は数年前に諸事情により閉鎖したらしいが、幸いにも筆者は取材でお話を聞くことができた。

その際、伊根町新崎に徐福が上陸したのが事実であれば、目の前に浮かぶ冠島に降臨した天火明命と関係があるのではないか、もっといえば徐福は天火明命となったのではないかと尋ねてみた。徐福＝神武天皇説は聞き及んではいても、徐福＝天火明命説は聞いたことがないとし、地理的なことや地元の一宮である籠神社の主祭神になっていることを考えると、確かに、その可能性はあるかもしれませんねと語っていた。灯台もと暗しではないが、石倉氏は何か重大なことに気づいたようであった。

ちなみに、籠神社の極秘伝によると、主祭神である天火明命の別名のひとつがホホデミ命であるといい、ホホデミ命が神武天皇であることを考えると、徐福＝天火明命説は、そのまま徐福＝神武天皇説と本質的に同じ意味になる。

神道の深秘を伝える元伊勢籠神社であるが、興味深いことに古文書の中に徐福に言及した箇所がある。

⬆（上）徐福を主祭神として祀る新井崎《にいざき》神社。（下）ハコ岩のそばに立てられている徐福漂着の地の案内板。

↑伊根町で徐福の研究を続ける郷土史家の石倉昭重氏。

「亦古傳に、蓬莱は、此の國に有りと見へたり。昔秦の皇帝、漢の武、年々に靈藥を海水漫々として覓むるに處なし。蓬莱を覓め得ず。否ならば歸らずと云ひし童男郎女は、終に戦中にして老ひけり。誠に蓬莱は名のみ有りて實無しと云ひへり。機縁純熟しぬれば、見る事疑ひ無しと云々」（「丹後國一宮深秘」）

なんとも不条理な内容だが、読みようによっては、もっと別の解釈もできる余地を残しているところがなんとも心憎い。

東海と甲信越地方の徐福伝説

畿内から東は直接、神武天皇に関わる史跡や伝説は少ないが、徐福伝説は西日本と同じくらい広範囲に分布している。籠神社は元伊勢だが、伊勢神宮と同じく三種神器を祀る熱田《あつた》神宮にも徐福伝説がある。かつて徐福一団が立ち寄ったことがあるという。また、同じ愛知県の豊川

↑山梨県富士吉田市の福源寺にある鶴塚。

市小坂井町には、徐福の子孫と称する人たちがおり、付近には伝説ゆかりの菟足《うたり》神社がある。

東海道の静岡県清水にある三保の松原は羽衣伝説で有名だが、ここにも徐福が上陸したという伝説がある。研究家によれば、徐福の故郷である山東半島に自生する植物が、全国でもここにだけ自生しているのだという。

だが、東海地方における徐福伝説はなんといっても富士山である。富士山は不死山とも表記されたように、日本一の霊峰である。古典『竹取物語』において、かぐや姫を育てた老夫婦が最後に不老不死の仙薬を富士山で焼いてしまう場面があるように、日本における神仙思想の中心地である。

全国に蓬莱山という名の山は数多くあるが、規模と気高さからいって、富士山に並ぶものはない。日本列島が神仙の住む三神山ならば、蓬莱山は富士山をおいてほかにないと思うのが正直、日本人の心情であろう。

ために、富士山の周辺、とくに北側の山梨方面には徐福伝説が数多くある。富士山をご神体とする浅間《せんげん》神社のひとつに、河口湖の河口浅間神社がある。ここの境内には徐福祠がある。伝承によると、そもそも浅間神社は徐福を主祭神としていたのだが、後に木花開耶姫《このはなさくやひめ》にとって代わったのだという。

また近くの福源寺は徐福を祀る寺として知られる。伝えられるところによれば、死んだ徐福は鶴となって天に昇っていったといい、境内には徐福を記念した鶴塚なるものが存在する。このほかにも、富士吉田市には徐福の墓なるものがあり、興味はつきない。

関東及び東北の徐福伝説

関東の徐福伝説としては伊豆七島の八丈島と青ヶ島にある。江戸時代の曲亭馬琴《きょくていばきん》の『椿説弓《ちんせつゆみ》張月《はりづき》』にも紹介された伝説によると、八丈島に流された源為朝《みなもとのためとも》が聞いた話として、徐福が率いてきた童男童女の子孫が当時いたという。

熊野に上陸した徐福は不老不死の仙薬を求めて各地を歩き回ったが、病に冒されて死んだ。つき従ってきた童男童女のうち、女性が八丈島、男性が青ヶ島に分かれて住みつづけたというのだ。

ここでも熊野の名が出てくる。静岡もそうだが、関東以東は熊野信仰が強い。熊野ゆかりの苗字として知られる「鈴木」が濃厚に分布する地域には必ずといっていいほど熊野信仰がある。これは熊野修験の布教が背景にあると思われ、それは東北地方の突端にまで及んでいる。

具体的に、秋田県の男鹿《おが》半島にある蓬莱島のほか、青森県西津軽郡小泊の権現崎にある尾崎神社は、最北端の徐福伝説の地として知られる。主祭神である徐福は中国から長い航海をしてきたという意味で、漁業の神様として祀られているという。

このように、徐福伝説は日本各地にある。ここに紹介できなかった伝説もきっとあることだろう。まだ有名にはなっていないが、秘かに地元の寺や神社の古文書にひっそりと伝承が書きつづられているかもしれない。問題は内容の信憑性、史実性ということになるのだが、正直なところ、批判的な視点で分析すれば、その多くが検証に耐えうるものではないことは明白である。依拠する文献が奈良時代以前に遡れるものは皆無に等しく、村おこしのように新たに伝説が付加されて今日に至っているというのが現状である。

しかし、だからといって、徐福が日本にやってきたことを否定することはできない。むしろ、そうした伝説が生まれること自体、徐福の実在性を示唆している。問題はそれらをどう読み、どう分析するかにかかっているのだ。

古史古伝『宮下文書』

日本に徐福が渡来してきたことを記す古文献のひとつに『宮下文書』がある。『富士文献』や『徐福文書』などとも称されるのだが、徐福伝説を研究するうえで避けることのできない史料のひとつである。

その『宮下文書』によると、かつて富士山一帯には大和朝廷以前の超古代王朝が存在した。が、たび重なる富士山の噴火によって、富士王朝は滅亡し、それが大和朝廷へと引き継がれていく。第7代孝霊《こうれい》天皇の時代、秦帝国から徐福が渡来。大陸の進んだ文化と技術を日本へともたらした。文才に秀でた徐福が、それまでの日本の歴史書を改めて書写したものが『宮下文書』のもとになっているという。

それによると、徐福はまず熊野に上陸した後、不老不死の仙薬を求めて富士山へとやってきた。富士山こそ、捜し求めていた蓬莱山である。徐福亡き後、彼の息子たちが跡を継いで、それぞれ長男は福岡、次男は福島、三男は福山、四男は福田、五男は福畑、六男は福海、七男は福住を名乗ったという。

超古代史研究家にとっては非常に魅力的な古文書なのだが、アカデミズムの評価は偽書である。後世の偽作であり、本当の歴史を記したものではないというのだ。言葉遣いや文体などか

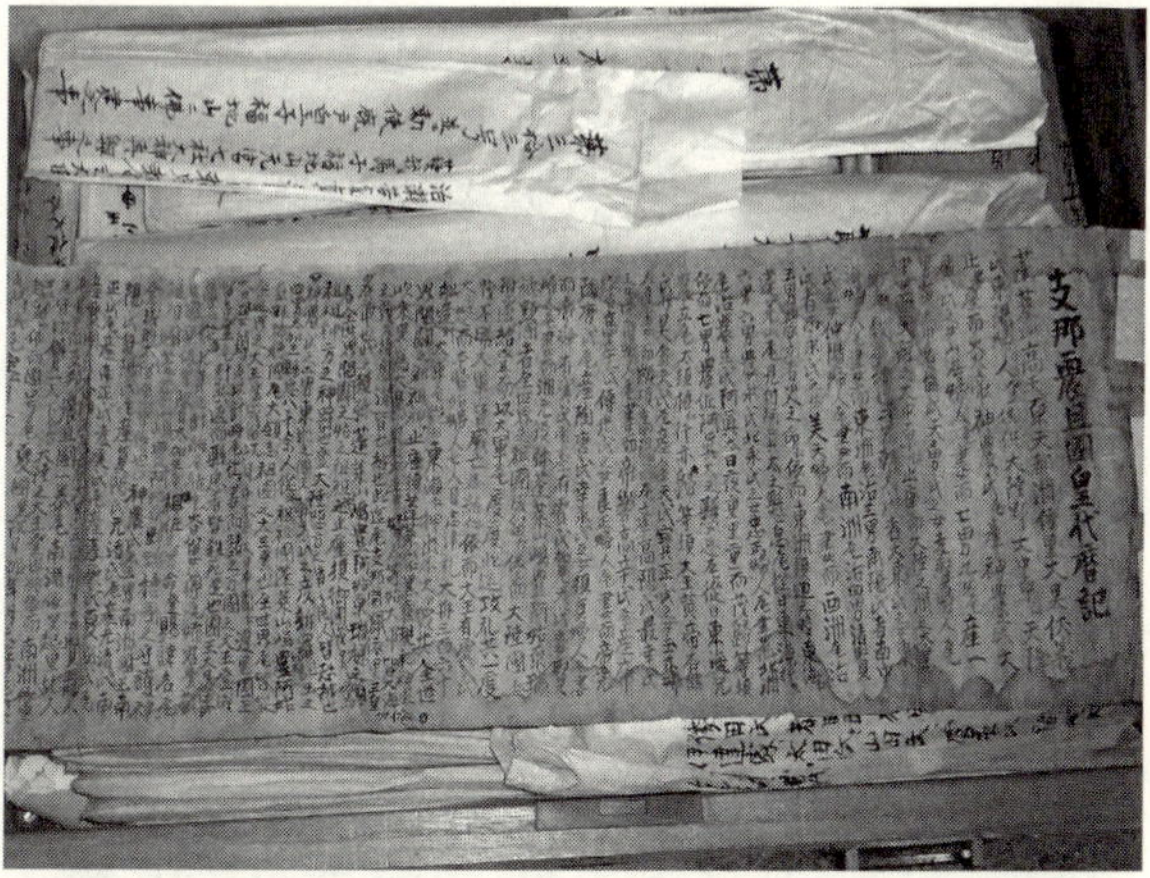

⬆徐福が日本に渡来してきたことが記されている『宮下文書』。

らして江戸時代、どう考えても中世から昔に遡るものではない。文献史学的にいって、『宮下文書』が偽書であることは動かない。

しかし、偽書だからといって、そこに書かれていることがすべて虚構かといえば、それは別問題である。とくに古史古伝といわれる『竹内文書』や『九鬼《くかみ》文書』、『秀真伝《ほつまつたえ》』、『上記《うえつふみ》』、『東日流《つがる》外三《そとさん》郡誌《ぐんし》』、そして『宮下文書』などは、明らかに文書を残した人々の意図が強く反映している。体制側が正史として公言する『日本書紀』や『古事記』に記されている歴史は必ずしも真実ではなく、抹殺された史実を伝えんがために、こうした古史古伝は作られた。

おそらく文書を編集した人間はわかっていたはずだ。年代的に誤謬があることや用字用語が学問的な批判に耐えられないことを。いや、ともすると、あえて時代錯誤や矛盾を前面に出して、学問的にとるにたりないとアカデミズムの学者たちに思わせることが戦略のひとつだったのかもしれない。体制側にまともに相手にされないからこそ、後世にまで残ったという側面もあるはずだ。大事なことは、古史古伝がいわんとする歴史的敗者の声、抹殺された歴史の真実を後々にまで伝えることなのだ。

古史古伝の真実については、いずれ改めて暴露するつもりだが、ここで指摘したいことはひとつ。『宮下文書』の存在意義である。細かなディテールは別にして、とにもかくにもこの書物の重要なテーマのひとつは徐福である。徐福が実在し、日本に渡来したという事実を伝えるのが目的なのである。乱暴ないい方を許してもらえば、それだけでも十分、存在意義はあるといっていい。

そして、もうひとつ。『宮下文書』が語る重要なテーマが古代における渡来系豪族の秦氏である。たとえば、秦氏《はたし》＝ハタという音に関して、その仕込みの痕跡が徐福の息子の姓「福畑」という名にさりげなく見える。

このほか、渡来してきた徐福の名声を聞いた武内宿弥《たけうちのすくね》がいたく感動して、息子の「矢代宿弥《やしろのすくね》」の名前を、徐福を派遣した国の名である「秦」にちなみ、これを「ハタ」と読んで「羽田《はたの》矢代宿弥《やしろのすくね》」としたというエピソードがある。

羽田矢代宿弥とは『古事記』でいう「波多八代宿弥」のこと。羽田と波多は、いずれもハタと読む。このことから、渡来人の秦氏と関係があるのではないかとかねてから指摘されてきた。記紀の系譜上ではまったく別系統の氏族であると位置づけられているのだが、『宮下文書』の作者の意識は明らかに渡来人としての秦氏にある。

しかしながら、よくよく考えてみると、『宮下文書』の記述は非常に矛盾に満ちている。徐福ゆかりの秦にちなむならば、そのまま「シン」でいいはずだ。なのに、わざわざ「ハタ」と読み換えるあたり、非常に作為的なものを感じる。

作為的であるということは、ここが重要だという編者のメッセージである可能性が高い。学問的にあからさまに否定される点にこそ、裏には深い意味が込められているものなのだ。問題は、それを読み解くことができるかどうかである。

実際、徐福をめぐる伝説には、とにもかくにも秦氏があらゆるところに顔を出す。渡来人の秦氏に言及しない秦氏の本などないといっていいほどだ。

しかし、そのほとんどが秦氏をわかっていない。アカデミズムの偉い学者が束になっても解明できない得体の知れない奥深さが秦氏にはあるのだ。はっきりいって、呪術である。秦氏を学問的に追う者は、すべて彼らが仕掛けた罠に嵌まってしまうのだ。それがいかなるものなのか、次章でじっくり検証しよう。

第3章

徐福伝説と謎の渡来人「秦氏」

謎の秦王国と秦氏

中国が秦始皇帝《しんのしこうてい》によって統一されたころ、日本ではまだ王権が確立されていなかった。中央集権的な国家が誕生し、史上初めてとなる「十七条の憲法」が聖徳太子《しょうとくたいし》によって制定された7世紀初頭、日本は本格的な外交を展開することになる。

当時、中国は隋《ずい》が全土を統一した。隋は短命な国家だったが、その意味で秦始皇帝が築いた秦帝国と似ているのかもしれない。日本は隋に対して外交使節団、すなわち「遣隋使」を派遣する。小野妹子《おののいもこ》が親書を携え、聖徳太子が記したとされる「日出る処の天子、書を日没する処の天子に致す。恙《つつが》なきや」が隋の煬帝《ようだい》を激怒させたことは有名な話である。中国の世界観では、地上における天子は中国皇帝ただひとりであり、小国である日本が対応外交をおこがましくも正面きって宣言したことが逆鱗に触れたとも、逆に半ばあきれたとも推測されている。

だが、あまりにも非常識で無礼というか、生意気な奏上に興味をもったのだろうか。煬帝は遣隋使が帰国する際、裴世清《はいせいせい》を長とする13人の使節団をいっしょに随行させてくる。彼らがたどった行程は『隋書』の「倭国伝《わこくでん》」に記されているのだが、そこにひとつだけ不思議な国が登場する。九州の筑紫《ちくし》に上陸した後、東へ向かって進んだところに「秦王国」なる国があったというのだ。実際の文章が、これだ。

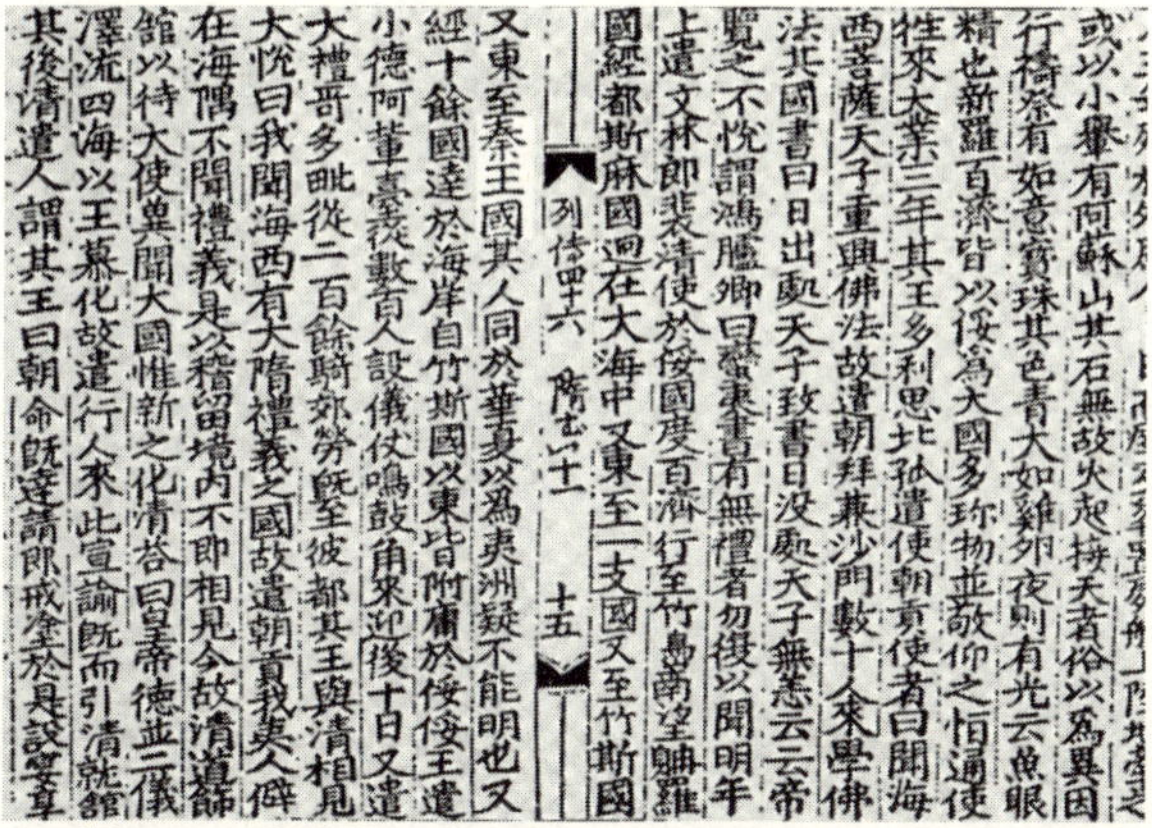
或以小畢有阿蘇山其石無故火起接天者俗以爲異因
行禱祭有如意寶珠其色青大如雞卵夜則有光云魚眼
精也新羅百濟皆以倭爲大國多珍物並敬仰之恒通使
往來大業三年其王多利思北孤遣使朝貢使者曰聞海
西菩薩天子重興佛法故遣朝拜兼沙門數十人來學佛
法其國書曰日出處天子致書日沒處天子無恙云云帝
覽之不悅謂鴻臚卿曰蠻夷書有無禮者勿復以聞明年
上遣文林郎裴清使於倭國度百濟行至竹島南望聃羅
國經都斯麻國迥在大海中又東至一支國又至竹斯國
列傳四十六　隋書八十一　十五
又東至秦王國其人同於華夏以爲夷洲疑不能明也又
經十餘國達於海岸自竹斯國以東皆附庸於倭倭王遣
小德阿輩臺從數百人設儀仗鳴鼓角來迎後十日又遣
大禮哥多毗從二百餘騎郊勞既至彼都其王與清相見
大悅曰我聞海西有大隋禮義之國故遣朝貢我夷人僻
在海隅不聞禮義是以稽留境內不即相見今故清道飾
館以待大使冀聞大國惟新之化清答曰皇帝德並二儀
澤流四海以王慕化故遣行人來此宣諭既而引清就館
其後清遣人謂其王曰朝命既達請即戒塗於是設宴享

⬆『隋書《ずいしょ》』の「倭国伝《わこくでん》」には「秦王国」の記述がある。

「また東に行って秦王国に至る。その住民は華夏《かか》に同じく、夷州《いしゅう》とするが、疑わしく明らかにすることはできない」

読んでおわかりのように、秦王国は華夏、すなわち当時の中国である隋と同じであるという。夷州とは中華思想でいう東夷、侮蔑のニュアンスを含んだ文化レベルの低い国という意味である。隋に比べて日本は野蛮な国であるはずなのに、なぜか秦王国だけは中国を統一した隋に匹敵する文化をもっている。理由はわからないが、不思議だというのである。聖徳太子が送った書簡に対する偏見もあったのだろうが、裴世清の率直な感想が反映されている一文である。

では、いったい秦王国とはどこにあったのか。いうまでもなく、日本の正史に秦王国なる国は登場しない。考古学者の江上波夫氏は裴世清が最終的に目指したのは朝廷であるゆえ、秦王国を大和とみなす。江上氏は騎馬民族説を唱えたことで有名だが、その説に従えば、天皇は騎馬民族の辰王《しんおう》にほかならず、大和朝廷のある都は辰王国といえる。辰王国の音「シンオウ」に適当な漢字を当てて秦王国と表記した。事実、朝鮮半島において辰王が治めた国は辰韓といい、別名を秦韓ともいった。ゆえに、秦王国とは辰王国と同義であるというのである。

しかし、これに対しては異論も多い。秦王国に至るまでの国々について細かく記されているのだが、それらはみな九州の国々なのだ。九州の国々を詳細に記しておきながら、いきなり畿内の国に描写が移るのは不自然であるというのだ。

そのため、九州のすぐ隣、事実上同じ九州文化圏である山口県の西側、すなわち周防《すおう》国のことではないかという説も根強い。周防国の「スオウ」という音が「シンオウ」に近いというのだ。

だが、問題は文化である。秦王国が周防国だったとして、裴世清は何を見てそこを中国と同じだと感じたのだろうか。文化レベルが高いか低いかという以前に、そもそも周防国に中国文化を想起させるだけの町や村、寺院が見当たらないのが弱い。

こうした状況のなか、きわめて説得力の高い説を提示したのが古代史研究家の泊勝美氏である。泊氏は「隋書倭国伝」に登場する国々を詳細に分析し、裴世清がたどったであろうルートを推理。ここでいう秦王国とは九州東北部の豊国《とよのくに》だったのではないかと考えた。理由は地理的な状況もさることながら、そこに住んでいた人々の素性と宗教である。

豊国に関しては古代の戸籍が比較的詳細に残っているのだが、そこに登録された人々の名前には「……勝」という姓が異常なほど多い。一般の苗字の下に「勝」の文字が復姓という形で見られるのだ。

実は、この復姓の「勝」とは「勝部」ともいい、「スグリ」や「マサ」「カツ」とも訓じられる秦氏の部民のことで、広い意味の秦氏なのだ。秦氏が勝部を率いていたことは『日本書紀』に記されている。

それによると、得意の養蚕業から服飾産業を一手に握っていた秦氏は古代の税である租庸調《そようちょう》のうち、庸調を奉っていた。仁徳《にんとく》天皇の時代、秦氏の首長であった秦酒公《はたのさけのきみ》は膨大な絹を献上することによって認められ、ウズマサの称号をもらうのだが、その際、彼は「百八十種勝」を率いていたと記されている。

つまり、だ。古代の豊国には数多くの秦氏が住んでいた。秦氏は部民として、膨大な数の勝部を従えていた。それは、ひとつの国家にも見えた。まさに、豊国は秦氏の王国と呼ぶにふさわしい状況だったのだ。

⬆原始八幡信仰の宮と伝えられる金富神社（福岡県築上町）。

圧倒的な経済力を背景に、おそらく豊国＝秦王国の文化も花開いていたのだろう。日本列島という島国ながら、大陸文化に匹敵するほどのレベルを誇っていたのだ。野蛮な東夷が住む国だと思っていた裴世清にとっては、かなり意外だったに違いない。自分たちの国、隋とひけをとらない民度の高さに、なぜこんな国があるのか不思議でたまらず、その理由がわからないと正直に報告しているのだ。

実際、豊国の中心地である宇佐《うさ》には、全国の八幡神社の総本山である宇佐八幡宮がある。原始八幡信仰を保持していたのは「辛嶋氏《からしまし》」で、彼らもまた勝部であり、辛嶋勝氏と称しており、まさに秦氏であった。

平安時代に成立した『延喜式《えんぎしき》』では、宇佐八幡宮が八幡大菩薩とも呼ばれているように、古くから神仏習合が進んでいた。『続日本紀《しょくにほんぎ》』には「豊国法師」

と呼ばれる呪術者の存在が記されており、仏教をはじめ大陸の新しい思想のメッカであったことは間違いない。仏教国であった隋の使者、裴世清にとって、こうした光景も進んだ文化を保持しているように感じられたのではないだろうか。

考えてみれば、秦氏は渡来人である。大陸からやってきた人々である。秦王国と呼んでいることからわかるように、裴世清たちは秦氏の存在をはっきりと認識していた。おそらく彼らが渡来人であることも知っていたはずだ。というのも、秦氏という姓は中国でもポピュラーな姓であるからだ。そもそも、中国に似ていると表現しているあたり、彼の頭の中には中国系渡来人としての秦氏の存在があったのではないだろうか。

中国人にとって、はるか東海に浮かぶ島、日本にいる中国系渡来人とくればだれしも思いだすことがあった。しかも、渡来人の姓が秦氏となれば、いやおうなく秦帝国時代に東海に消えた人々、すなわち徐福《じょふく》を想起したはずである。

徐福集団は秦氏になった⁉

中国の知識人は、みな『史記《しき》』を読んでいる。そこに書かれた古代の皇帝や英雄の話を常識として知っていた。中華思想の根本ともいえる神話から最初の帝国である秦帝国、そして秦始皇帝のことはもちろん、彼を手玉にとった徐福のことも、みな知っていたに違いない。

しかも、東海に消えた徐福たちが到達した地が日本であることも噂話はもとより、なかば常識として認識していたことは、中国における文学や詩に見ることができる。

なかでも、より突っ込んだ形で、徐福の子孫として語られてきたのが、ほかならぬ秦氏である。10世紀なかばに成立した『義楚六帖《ぎそろくじょう》』という書物には、それが明確に記されている。書いたのは釈義楚という五代十国時代の後周《ごしゅう》の人物。仏教に関する正しい知識を広めようと、全24巻から成る百科全書を書きあげた。

その中に、日本人の僧侶、瑜伽大教弘順大師賜紫寛輔から聞いた話として、徐福に関する文章が載っている。

「日本国はまた倭国と名づく。東海の中にあり。秦のとき、徐福まさに五百の童男と五百の童女この国にとどめるなり。今人物ひとつにして長安《ちょうあん》のごとし。

また、顕徳五年歳は戊午にありて、日本国伝瑜伽大教弘順大師賜紫寛輔ありて、またいう。日本国の都城の南五百余里に金峯山ありて、長上に金剛蔵王菩薩ありて、第一の霊異なり。山は松檜名花軟草ありて、大小の寺数百、節行高道の者、これに居る。曾て女人ありて上ることをえず。今に至るも、男子上らんと欲すれば、三月酒肉欲色を絶つ。求るところ皆遂げていう。菩薩はこれ弥勒の化身にて五台の文殊のごとし。

また東北千余里の山ありて、富士と名づけ、また蓬莱《ほうらい》と名づく。その山峻にして、三面これ海。一朶上聳して、頂きに煙あり。日中に上より諸宝ありて流下し、夜はすなわち却りて上る。常に音楽聞こゆ。
徐福、ここにとどまりて、蓬莱と謂う。今に至りて、子孫みな秦氏という」（『義楚六帖』第21巻）

当時、中国では徐福がたどり着いた国は日本であり、彼らが目指した蓬莱山は霊峰、富士山であると考えられていたようだ。仏教的な幻想に満ちあふれた文章であるが、やはり印象的なのは最後の一文であろう。10世紀の時点において、徐福と童男童女らの子孫はみな秦氏を名乗っているというのである。

注意したいのは、中国人の視点から一方的に推測しているのではなく、あくまでも日本人の僧侶からの伝聞という形を取っているという点である。これは内容が正しいかどうか

⬆空海の弟子である道昌《どうしょう》の碑。俗姓は秦氏《はたし》である。

は別にして、当時、日本にいた秦氏について、彼らが徐福の子孫であるという噂、もしくは認識が日本人にあったことを示唆している。確信的な書き方を考慮すると、自分たちは徐福の子孫だと名乗っていた秦氏も、実際いたのではないか。

情報源である日本人僧侶は瑜伽大教弘順大師と記されている。瑜伽とはヨーガのことで、日本でいう密教のこと。弘という文字があるところを見ると、弘法大師《こうぼうだいし》を開祖とする真言密教の僧侶らしい。弘法大師空海《くうかい》の周辺には数多くの秦氏がおり、遣唐使として送りだした最大のスポンサーは秦氏ではないかと多くの研究家は推測している。事実、空海の師匠である勤操《ごんそう》や弟子である道昌《どうしょう》らの俗姓は秦氏である。ひょっとしたら弘順大師なる人物自身、秦氏だったのかもしれない。

いずれにせよ、当時、日本において「秦氏は徐福の子孫である」という説が存在し、その噂が遠く中国にまで聞こえていたことは間違いない。

徐福伝説と秦氏

はたして、当の秦氏が徐福の子孫だと自称していたのか。日本側に文書が残っていない以上、確かなことはわからない。が、秦氏と徐福伝説が無関係ではないことは、少しでも調べればわかる。

日本全国に散らばる徐福伝説を追いかけると、必ずといっていいほど秦氏に出会う。フィールドワークを重ねれば重ねるほど、その思いは強くなる。徐福伝説の正統性を裏づけるために、むしろ積極的に地元の人が秦氏と結びつけているのではないかと邪推してしまうぐらいに多い。具体的に示そう。

まずは熊野の徐福伝説から。前章でも紹介したように、日本における徐福伝説の多くに熊野の名前が登場する。熊野を拠点としながら、不老不死の仙薬を求めて歩き回ったというパターンである。いわば日本における徐福伝説の要のひとつともいえる熊野だが、注目したいのは熊野市である。

ここには、かつて徐福神社があったという。現在では、合祀されて羽田須《はたす》神社となっているという。この羽田須神社の「羽田須」とは、ご当地の地名で「ハタス」と読む。「ハタ」という音からわかるように、秦氏と関係があるのではないかと研究家は指摘する。

そもそも「秦氏」と書いて、ふつう「ハタ氏」と読めない。ゆえに、長い歴史の間に秦氏もまたいろいろな当て字をするようになり、同じ「ハタ氏」といっても、波多氏や波田氏、八多氏、八田氏、半田氏、幡多氏、畠田氏、畑氏、端氏、幡氏、そして「羽田氏」などとも表記する。当てる漢字は違っても、読みは同じ「ハタ氏」であり、そのルーツは秦氏である。

同様に、熊野の「羽田須」もまた、もとは「秦須」、もしくは「秦住」「秦栖」といって、秦氏が住んでいた地域を指す言葉ではなかったかという指摘がある。実際、当地には秦氏が古くから住んでおり、地名が秦氏にちなむことは、かの新井白石《あらいはくせき》も指摘している。ちなみに、新井白石もまた、秦氏が徐福伝説と関係があると指摘している。

熊野と双璧を成す徐福伝説の地が佐賀である。金立《きんりゅう》神社の徐福伝説はストーリー性と周辺地域の伝説共有性からいって、群を抜いているといっても過言ではない。しかも、すぐそばには弥生時代の有名な吉野ヶ里《よしのがり》遺跡がある。民俗学的な視点はもとより、考古学的な裏づけからいってもアカデミズムの注目の的である。

佐賀県というと、九州の中でもマイナーなイメージをもたれがちだが、大陸との玄関口という意味では国際的な地域であった。伊万里焼《いまりやき》をはじめとする陶器職人が住みついたのも佐賀である。もっとも陶磁器に関わる職人は豊臣秀吉《とよとみひでよし》の時代に朝鮮半島から強制的に連れてこられた人々の末裔だが、それ以前から大陸との交流はさかんであった。徐福伝説がある伊万里市の波多津《はたつ》町は、その名にあるように「波多氏」、すなわち秦氏ゆかりの土地である。

東海地方における徐福ゆかりの土地として知られる愛知県豊川市小坂井町では、住民に秦氏が多い。町内にある菟足《うたり》神社は秦氏が創建した神社で、案内板には秦氏と徐福の関係が記されている。秦氏は徐福集団の子孫であるという。

丹後《たんご》の徐福伝説の地である伊根町では直接、秦氏とつながる史跡が見当たらないように思え

⬆天之日矛《あめのひぼこ》を祀る出石《いずし》神社（兵庫県出石町）。

るが、さにあらず。かつては丹後とともに同じ丹波《たんば》国であった但馬《たじま》に、天之日矛《あめのひぼこ》なる神を祀る出石《いずし》神社がある。記紀によると、天之日矛は渡来人で新羅《しらぎ》の王子であったというのだが、現在の歴史学の定説では、ひとりの人物というよりは秦氏集団の象徴的な存在であったと解釈されているのだ。ちなみに、この天之日矛、丹後一宮《いちのみや》である籠《この》神社の主祭神、天火《あめのほ》明命《あかりのみこと》と同一神であるという説もある。

そして、もうひとつ、忘れてならないのは静岡及び山梨の徐福伝説である。静岡の地名のもとになった賤機山《しずはたやま》は、その名にあるように秦氏が多く住んでいた地であり、そこには木花開耶姫《このはなさくやひめ》を祭神とする静岡浅間《せんげん》神社がある。しかして、問題の徐福の祠があるのは、同じ系列の河口《かわぐち》浅間神社で、参道には「波多志之神祠」なるものがある。いうまでもなく、波多志之神祠とは「秦氏の神祠」のことである。事

↑（上）河口浅間《かわぐちせんげん》神社（山梨県富士河口湖町）の参道にある波多志之神祠。（下）波多志之神祠の近くに立つ秦氏屋敷跡の碑。

実、その近くには秦氏の有力者がいたらしく、檜の巨木跡地に秦氏屋敷跡の碑が立っている。

伝説では、亡くなった徐福が鶴になったことにちなみ、彼を祀った鶴塚が福源寺の境内にあるが、そもそも鶴の由来ともなった都留《つる》には数多くの秦氏が住んでいた。おそらく甲府の鉱山開発に従事していたのだろう。機《はた》神社のほか、大幡や小幡、高畑など、秦氏にちなむ地名が数多くあり、照光寺の境内には秦河勝《はたのかわかつ》の子孫を称す秦氏の墓碑もある。

このほかにも、徐福ゆかりの土地の多くに、秦氏の影を見ることができる。伝説が史実かどうかは別にして、日本における徐福伝説と秦氏が表裏一体の関係にあることはほぼ間違いないといっていいだろう。

秦氏と秦始皇帝

はたして秦氏は徐福の子孫なのだろうか。この問題に関して当の秦氏はどう考えているのだろうか。秦氏の末裔を称す方々の中には、大切に系図を伝えている家も実際にある。

有名なところでいえば、四国を支配した戦国武将、長宗我部《ちょうそかべ》元親《もとちか》の末裔の方々や元首相である羽田孜《はたつとむ》氏のご実家などが知られる。

こうした現代の秦氏の系図には、いくつかの特徴が見てとれる。まず、ほとんどが聖徳太子のブレーンでもあった「秦河勝」につらなる系図であるという点がひとつ。もうひとつは、日本における秦氏の祖として「弓月君《ゆづきのきみ》（弓月王）」、もしくは「融通王《ゆうづうおう》」の名がある。そして、最後に秦氏の始祖として、中国の「秦始皇帝」の名を最初に掲げている。すなわち「秦始皇帝・弓月君・秦河勝」という3人の名前が必ずといっていいほど系図の中に登場するのだ。

なかでも、これが見事に反映されているのが、ほかならぬ京都、太秦《うずまさ》の秦氏が伝える系図で

↑秦氏の祖である秦河勝《はたのかわかつ》の像。

ある。『秦氏本系帳』には、秦始皇帝から秦河勝に至る系図を以下のように記す。

「秦始皇帝・政——秦皇帝・胡亥——秦皇帝・孝武——竺區王——宋孫王——法成王——功満王——融通王（弓月王／弓月君）——真徳王——普洞王——秦酒公——意美秦公——忍秦公——丹照秦公——河秦公——国勝秦公——河勝秦造（秦河勝）」

こうした「秦始皇帝・弓月君・秦河勝」という3点セットともいうべき系図は、元をただせば『新撰姓氏録《しんせんしょうじろく》』に行き着く。『新撰姓氏録』とは古代より続く豪族たちの系譜を記したもので、天皇家はもちろん、物部《もののべ》氏《し》や大伴《おおとも》氏《し》などの古代氏族から藤原《ふじわら》氏《し》や菅原《すがわら》氏《し》など、平安時代の貴族たちに至るまで、彼らの祖先が神代にまで遡る出自が事細かく記録されている。

秦氏の場合、貴族というよりは一般庶民、この中では「諸蕃《しょばん》」という扱いで、渡来人としての来歴が記されている。もちろん、ひと口に秦氏といってもさまざまな系統の秦氏たちがいる。彼らはそれぞれ祖先から伝わる系譜を主張しているのだが、やはり、始祖が秦始皇帝だと掲げる者も少なくない。具体的に祖先として挙げられているのは、秦始皇帝孫の孝徳王、秦始皇帝3世孫の孝武王、秦始皇帝4世孫の功満王、秦始皇帝4世孫の法成王、秦始皇帝5世孫の弓月王、秦始皇帝5世孫の融通王、秦始皇帝13世孫の然能解公、秦始皇帝14世孫の尊義王、秦始皇帝15世孫の川秦公などで、秦氏と同族である「己智氏」は秦太子胡亥《こがい》、すなわち秦始皇帝の子供である胡亥が祖先であると主張する。

このように、平安時代には秦氏が秦始皇帝の末裔であることは、一族のコンセンサスになっていた。少なくとも、山背《やましろ》を本拠地とする秦氏には祖先が秦始皇帝であるという共通認識があり、それがいわば同族のアイデンティティになっていたことは間違いない。

徐福伝説と秦氏との関係を考えるうえで、秦始皇帝は重要なキーワードのひとつであることはいうまでもない。なにしろ、まがりなりにも、秦始皇帝の命を受けて日本にやってきたのが徐福なのだから。

『史記』が語る秦始皇帝の末裔

秦氏に限らず、系図は一族の歴史や誇りを示す大切な史料であり、それ自体、敬意をもって扱われるものなのだが、やっかいなことにしばしば歴史偽造の温床になっている。現代でさえ、系図を偽作することが商売として成り立っているのも残念ながら事実である。ただ多くの場合、天皇家や戦国武将のご落胤と称すのだが、こと秦氏に関しては、歴史の表に出なかった分、逆に系図は信憑性が高いという指摘もある。

しかし、それでも問題はある。古代から連綿と書き継がれた系図ではないにも関わらず、秦氏という理由だけで安易に一族の始祖を秦始皇帝に結びつけることがしばしばあった。平安時代以降、始祖が秦始皇帝であると名乗ることが、いわば秦氏であることの証とでもいうべき状況にあったことは事実であり、それが学術的な検証に耐えうるかといえば、これがなんとも難しい。

そもそも、秦始皇帝の末裔を名乗るということは、だ。秦始皇帝の子孫が生き残っていたということが大前提である。

まず秦始皇帝に関する歴史的な一次史料は『史記』である。『史記』によると、秦始皇帝には二十数人の子供がいた。長男の名を「扶蘇《ふそ》」といい、末子の名を「胡亥」という。古代においては、しばしば一代の治世を長くする意味で、末子相続という伝統があった。秦始皇帝もこれにならったのか、2代目の皇帝に即位したのは胡亥であった。が、秦始皇帝亡き後の政治的な事情によって、3代目は扶蘇の子供である「子嬰《しえい》」が即位する。ただし、この時点で秦帝国は斜陽となり、子嬰は皇帝ではなく秦王を名乗っている。

ご存じのように、中国全土を最初に統一した秦帝国は長くは続かなかった。わずか15年で滅亡している。政治や文化、経済、そして社会基盤のあらゆる規格やスタンダードを整備した国家体制は続く漢《かん》帝国へと引き継がれるのだが、その間、歴史の宿命として中国全土は大混乱となる。

秦始皇帝の死後、彼の子孫はことごとく殺された。そもそも子供たちの代で跡目争いの謀略によって殺された者が多数おり、秦帝国が滅亡したときには、それこそひとり残らず惨殺されたとされる。

⬆秦帝国の２代目の皇帝に即位した胡《こ》亥《がい》。

もっとも混乱期ゆえ、なかには生き延びた子孫もいた可能性は否定できない。日本にやってきた秦氏たちが、最後の秦王である子嬰ではなく、２代目皇帝である胡亥の子孫を主張するのも、そのあたりに理由があるのかもしれない。

実際、子供は何も后や正室との間にだけいたのではない。妾や女官、さらにはお眼鏡にかなった女子たちがご落胤を身ごもったとしても、古代においてはなんら不思議なことではない。歴史の表には出てこないだけであって、秦始皇帝の血は脈々と受け継がれていた可能性は十分あるだろう。それを否定するつもりは毛頭ない。

だが、日本に渡来してきた秦氏がみな秦始皇帝の末裔であったのかといえば、すこぶるあやしい。歴史的な史料として、秦氏の主張を裏づけるものはなく、あくまでも口伝もしくは伝説の類いである。ために、文献史学的な評価でいえば、史実かどうかは極めて怪しいといわざるをえず、疑念を払拭できない状況にあるのだ。

秦氏の詐称疑惑

秦始皇帝の末裔を主張する秦氏の疑惑は深い。歴史学者が指摘するのは「時期」である。渡来してきた当時から自分たちが秦始皇帝の子孫であると主張しているのであれば、まだ一貫性がある。

ところが、だ。実際はそうではない。自分たちが秦始皇帝の血統であると声高に主張するようになるのは奈良時代になってからのことなのだ。それ以前の史料には秦始皇帝のシの字も出てこない。

なぜか。考えられる理由のひとつは、秦氏自身、秦始皇帝が何者であるのかわかっていなかったという可能性だ。奈良時代といえば、大陸との交流がさかんになり、中国の歴史書も日本に入ってきて、これを読んだ知識人たちを通して、秦始皇帝が何者であるかが一般人にも認識されはじめていた。

秦氏もまた、こうして、高度な文明を保持する中国を最初に統一した偉大なる人物の名が秦始皇帝であることを知ったに違いない。彼は名前に同じ「秦」という文字を含むことに着目して、自らのルーツを秦始皇帝に求めたのではないか。大和岩雄氏をはじめ、批判的な歴史学者たちはそう推測する。

実は、この問題に関してもうひとつ、状況がそっくり同じ渡来人がいる。「漢氏《あやし》」である。漢氏は後に「倭漢直《やまとのあやのあたえ》」と「西文氏《かわちのあやし》」に大きく分かれるのであるが、『日本書紀』には出自についてこう記されている。

「倭漢直の祖、阿知使主《あちのおみ》と、その子、都加使主《つかのおみ》が党類十七県を率いて来帰」

漢氏が日本に渡来してきたのは、秦氏と同じ応神《おうじん》天皇の治世であり、事績が書かれている箇所も近い。ともに朝鮮半島からやってきた渡来人の一派として記録されているのだが、シチュエーションが非常に似ている。漢氏の記述にならって秦氏の渡来をまとめると、こう書くことができる。

「秦氏の祖、弓月君が百二十県の民を率いて来帰」

しかも、この漢氏の祖である阿知使主（阿知王）、『新撰姓氏録』では後漢の皇帝、霊帝《れいてい》の曾孫であると称しているのである。「後漢」といっても、これは後世の人間が前漢と区別するためにつけた名称であり、実際は「漢」である。漢の皇帝の子孫ゆえ、その名から漢氏と名乗っているというのだ。まさに秦氏の主張とそっくりである。わかりやすいように、秦氏と漢氏がいう自らの祖先と状況をチャートで示すと、こうなる。

「秦帝国――秦始皇帝――5世孫――弓月君（弓月王）――百二十県（百二十七県）――民――秦氏」

「漢帝国（後漢）――霊帝――曾孫――阿知使主（阿知王）――十七県――党類――漢氏」

どうだろう。非常に似ている。似ているどころか、構造的にはまったく同じ。ここまでくると、もはや偶然とはいえない。両者は明らかに互いを意識しながら、確信犯的に出自を語って

⬆漢氏《あやし》に関係の深い檜隈寺《ひのくまでら》（奈良県明日香村）の跡。

いる。どちらが先かといえば、率いてきた数の少ない漢氏のほうだという見方が強い。漢氏が漢帝国に出自を求めたのを知った秦氏が真似をしたというのだ。うがった見方ではあるが、漢氏に関しては、出自詐称の疑いは濃厚にある。

というのも、秦氏が「ハタ氏」と読めないように、漢氏もまた「アヤ氏」とは読めない。なぜ秦氏がハタ氏なのかについては諸説あるのだが、こと漢氏に関しては、それがはっきりしている。

漢氏のアヤとは、朝鮮半島にあった古代国家、伽耶《かや》諸国のひとつ「安耶《あや》」のことなのだ。伽耶が「伽羅」とも表記するように、安耶は「安羅」ともいう。伽耶諸国のなかでも西よりの百済《くだら》に近い国であった。安耶からやってきた民であるからアヤ氏であり、そこに漢帝国の「漢」という字を当て、ルーツが後漢の霊帝であると称して、中国系渡来人を装ったのだ。

これを見た秦氏は、漢氏の手法をそっくり真似て、秦始皇帝の子孫であることを詐称したというわけだ。したがって、秦氏もまた、漢氏＝アヤ氏同様、本来はたんに「ハタ氏」であったが、わざと「秦」という字を当てたのではないか。本来は、朝鮮語で「海」や「偉大」、もしくは「波旦」なる地名を意味する「ハタ」「パタ」「バタ」だったという指摘もある。

今日の歴史学においては、これがほぼ定説であるといっても過言ではない。おそらく大学の先生がお書きになった本や論文にはそう記されているはずである。秦氏と秦始皇帝は無関係であり、学校で習う歴史の教科書や副読本、参考書にはもう中国系渡来人とは書かれてはいないのだ。

新羅系渡来人としての秦氏

長年、秦氏を研究して思うのだが、アカデミズムの定説や仮説、さらには極めて常識的な見方は彼らには通じない。こうだと決めつけた瞬間、するりと指先の間からすべり抜けていく。まさにとらえどころのない存在なのだ。出自の問題は、その最たる問題であるといっても過言ではない。

いったい、それはどういう意味か。漢氏との関係でいえば、ポイントは「秦」なる文字である。漢氏に関して、朝鮮半島には「漢韓」なる国は存在しないのだが、一方の秦氏に関していえば、確かに「秦韓」なる国が存在するのだ。しかも、直接的な出自と関係があるというのだから、漢氏のように、単純に中国の帝国の名前にあやかって秦氏と名乗っているわけではないのである。

順を追って説明しよう。

まず、この本のテーマでもある徐福との関係から。1章でも紹介したように、日本以外にも徐福伝説はある。朝鮮半島だ。なかでも、済州島《さいしゅうとう》には徐福が立ち寄ったという石碑も残っている。石碑や伝承の信憑性は別にして、この済州島、実は北朝鮮と韓国を併せて、最も「秦氏」を名乗る人々が住んでいる地域なのである。

同様に、徐福伝説は古代朝鮮のひとつ、新羅においても広く知られていた。徐福及び童男童女らの子孫が今もいると信じられていたが、まさに秦氏は新羅系渡来人。古代の新羅から伽耶を経由して日本列島にやってきたと考えられているのだ。

日本の史書『日本書紀』には、弓月君に率いられた秦氏が百済からやってきたと記されている。百済から亡命して伽耶にいるが、新羅に邪魔されているので助けがほしいと、時の応神天皇へ願い求めてきた。応神天皇は葛城襲津彦《かつらぎのそつひこ》を派遣して、無事に秦氏たちを日本に渡来させたという内容だ。

これだけ読むと、秦氏は百済系渡来人だと思ってしまうが、そうではない。実際に秦氏の史跡を丹念に調べると、ほとんどすべて瓦から仏像まで、その文化様式は新羅のものなのである。ために、現在では秦氏は新羅系渡来人だと考えられ、これが学界の定説になっている。

しかし、これで一件落着ではない。研究が進んでくると、どうも秦氏がしばらくとどまっていたという伽耶があやしい。伽耶は古くから日本、すなわち倭国と関係が深く、そこには「任《みま》那《な》日本府」があったと考えられてきた。かくも大量の渡来人がすんなりと倭国へやってきた背景には、彼らが伽耶出身者だという背景があったのではないか。つまり、かくも大量の人数でやってきた秦氏は伽耶系渡来人だった可能性があるのだ。

……正直いって、もういい加減にしてくれといいたい気分であるが、このように複雑、奇妙奇天烈な出自が展開されるのも、秦氏が移動する民であることに大きな理由がある。彼らは一か所に長くとどまる農耕民族ではなく、常に移動を繰り返す遊牧民だったのだ。そのことが歴史書に記されている。

秦韓と秦人

現在、秦氏に関しては「新羅系渡来人」、もしくは「新羅系伽耶人」などとも表現される。ここにある新羅と伽耶は歴史的にその成立が密接に関わっている。と同時に、実は秦氏の存在が根幹を成しているといっても過言ではない。

時系列を整理する意味でも、ここで少し古代の朝鮮半島の歴史について押さえておこう。ご存じのように、今から1600年ほど前の朝鮮半島南部には、3つの国があった。西側に百済、東側に新羅、そして南側に伽耶である。このうち、伽耶は統一国家というよりは、いくつかの小さな国々がゆるやかな連体のもと存在していた。

ごく大雑把にいえば、百済は「馬韓」から、新羅は「辰韓」、もしくは「秦韓」と呼ばれる国から、そして伽耶は「弁韓」、もしくは「弁辰」と呼ばれる国から派生したとされる。このうち、馬韓は南方系の民族であったが、秦韓と弁韓を構成する人々は、もともと朝鮮半島には住んでいなかった。

彼らの祖先がやってきたのは、今からおよそ2000年ほど前。断続的に朝鮮半島に流入し、その人数を増やしていったらしく、先住民であった馬韓の人々はその勢力に圧倒され、最終的に領土を認めざるを得ない状況となった。

3世紀における日本の邪馬台国《やまたいこく》のことを記した「魏志倭人伝《ぎしわじんでん》」と並ぶ「魏志韓伝《ぎしかんでん》」によると、馬韓の人々と秦韓及び弁韓の人々は、言語はもちろん、風俗風習がまったく違っていたという。同様の記述は『三国志』のみならず、『梁書《りょうじょ》』や『後漢書《ごかんじょ》』にもある。

また、秦韓と弁韓の人々は「秦人《しんじん》」と呼ばれた。「秦」という文字が示すように、後に日本列島に渡来してくる秦氏と秦人は無関係ではない。というより、秦氏の祖先は明らかに秦人で

←紀元前後、中国大陸から流浪《るろう》の民である秦人《しんじん》が朝鮮半島に侵入し、秦韓《しんかん》と弁《べん》韓《かん》を建国した。

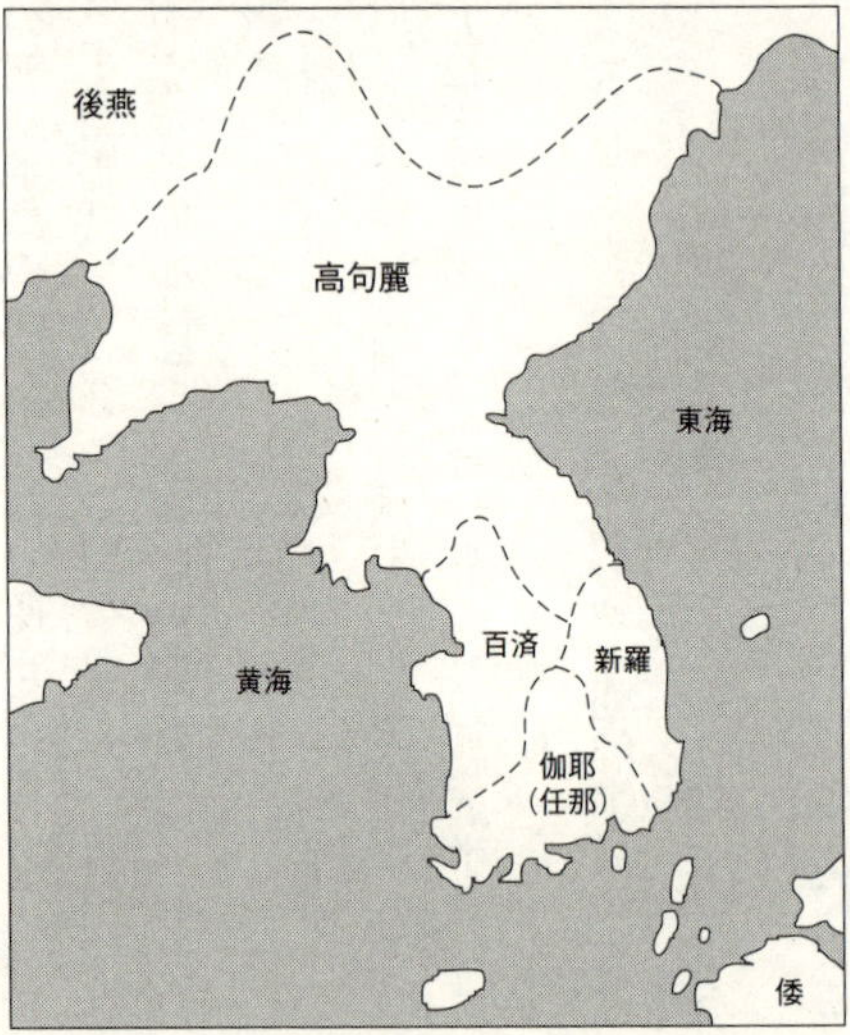

←4世紀ごろ、三韓から百済《くだら》、新羅《しらぎ》、伽耶《かや》が成立する。

あった。朝鮮半島に流入してきた秦人の中に秦氏がいたのだ。秦人すべてが秦氏になったわけではないが、両者が一定の歴史を共有していることは間違いないと歴史学者は指摘する。

なぜ、渡来人である秦氏が「秦」という姓を名乗ったか。その大きな理由は、彼らが秦人であったからだ。秦人であるがゆえ、彼らがつくった国の名を秦韓とし、そこから派生した新羅を経て日本へとやってきたとき、自らのアイデンティティとして「秦」という姓を名乗ったのである。これは弁韓から派生した伽耶を経てやってきた秦氏も同様だったと思われる。国は違えども、彼らは同じ秦人であったのだ。

しかし、ここで問題は秦人の素性である。日本の秦氏がとらえどころのない不可解な渡来人であったように、その祖先が含まれる秦人もまた、ひと筋縄ではいかない人々であり、ともすると、見方によって大きな混乱をもたらす存在なのだ。

秦人と秦の役

ひと口に秦人といっても、単一民族ではない。そもそも、秦人とは民族名ではない。多くの民族から成る人々の総称であり、いってみればアジア人という言葉と同様、大雑把に分類した名称なのだ。その証拠に、秦韓も弁韓も、ともに12か国から成っていた。小国に分かれていたのは互いに民族が異なっていたことを示唆している。

↑秦始皇帝《しんのしこうてい》が築いた万里の長城。

少なくとも、先住民である馬韓の人々とは言語や風俗・風習がまったく異なる人々であったことは事実だが、だからといって、彼らが単一民族だったわけではないことはここで改めて強調しておきたい。

したがって、秦人が朝鮮半島に流入してきた時期にも、当然ながら幅がある。紀元前後のおよそ２００〜３００年間に断続的に移民してきた。最も古い伝承として語られているのは紀元前3世紀末ごろと見られている。というのも、「魏志韓伝」によると、秦人は「秦の役」を避けて、この地にやってきたとあるからだ。

ここでいう「秦の役」の「秦」とは、一般に中国の秦国、なかでも秦始皇帝が築いた秦帝国のことを指すと考えられている。「役」を「苦役」と読めば、これは秦始皇帝が多くの民を使って強行した万里の長城の建設などの公共事業だと解釈できる。奴隷のような苦役に耐えかねた人々が集団で脱走し、秦帝国の支配の及ばない朝鮮半島へと逃亡してきたというわけである。

一方、「役」は「前九年の役」などのように「戦」と読むこともできる。この場合、秦始皇帝が中国全土を征服するにあたって起こした戦争のほか、秦帝国末期に起こった混乱を指す可能性もある。秦始皇帝亡き後、3代目で王朝は滅ぶが、このとき配下の者たちが流浪の民となって朝鮮半島に流入してきた可能性である。

仮に秦帝国の亡命者とした場合、彼らの中には秦始皇帝の子孫も含まれていた可能性は十分ある。記録には残っていないものの、秦始皇帝の血を引く者が秦人として朝鮮半島に流入し、秦韓を建国。やがて秦韓が新羅となり、国民の一部が日本列島へと渡来して秦氏を名乗ったとすれば、どうだろう。秦始皇帝の末裔だと称する秦氏の主張も、十分、説得力があることになる。

新羅系渡来人ではあるものの、さらに時代を遡れば、秦氏のルーツは秦始皇帝に遡ることができる。仮に、秦始皇帝の血を引いていなくても、秦帝国の民が祖先であった可能性はある。文献という形で明確に記されていないので、確固たる定説にはなっていないものの、秦氏の祖先が秦始皇帝ゆかりの民であった可能性は、さすがに現代の学界でも消極的ではあるが認めている。

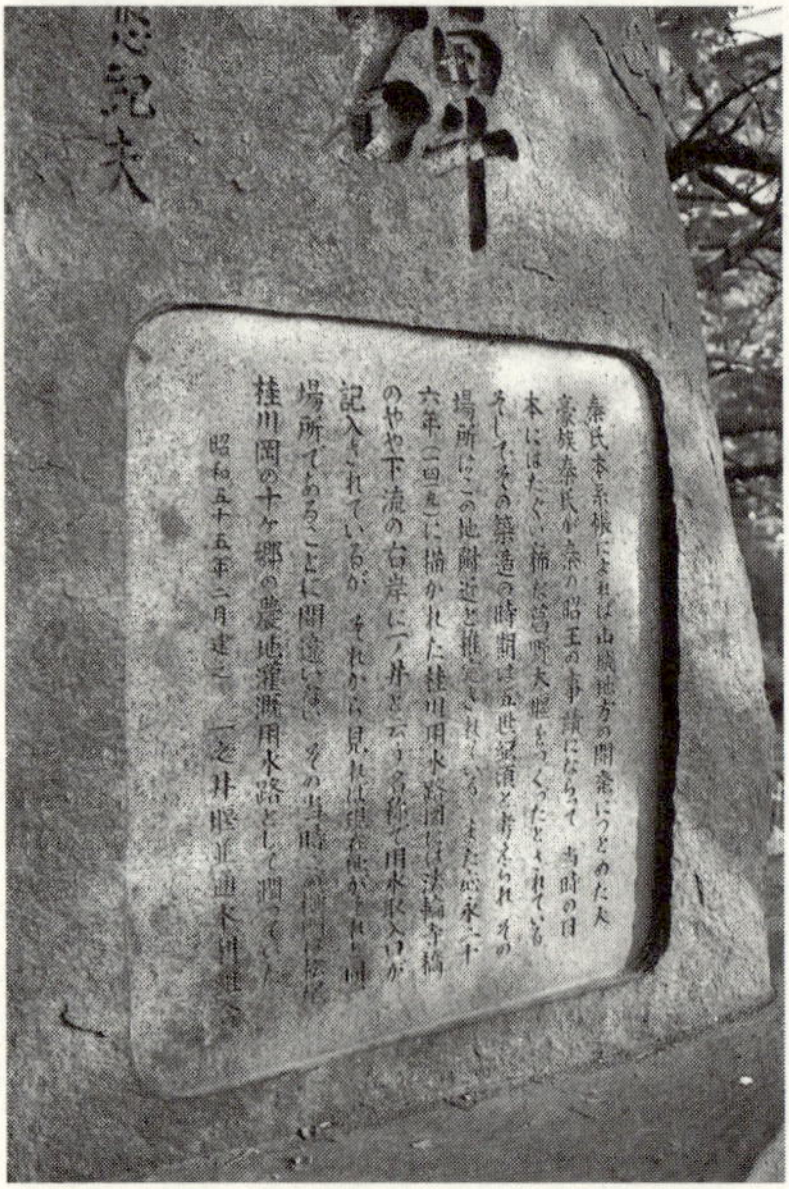

⬆⬅秦氏が築いた葛《かど》野《の》大《おお》堰《い》（上）とその碑。秦の昭王の事績にならったことが記されている。

たとえば、日本に渡来してきた秦氏が平安京を建設したことは有名だが、山背国を開発するにあたって、彼らは葛野《かずの》川に大きな堰、すなわち「葛野大堰《かどのおおい》」を建設している。「秦氏本系帳」には、建設にあたって秦氏が一致団結して、比類のない堰を造ったことが記されているのだが、その先例は「秦の昭王《しょうおう》」が黄河を塞ぎ止めて造った「都江堰《とこうえん》」であると述べている。秦の昭王とは、秦始皇帝の祖父「昭襄王《しょうじょうおう》」のこと。秦氏が秦始皇帝の末裔を強く意識しているだけに、伝承は割り引いて考える必要があるのだが、考古学者の森浩一氏は実際に都江堰を視察したうえで、両者の類似性は明らかだと指摘する。

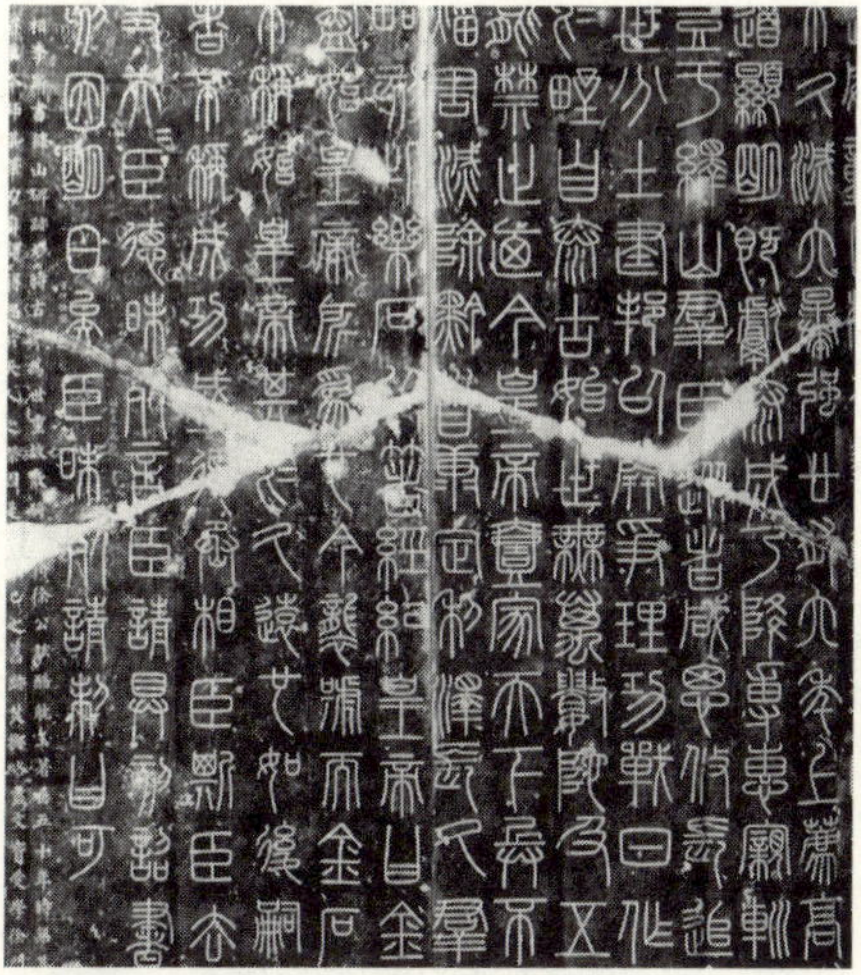
⬆秦始皇帝が行った治水工事の石碑。

　こうした秦始皇帝ゆかりの秦氏をあえて表現するならば、中国系新羅系渡来人、もしくは中国系新羅系伽耶系渡来人となるだろうか。ただし、ここでひとつ注意しなくてはならないのは、中国系だからといって、必ずしも漢民族を意味しているわけではないという事実である。

秦人と漢民族

漢字という言葉があるように、中国には漢民族と称する人々がいる。彼らは民族のアイデンティティを「漢帝国」に求める。「漢」という国家は古代中国の春秋・戦国時代を通じて、その名は登場しない。初めて「漢」なる名を掲げたのは、秦始皇帝の秦帝国を滅ぼした「楚《そ》」の英雄にして、漢の高祖「劉邦《りゅうほう》」である。当時、すでに帝国でさえなかった秦を滅亡へと追いやった「項羽《こうう》」との戦いの末、最終的に天子の座を手に入れた劉邦が築いた漢帝国は今日に至るも、中国のマジョリティーを構成する人々の誇りである。

ご存じのように、中国人の頭の中には「中華思想」がある。自分たちが世界の中心であるという自負が心の底にある。欧米の白人が無意識に抱く民族的優越感に近いものを彼らはもっている。ゆえに、世界の中心たる中華の辺境は、すべて文化レベルの低い蛮族であり、それを天の四方になぞらえ「南蛮《なんばん》・北狄《ほくてき》・西戎《せいじゅう》・東夷《とうい》」とみなした。

こうした蔑称の意味合いを含んだ言葉のひとつが「秦人」なのだ。その証拠に、漢民族は自らを指して秦人と称すことはない。秦人とは「柵外の人」、つまり万里の長城の外側にいる人々を意味するのだ。

朝鮮半島に流入してきた秦人も、基本的に漢民族ではない。中国の中原《ちゅうげん》にいた人々ではなく、北アジアや西域などに住んでいた遊牧騎馬民族のことなのだ。農耕民族と違って、遊牧騎馬民族は移動を繰り返し、場合によっては略奪と征服を行う。結果、集団を構成する人間は必然的に多民族となる。朝鮮半島にやってきた秦人もまた、実に多くの民族から成っていたと思われる。

秦韓と弁韓の支配層、さらには百済や高句麗《こうくり》の王家である夫余《ふよ》族は、いずれも騎馬民族であり、辰王であった。秦韓が辰韓とも称すように、辰王は秦王でもあり、秦人の王を意味していた。ゆえに、秦韓や弁韓は、そうした遊牧民や騎馬民族を母体とする多民族国家だったのだ。

ちなみにこれは後々、秦始皇帝が何者であるかを解き明かす重要な手がかりとなるので覚えておいてほしい。

秦氏と徐福の接点

朝鮮半島にやってきた秦人は漢民族ではなく、北アジアや西域を故郷とする遊牧騎馬民族である。彼らの中には、秦始皇帝ゆかりの人々もいた。みな「秦」という字に象徴される非主流派を意識しながら、秦韓や弁韓、そこから生まれた新羅や伽耶といった独自の国家を建て、やがて日本列島に渡来して秦氏となった。これが秦氏の来歴である。

おわかりだと思うが、確かに秦氏は秦始皇帝の秦帝国と無関係ではない。秦氏の中には、秦帝国の流民、もっといえば秦始皇帝の血を引く者もいたことだろう。その意味で、日本における秦氏の主張にも一定の根拠がある。

だが、しかし。問題は徐福である。

徐福は船に乗って旅に出た。山東半島から東シナ海に向かって出航し、幻の蓬莱山を目指した。途中、朝鮮半島に寄港したとはいえ、彼らが秦韓や弁韓を建国したわけではない。ましてや、新羅や伽耶から大集団で渡来してきた秦氏になったとはどう考えても筋は通らない。想像をたくましくして、朝鮮半島に残った徐福集団の一部が勢力を拡大し、秦氏と称して日本へと渡来してきたとすれば、今度は逆に日本における徐福伝説と大きく矛盾する。あくまでも、日本の徐福伝説は中国から直接、ご当地に来航したと伝えているのである。

徐福研究家の方々は、日本における徐福伝承地と秦氏の関係をことさら強調するが、いまだに両者のむすびつきを合理的に説明することに成功していない。徐福が出航したのが紀元前3世紀であるのに対して、秦氏の渡来時期は4世紀。少なくとも、その間、500年もの時間の隔たりがあるのだ。これは徐福研究における解決すべき最大の問題であるといっても過言ではない。

しかし、そうはいうものの先に見たように、徐福伝説ゆかりの地には必ずといっていいほど秦氏の影があるのも厳然たる事実である。まるで徐福ゆかりの土地にわざわざ秦氏が集まったかのような印象さえ受ける。後世の歴史家を悩ませる矛盾が意図的な策略の存在を示唆しているといったら、いいすぎだろうか。

何かある……これはトリックだ。何者かが、わざと徐福と秦氏を結びつけようと壮大な仕掛けをしたに違いない。日本にいる秦氏の中には、朝鮮半島からやってきた渡来人ではない秦氏がいる。新羅系渡来人ではないのに秦氏を名乗った人々がいる。

ただでさえ複雑な秦氏問題をさらに難解なものへと昇華させた張本人。それはほかでもない、古来、日本文化の底流に脈々と流れる呪術を一手に仕切ってきた秦氏の中の秦氏、その名も八《や》咫《た》烏《がらす》である。彼らこそ、徐福渡来の真実を握る一族である。事実、飛鳥昭雄はそれを八咫烏一族の者から直接聞かされたのだ。

第4章

八咫烏の証言
物部氏は徐福が連れてきた!!

歴史の表と裏

歴史には表と裏がある。教科書やマスコミに取りあげられる歴史は、みな表である。アカデミズムの歴史学者が正しいと太鼓判を押す学説をもとに記述されたストーリーであり、世にいう定説とはこのことである。

しかし、現代社会を生きる人間であればだれしも思うように、すべての事象には必ず裏がある。真実よりも、当事者にとって都合のいい解釈と説明が優先され、その結果、虚構が真実という名のもとに公式発表され、世間に流布されていく。政治家の発言はもとより、テレビや新聞の報道がいかに虚偽に満ちたものであるかは、それらを客観的かつ時系列的に並べただけでもはっきりわかる。

しかも、当事者が複数の国に及ぶ場合、それぞれの国が発表する見解は、それこそ天と地ほどの開きがあることは、昨今の尖閣《せんかく》諸島問題を持ちだすまでもない。所詮、事件や事故、そしてあらゆる案件はすべて政治的に解釈され、政治的な意向を反映された形で報道されるのだ。

忘れてはならない。歴史は連続しているのだ。今日、すべての人が目にする事象は、時という媒介変数によって、はるかこの世の始まりからずっと続いているのである。歴史の教科書を開くとき、そこに記された記述は、あたかも年表を切り取ったような錯覚に襲われるが、実際にはそうではない。すべての歴史は現代史であり、不可分の連続性を保っているのである。

現代社会において、あらゆる事件に表と裏があるように、過去の事件もまた、まったく同じように表と裏がある。情報伝達の手段が未熟であった時代にあっては、それこそ事件の真実は覆い隠され、権力者の都合のいいように解釈された文言が発表され、それを信じた人々によって既成事実化されてきたのだ。

一般大衆に真実を知らせないことが、ある意味、権力者の地位を保証しているのかもしれない。情報は力である。インテリジェンスこそ、国際関係において、最も重要な武器であると指摘されるが、まさにその通りである。相手の秘密を知ることこそ、交渉を有利に進めるのに最も有効な手段なのだ。

では、社会の表に出ない秘密、インテリジェンスを入手するためにはどうすればいいのか。答えは諜報活動、平たくいえばスパイ活動である。合法・非合法を問わず、有効な極秘情報を入手することが重要だといっていい。よく引き合いに出される欧米の格言によれば、スパイ活動は世界で2番目に古い職業であると表現される。ちなみに、最も古い職業はセクシャリティを売ること、すなわち売春である。

スパイというと、一般の人にとって映画の中だけの存在のように思われるかもしれないが、諜報機関のエージェントは、ごくごく身近にふつうに存在する。だれにも気づかれないようにしているだけで、とくに日本はスパイ天国と評されるように、世界各国からエージェントが集まって活動をしているのだ。

もっとも、現代のスパイは映画の007のモデルとなったイギリスのMI6やアメリカの中央情報局CIA、イスラエルのモサドなど、ある程度、所属機関がはっきりしているが、日本はどうなのだろう。よく内閣調査室は日本のCIAとも呼ばれ、実際に本家のCIAから研修を受けたりしているが、近代国家が発足する以前、諜報活動はすべて裏方が行ってきた。すなわち「忍者」である。

忍者と秦氏

忍者の歴史は古い。文献に残る忍者の初見は聖徳太子《しょうとくたいし》が組織したという「志能備《しのび》」、もしくは「志能便《しのび》」と表記される組織である。『日本書紀』によると、「大伴細人《おおとものほそひと》」なるをもって志能備の任に当たらせたとある。大伴氏は物部《もののべ》氏と並ぶ古代豪族のひとつ。軍事的な力をもっていた。軍事の基本は情報であり、インテリジェンスである。その意味で、大伴氏が諜報活動を行ったという記述は十分、信頼性のあるものだが、忍者の歴史を俯瞰するに、実際の任務を担ったのは実は秦氏《はたし》であることが見てとれる。

情報伝達手段やメディアが発達していなかった時代、情報はすべて人の目と耳によって収集された。まさに足で情報を集めていたのだ。さまざまな領地や藩、さらには家屋にまで侵入して、個人情報はもとより表にはならない極秘情報を手に入れるためには、当然ながら機動力がなければならない。諜報活動の技術はもちろんだが、何より全国を自由に歩き回ることが必要不可欠であった。

とくに江戸時代、幕藩体制のもとでは、一般庶民は自由に藩を出ることはできなかった。伊勢講など、神社へと詣でる特別な行事でもなければ、関所を通ることはできなかったのである。

しかし、なかには特別に関所を自由に通行することを許された人々もいる。遊行者《ゆぎょうしゃ》である。旅芸人をはじめ、いわゆる興業を行う人々は全国を歩き回ることができた。なかでも日本の伝統芸能である「能」は観阿弥《かんあみ》、世阿弥《ぜあみ》によって集大成され今日に至っているが、彼らは秦氏であった。能の源流ともいわれる「猿楽《さるがく》」「申楽《さるがく》」は、もともと聖徳太子の命によって、彼の側近であり、舎人《とねり》であった秦河勝《はたのかわかつ》が始めたものである。秦河勝の息子が当時、聖徳太子が建立した四天王寺において披露した芸が始まりだとされる。

能や申楽のほか、田楽《でんがく》などといった庶民の芸能のほか、雅楽もまた、そのほとんどを秦氏が担っていた。同じく全国を歩き回ることを許された民間陰陽師《おんみょうじ》、歩き巫女《みこ》、香具師《やし》といった人々もまた、秦氏の流れを引く者が多い。

⬆滋賀県の永源寺（東近江市）の君ヶ畑は木地師《きじし》の里として知られる。

また、全国を自由に歩くことが許されたという意味では「木地師《きじし》」も、しかり。お碗やお盆などを轆轤《ろくろ》で作る木地師は、材料となる木材を求めて全国の山林に分け入った。彼らは朝廷より特別に許可を得、どこでも自由に樹木を伐採することができるという特権をもっていた。彼らの拠点は滋賀県の永源寺町にあり、その地名は「君ヶ畑」、古くは「大君ヶ畑」といい、秦氏にちなむ。同じく木地師集落「小椋」は木地師の祖が「大蔵」を名乗ったことにちなむが、大蔵氏は秦氏であった。

さらに、里の民とは別に、山の民もいた。街道ではなく、深い山々に張りめぐらされた道を通り、日本列島を縦横無尽に歩き回った山の民、とりわけ山伏《やまぶし》と呼ばれた修験者は呪術的な存在でもあった。修験道の祖「役小角《えんのおづぬ》」と並び称され、京都の愛宕山や加賀の白山を開いた「泰澄《たいちょう》」の俗姓は秦氏であった。もともと秦氏は金属精錬技術に長けており、材料となる鉱石を求めて全国の山々を古代から開発していたのだ。

こうした全国を旅する人々は必然的に多くの情報を見聞きすることになる。事実上、諸国の事情を最も包括的に知っているのは秦氏だったといっても過言ではない。まさに、それは全国に張りめぐらされた情報ネットワークであり、為政者の目には極めて良質なインテリジェンス組織のように映ったことだろう。ある意味、秦氏が忍者となったのは歴史的な必然だったともいえる。

↑百地三太夫《ももちさんだゆう》の弟子といわれる石川五右衛門《いしかわごえもん》。

事実、戦国時代から近世に至るまで、歴史の裏で暗躍した忍者の多くは秦氏であった。講談や漫画でもおなじみの忍者「服部半蔵《はっとりはんぞう》」は、その名の服部が示すように伊賀《いが》の秦氏であった。伝説的な存在では「百地三太夫《ももちさんだゆう》」なども有名だが、俳句を詠んで東北を歩いた「松尾芭蕉《まつおばしょう》」を含め、彼ら伊賀忍者はみな秦氏である。ちなみに、松尾氏《まつおし》は京都の松尾《まつのお》大社で知られるように、そのほとんどが秦氏であるといっても過言ではない。

だが、こうした時代劇に登場するアクションスターとしての忍者は、ある意味、忍者の中でも実行部隊であり、組織でいえばそれほど位は高くない。忍者には「上忍」「中忍」「下忍」があり、上位になると、文字通り高級スパイであり、元締めは闇将軍のような存在となる。

しかも、忍者は現在もいる。忍者の末裔のなかには、今も情報収集を裏で行っている人々がいる。政財界に溶け込み、秘かに情報工作を行っているのだ。現役で任務に就いている方もいるので詳細を明かすことはできないが、それが日本の本当の姿である。ある意味、古代から日本の体制は何も変わっていないのである。

秦氏の経済力

権力と情報と並んで、世の中を動かす要素が経済力である。共産主義であれ、資本主義であれ、経済活動を行う社会にあって財産は力である。一定の財産をもつことは、社会における発言力の裏づけになる。財源なくして政策なし。現代政治の議論が毎年、予算の審議に多くの時間が費やされるのは、まさにその象徴といっていい。

古代にあって、大和朝廷は財源を租庸調と呼ばれる税をもってまかなった。それが近世における年貢を経て、今日の税金となるわけだが、貨幣経済が未発達だった時代にあっては、主に農作物や絹織物などの生産物、さらには労働力という形で納められた。戦国時代に石高《こくだか》をもって武将や大名の力をはかったように、ある意味、日本の経済は長らく米本位性であったといっていい。稲作が国家の基盤だったのだ。

いわば農業や漁業、林業などの第1次産業と並んで、日本経済の柱となったのは第2次産業である。ごく大雑把にいえば工業である。工業には重工業と軽工業があるが、このいずれも、基盤は秦氏が担っていた。

まず、重工業はいうまでもなく、鉄鉱石を採掘し、これを道具や武器などの製品にする。鉄はもちろん、金銀銅といった貴金属を生みだす鉱山の多くは、高度な金属精錬技術をもった渡来人が担ってきた。なかでも、そのほとんどが秦氏であったといっても過言ではない。全国の金山や銀山、銅山には、古代から近代に至るまで必ずといっていいほど秦氏の影がある。地名はもちろん、大久保長安《おおくぼながやす》をはじめとして、鉱山開発に直接関わった人物の多くに秦氏の痕跡を見ることができる。

一方の軽工業といえば、まさに戦後の経済成長の牽引力ともなった繊維産業だ。古代にあって最高の繊維は絹であり、それを生みだす蚕の飼育、すなわち養蚕はこれまたほぼ秦氏が独占していた。秦氏のハタは機織りのハタとも表現されるように、彼らは養蚕業から機織り、服飾市場に至るまで生産と流通、小売りを一貫して行ってきた。第16代仁徳《にんとく》天皇に絹を献上した際、その肌触りにちなんで「ハダ」という姓を賜ったことが『古語拾遺《こごしゅうい》』に、また雄略《ゆうりゃく》天皇の時代には、絹織物をうず高く積んだところから、「ウズマサ」なる称号を賜ったことが『日本書紀』に記されている。

まさに秦氏は殖産豪族の代表格であった。近代の財閥のようだというより、そもそも三井をはじめとして財閥自体、実は秦氏の流れを汲む人々なのである。莫大な財力をもつ財閥一族が、あまり政治の表舞台に立つことがないように、秦氏もまた政治家になる者は少なく、もっぱら産業界において名を馳せた。

このように、秦氏は常に歴史の裏方で活躍してきた。彼らがいなければ、今日の日本はありえず、伝統文化も存在しえなかった。忍者と財閥、このふたつを握ることで、秦氏は日本の歴史を裏で動かしてきたといってもいい。

日の丸と天照大神

日本の歴史の裏で暗躍してきた秦氏だが、表裏一体という言葉があるように、裏に隠された歴史の真実は、必ず表に象徴として掲げられてきた。一般の人が認識するかどうかは別にして、世の真実が何であるかをはっきりと示す。わかる者は悟れ。知る人ぞ知る、というわけだ。

その意味で、不可解きわまりない日本の歴史をすべて象徴しているのが国旗である。いうまでもなく、日本国の国旗は日の丸である。白地に赤い円を描く。だれもが常識として認識しているように、赤い円は太陽を象徴している。日の丸の国旗を前面に掲げることによって、日本は「太陽の国」であると宣言しているといっても過言ではない。

では、なぜ太陽なのか。一般に、日本列島が大陸から見て東、太陽の昇る方角に位置するからだといわれる。前章でも見たように、かの聖徳太子が隋《ずい》の皇帝を「日没する処の天子」と表現したのに対して、日本の天皇を「日出る処の天子」と表現したのは、その自負の表れである。したがって、日の丸は太陽でも、日の出の太陽を象徴しているのだ。

が、もうひとつ、日の丸には重要な意味が込められている。日本は八百万《やおよろず》の神々の国であると称されてきた。あまたいる神々のなかで最も日本人の崇敬を集めてきたのは、神道の最高神である「天照大神《あまてらすおおみかみ》」である。天照大神は、その名にあるように太陽神である。天空をあまねく照らす光の神である。日本国の国旗に描かれた日の丸は、まさに天照大神を象徴しているのだ。

事実、神道における祭祀の最高権威、すなわち祭祀王である天皇は天照大神の子孫である。天照大神は地上を支配する権限を自らの孫、すなわち天孫ニニギ命に与えた。天孫ニニギ命は配下の神々とともに地上に降臨し、その子孫である神武《じんむ》天皇が大和朝廷を開いたと記紀は語る。民族のアイデンティティの根幹のひとつともいえる神話において、日本は太陽神の子孫が治める国であると語られているのである。

↑裏の太陽神であるニギハヤヒ命。

しかし、森羅万象、この世のすべてに陰と陽、いうなれば表と裏があるように、日本国の国旗に記された日の丸、その象徴である太陽神にも実は表と裏がある。表の太陽神は天照大神であるのに対して、裏の太陽神がいる。「饒速日尊／邇藝速日命（ニギハヤヒ命）」である。正式名は「天照国照彦《あまてるくにてるひこ》天火明櫛甕玉饒速日尊《あめのほあかりくしみかだまにぎはやひのみこと》」と称す。「天照」という名前が示すように、ニギハヤヒ命はれっきとした太陽神である。

実際、ニギハヤヒ命は奈良の他田坐天照《おさだにいますあまてる》御魂《みたま》神社、鏡作坐天照《かがみつくりにいますあまてる》御魂《みたま》神社、大阪の新屋坐天照《にいやにいますあまてる》御魂《みたま》神社、京都の天照玉命《あまてるたまのみこと》神社、兵庫の粒坐天照《いいぼにいますあまてる》神社、福岡の天照《あまてる》神社など、「天照」という名前を冠した神社に主祭神として祀られてきた。

天照大神が女神であるのに対して、天照国照彦天火明櫛甕玉饒速日命＝ニギハヤヒ命は男神である。女性と男性というジェンダーにおいても、両神は陰と陽、太陽神という名前においては表裏一体の関係になっているのだ。したがって、日の丸が象徴する表の太陽神が天照大神であり、裏の太陽神はニギハヤヒ命なのである。

天円地方と定規コンパス

近代、江戸幕府が日本国の国旗として日の丸を掲げたのは、薩摩《さつま》藩主であった島津斉彬《しまづなりあきら》の影響であった。島津氏は造船や国際貿易に積極的に取り組み、他国の船との違いを明確にするために日の丸を掲げた。国際的な認識にあって、日の丸が日本国の国旗として認識されるようになったのは、まさに島津氏のおかげである。実質、国旗としての日の丸の生みの親は島津斉彬であり、島津氏であったといっても過言ではない。

明治維新以後、まさに日本の国づくりに尽力することになる島津氏であるが、その先祖は秦氏である。島津氏の初代、島津忠久《ただひさ》はもと、惟宗忠久《これむねただひさ》と称していた。惟宗氏は秦氏の中でも有力な支族で、後に対馬を支配する宗氏《そうし》もまた、その流れを汲む。したがって、日の丸の国旗制定にあたって、その根幹には秦氏が深く関わっていたのである。

秦氏の血を引く島津氏の家紋は、ご存じのように丸に十字を描き、一般に「島津十字」とも呼ばれる。同様の家紋を掲げる武家には、秦氏の拠点であった秦野を支配した波多野氏もいる。

ご覧になっておわかりかと思うが、島津十字は「○」と「+」から成っている。「○」がひ

⬆定規とコンパスをあしらったフリーメーソンのシンボル。

と筆書きであるのに対して、「＋」はふた筆書き。「○」を描くためにはコンパスが必要なのに対して、「＋」を描くには定規が必要である。

定規とコンパスをもって描かれるシンボルと聞けば、ピンとくる読者の方もいるだろう。そう、フリーメーソンである。世界最大にして世界最古の秘密結社とも呼ばれるフリーメーソンは、文字通り、直角定規とコンパスを組み合わせ、その中にアルファベットの「G」を描いた図柄を自らのシンボルとして掲げる。日本にも東京タワーの近くにグランドロッジがあるが、そこにも黒い御影石に定規とコンパスのマークが刻まれている。

なぜ定規とコンパスなのか。その理由はフリーメーソンが建築集団を母体としていることにある。近代フリーメーソンは、中世ヨーロッパ

⬆矩《さしがね》と規《ぶんまわし》を手に持つ伏羲《ふっき》と女媧《じょか》の図。

の石工組合から生まれた。いわば定規とコンパスは大工道具であると同時に、創造のシンボルでもあった。創造は建造物のみならず、この宇宙すべてを含む。まさに天地創造を象徴し、ひいては造物主なる絶対神を意味しているのである。

　これは何も中世ヨーロッパに限った思想ではない。アジアにおいても、宇宙の創造主という概念が存在した。興味深いことに、神々の天地創造を象徴するにあたって古代の人々が選んだのは、やはり直角定規とコンパスなのだ。

　古代中国の神話に「伏羲《ふっき》」と「女媧《じょか》」という兄妹にして夫婦の神々がいる。彼らは下半身が蛇という無気味な姿で描かれるのだが、その手には、それぞれ必ず直角定規である曲尺《かねじゃく》「矩《さしがね》」とコンパスである「規《ぶんまわし》」を持っている。

　中国の宇宙観では、天は円形、すなわち半球形をしており、地は方形、すなわち四角い形をしていると考えられてきた。これを「天円地方」という。したがって、伏羲と女媧は天地創造にあたって、円形である天空を形作るためにコンパスを、方形である大地を形作るために直角定規を使ったというわけだ。

伏犠と女媧の神話は海を渡り、この日本にも伝えられる。日本神話における天神、イザナギ命とイザナミ命が、それだ。イザナギ命とイザナミ命は兄妹であると同時に夫婦神であり、日本列島を「国生み」した創造主でもある。伏犠と女媧が結婚するにあたって大きな山の周りを回ったように、イザナギ命とイザナミ命は天御柱《あめのみはしら》の周りを回った。

また、伏犠と女媧は直角定規とコンパスを手にしたが、イザナギ命とイザナミ命は天逆矛《あめのさかほこ》を持って国生みを行った。天逆矛のモニュメントが現在、天孫降臨の地とされる九州は鹿児島にある霧島に立てられているが、その矛先は3つに分かれている。三叉の矛は左右に開いたコンパスに直線定規、もしくは直角定規に閉じたコンパスを組み合わせた象徴と読み解くことができる。つまり、イザナギ命とイザナミ命もまた定規とコンパスをもって天地を創造したのである。

かくして、日本における天地創造のシンボルは天円地方という形で受け継がれ、そのひとつが島津十字となった。いや、島津十字だけではない。鹿児島の島津氏が提言した日本の国旗、日の丸もまた、しかり。国旗の形そのものが四角い方形であるのに対し、中心に描かれた日の丸が円形で、まさに天円地方を表現しているのだ。

もちろん、それは近代フリーメーソンがシンボルとして掲げる直角定規とコンパスを組み合わせた図形と根本的に同じ。ある意味、日本は近代フリーメーソンよりもはるかに古い歴史をもったフリーメーソン国家なのだ。

ちなみに、太陽神の国であることを国外に示した聖徳太子は、日本における大工の祖として崇められているが、その側近は秦氏の首長、秦河勝であった。

太陽に棲む金烏

森羅万象を陰と陽で読み解く思想を「陰陽思想」という。歴史的には古代中国で発祥した思想とされるが、その淵源は深い。人類史の発祥とともにあったといっても、けっして過言ではない。

その陰陽思想は、しばしば「太極図」として表現される。赤い色が陽で、黒い色が陰。それぞれ陰陽は勾玉《まがたま》のような形で抱き合い、さらに玉の中心には、もうひとつ小さな円が描かれる。小さな円は互いに対極の色で示され、陽の中に陰、陰の中に陽を含む。陰と陽は回転しながら、その座を譲る。陽極まれば陰となり、陰極まれば陽となる。未来永劫続く陰と陽のダイナミズムが、この宇宙の真理であるというわけだ。

したがって、夜空の星々もまた陰陽で示される。陽の極大が太陽であり、陰の極大が太陰、すなわち月である。暦もまた、太陽運行をもとに計算する太陽暦と月の満ち欠けを基準とする

↑『准南子《えなんじ》』に記されている扶桑《ふそう》の木の図。

太陰暦がある。

では、陰陽思想によって太陽と月を読み解くとどうなるだろう。まずは月から。太陰の中には陽の要素を含む。月面の模様は古来、兎や蛙に見立てられた。兎や蛙は2本足、もしくは4本足で、数でいえば偶数の陰だが、地上では身近な動物として実在する陽の存在だとみなすことができる。

同様に、太陽には黒点がある。時折、太陽表面に現れる黒点は、古来、烏に見立てられた。しかもその足は3本、数でいえば奇数の陽だが、奇形でもない限り、自然界には実在しない架空の動物であり、陰の存在だとみなせる。

さて、日の丸との関係で注目したいのは、この三本足の烏だ。古代中国では太陽の中に棲む三本足の烏のことを「金烏《きんう》」と呼ぶ。『准南子《えなんじ》』という書物によると、はるか東方の海の彼方に巨大な2本の樹木「扶桑《ふそう》」があった。そこには10羽の巨大な烏がおり、毎日、1羽ずつ太陽を背負って天空へ昇っていた。ところが、堯帝《ぎょうてい》の時代、10個の太陽がいっせいに昇り、地上が灼熱地獄と化した。これを見た堯帝は弓矢の名手である羿《げい》に命じて、9つの太陽を撃ち落とさせた。すると、地上に9羽の烏が落ちてきた。見ると、その足は3本だったという。

『淮南子』が成立したのは紀元前2世紀、前漢の時代だが、金烏の概念は古い。殷《いん》の時代の絵画や壁画にも描かれているほどで、『淮南子』という書物が伝来する以前から、太陽の中に棲む金烏と月に棲む兎、すなわち「玉兎《ぎょくと》」の思想は日本にも伝わっていたのだ。

金烏と三柱鳥居

渡来人である秦氏は当然ながら陰陽思想はもちろん、太陽の中に棲む金烏のことを知っていた。熟知していたといってもいい。日本において、秦氏は1200年続く都、平安京を建設するが、そのデザインをするにあたって拠点としたのが現在の京都市右京区にある太秦《うずまさ》である。

ここには秦氏が太陽神を祀った「木嶋坐天照御魂《このしまにいますあまてるみたま》神社」がある。太陽神といっても天照大神ではない。歴史の裏方を仕切ってきた秦氏が祀ったのは裏の太陽神、天照国照彦天火明櫛甕玉饒速日命である。

今日、蚕《かいこ》の社《やしろ》が掲げる祭神は天之御中主神《あめのみなかぬしのかみ》、ニニギ命、大国魂神《おおくにたまのかみ》、ホホデミ命、ウガヤフキアエズ命となっており、表向きニギハヤヒ命の名は見えない。が、ここにいう大国魂神は大物《おおもの》主神《ぬしのかみ》のことで、正式には大物主櫛甕玉神《おおものぬしくしみかたまのかみ》といい、天照国照彦天火明櫛甕玉饒速日命と同一神なのである。

　このほかにも、何度か紹介した丹後《たんご》の籠《この》神社の極秘伝によれば、ニニギ命やホホデミ命は、いずれも天火明命《あめのほあかりのみこと》と同一神であるといい、結局のところ、天照国照彦天火明櫛甕玉饒速日命に収斂される。実際、木嶋坐天照御魂神社の主祭神が天照国照彦天火明櫛甕玉饒速日命であることは、アカデミズムでも認められている事実である。

　さて、裏の太陽神を祀る秦氏だが、実はここに奇妙なオブジェを立てている。京都三大鳥居のひとつにも数えられる「三《み》柱《はしら》鳥居」である。ふつう鳥居は門のようなもので、柱は2本と相場は決まっている。ところが、秦氏はこれを3本とした。

↑木嶋坐天照《このしまにいますあまてる》御《み》魂《たま》神社に立つ三柱鳥居。

　見ようによっては、3つの鳥居をひとつに合体させたとも考えられる。3つの鳥居ということは、3人の神様を拝むということであり、それが一体となっているということは、3人の神様を別々に拝んでいても、実は同じひとりの神様を拝んでいることになるという深遠なる意味があるのか。先に見たように、大国魂神とニニギ命とホホデミ命が、いずれも天照国照彦天火明櫛甕玉饒速日命の別名であることを思えば、それを立体的に表現したとも解釈できないわけではない。

もし仮にそうだとすれば、この三柱鳥居、もうひとつ別な姿が見えてくる。木嶋坐天照御魂神社の主祭神は天照国照彦天火明櫛甕玉饒速日命であり、太陽神である。それを祀ったのが三柱鳥居だとすれば、太陽神は中心に祀られているはずだ。

そこで、三柱鳥居の中心に太陽神が降臨する様子を思い浮かべると、天空から降りてくる光の柱によって浮かび上がるのは、そう三本柱である。光の中の三柱鳥居は、そのまま太陽の中に棲む三本足の金鳥を想像させる。三柱鳥居は太陽神を祀るとともに、金鳥を象徴しているのである。

鴨氏と八咫烏

木嶋坐天照御魂神社の境内は泉を囲むようにして小さな森になっており、通称「元糺《もとただす》の森」と呼ばれている。元と名のつくように、現在の「糺の森」は下鴨《しもがも》神社の境内を指す。嵯峨《さが》天皇の時代、糺の森の名称が木嶋坐天照御魂神社から下鴨神社へと移されたのだ。

興味深いことに、糺の森と元糺の森を結ぶ直線は京都における夏至の日の出／冬至の日没ラ

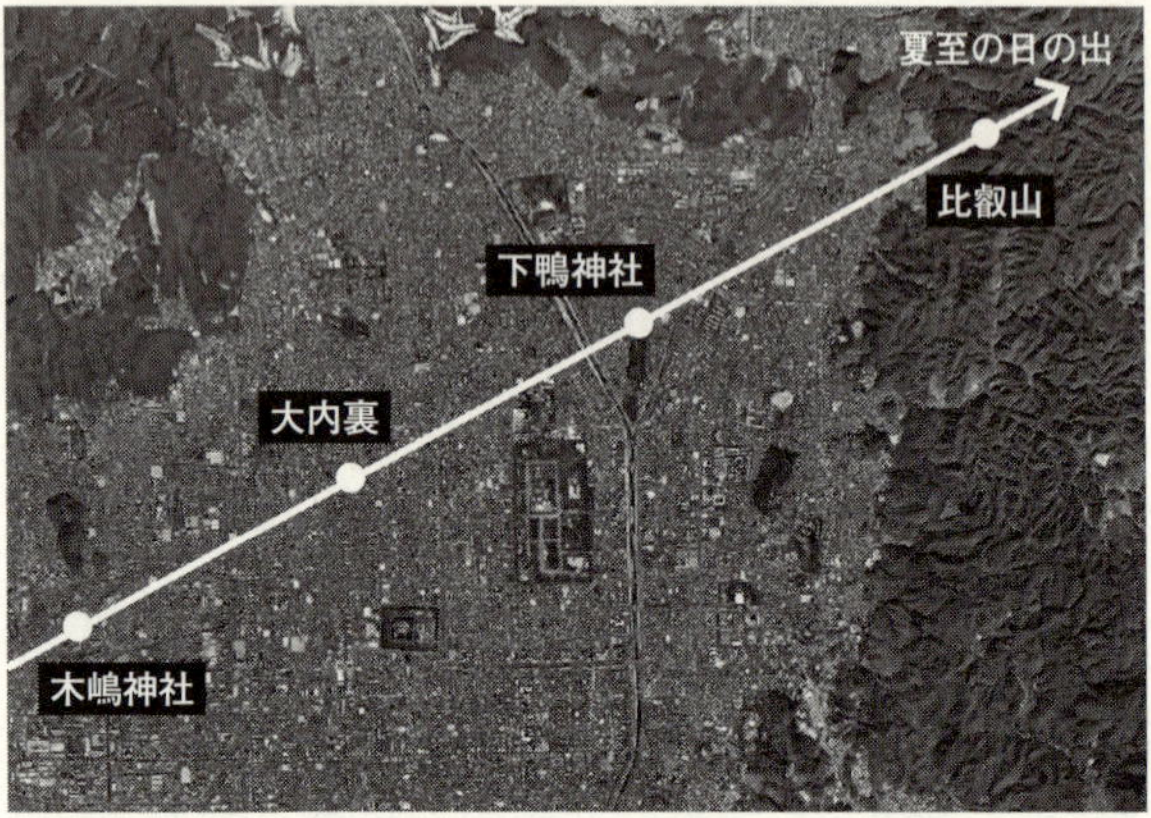

⬆木嶋坐天照御魂神社と下鴨《しもがも》神社を結ぶ直線は京都の夏至の日の出と冬至の日没ラインとなっている（©Google Inc.）。

インとなっており、ちょうど内裏の中心部を通過する。先述したように、平安京の内裏はもともと秦河勝の邸宅のあった場所である。

さらに、そのラインを西へと延長すると、松尾大社に至る。松尾大社は秦都理《はたのとり》が創建した神社である。逆にラインを東へと延長すると、比叡山《ひえいざん》を通る。その比叡山を聖地とする日吉《ひよし》大社の主祭神である大山咋命《おおやまくいのみこと》は松尾大社の主祭神である火雷神《ほのいかづちのかみ》と同一神であることが『古事記』に明記されている。つまり、新旧ふたつの糺の森を結ぶラインは、明らかに意図的に設定されたものであり、その担い手は秦氏であったことがわかる。

実際、下鴨神社の境内にある河合《かわい》神社の主祭神である玉依姫《たまよりひめ》は、もともと秦氏の女であったともいわれている。伝承によって、賀茂《かも》氏の女であったともされるのだが、秦氏と婚姻関係を結び、実際のところ同族関係にあったらしく、先の松尾大社と下鴨神社、そして上賀茂《かみがも》神社を併せて「秦氏三所明神」と称す。

伝承によると、賀茂氏の祖は賀茂建角身命《かもたけつぬみのみこと》といい、別名を「八咫烏《やたがらす》」という。八咫烏とは、初代神武天皇が熊野に上陸し、山中で道に迷った際、さっそうと現れて行く先を案内したとされる霊鳥で、現在でも熊野大社の神紋に描かれている。

また、その後、神武天皇は大和に入って、先住民である長髄彦《ながすねひこ》の軍勢と戦うのだが、最後の最後、戦況を決定づける事件が起こる。突如、天空から光り輝く鵄《とび》が現れ、神武天皇の弓矢の先に止まったのだ。これを見た長髄彦たちは、神威に恐れをなして総崩れとなり、神武天皇の勝利が決定したという。

奇跡を起こした光り輝く鵄は「金鵄《きんし》」と呼ばれている。鵄と称してはいるものの、その実態は烏、すなわち太陽に棲む輝く金烏であり、まさに八咫烏の化身であったと解釈されている。いい換えれば、神武天皇の守護神である八咫烏は、その祖先である太陽神、天照大神の使いである金烏、すなわち金鵄なのだ。

これを端的に象徴しているのが、国旗を掲揚する際に用いる旗竿とその先につける金玉である。金玉はまさに金鵄を表現しており、旗竿の白黒のストライプが八咫烏を象徴しているのである。

鴨族と天狗

日本国の国旗である日の丸は天照大神及びその子孫であり現人神《あらひとがみ》である天皇を象徴する。日の丸を描いた旗はハタであり、日本を影で支えてきた秦氏のこと。また、旗を掲揚するために使う旗竿は、黒地をもって八咫烏、金玉をもって金鵄を示し、天皇を守護する賀茂氏を象徴しているのである。

仏教の宗派は数あれど、神道はひとつ。極端な表現をすれば、全国の神社はすべて天皇家のものであり、天皇陛下は神道の元締めなのである。なかでも、神社界の最高権威を誇るのが下上賀茂神社である。かの伊勢神宮でさえも下上賀茂神社には及ばない。

なぜか。その理由は天皇の祭祀を取り仕切るのが下上賀茂神社の賀茂氏であるからだ。彼らは自らのことを特別に「鴨族」と称す。神職のなかで鴨族は特別な存在である。かつて天皇が京都の内裏におられたころ、その外陣《げじん》を守るのが上賀茂神社の鴨族で、内陣を守るのが下鴨神社の鴨族であった。とくに下鴨神社の鴨族は天皇の身の回りのことをすべて取り仕切っていた。

ゆえに、天皇にひとたび危険が迫れば、鴨族は身をもって玉体を守る。内裏が危険だと判断すれば、即座に秘密のルートによって、まず聖護院《しょうごいん》に玉体を移す。そこから、予め用意され、

⬆牛若丸に剣術を教えた鞍馬天狗のモデルは鴨族だ。

秘密の命を受けた寺と神社を転々としながら、最終的に吉野へと玉体をお運び申し上げる。その間、玉体が置かれる寺と神社の主は、みな鴨族の血縁関係によって結ばれているのである。

かつて壬申《じんしん》の乱や南北朝時代、天皇家がふたつに分かれた際、一方の玉体が紀伊《きい》半島の吉野に移され、そこを拠点とした理由は、まさに、ここにある。京都から吉野、さらには熊野に至る道は、すべて修験道の山伏が通る道であり、はるか古代から賀茂氏が縄張りとしてきた世界なのだ。

修験道の山伏は、しばしば天狗にたとえられてきた。牛若丸と呼ばれていた源義経《みなもとのよしつね》を育てあげた鞍馬天狗のモデルは何を隠そう、鴨族である。鞍馬山は京都の真北に位置するが、そこは昔から下上賀茂神社の神域なのだ。長く高い鼻が特徴的な大天狗はもとより、その配下にいる烏天狗こそ、まさに八咫烏がモデルなのである。

祭祀一族と鳥の称号

神道の最高神が天照大神、すなわち太陽神であるゆえ、その祭祀を行うのは太陽の中に棲む「金烏」の任務である。金烏は日本において「八咫烏」と呼ばれ、ときに「金鵄」と同一視される。その八咫烏を祖とするのが賀茂氏、すなわち「鴨」氏であることは、けっして偶然ではない。

神道祭祀には「鳥」の象徴が散りばめられているのだ。たとえば、徳のある天子が理想的な政《まつりごと》をした際に出現する瑞鳥《ずいちょう》「鳳凰《ほうおう》」は、神社の祭礼で担ぎだされる神輿の上や天皇が即位する際に用いられる高御座《たかみくら》の上にも据えつけられる。

その高御座の「高」は位の高低を意味するだけでなく、鳥の「鷹」の意味もある。神々が住まう天空の高天ヶ原《たかまがはら》は「鷹天ヶ原」でもある。葛城《かつらぎ》の賀茂氏は高賀茂を称すが、これも「鷹賀茂」のこと。自らが高賀茂氏であり、修験道の祖とされる役小角の役とは「燕」のことで、実際は「燕小角」なのだ。

このほか、賀茂氏は実に多くの鳥を名に選んでいる。しばしば賀茂建角身命と同一視される阿治須岐詫彦根神《あじすきたかひこねのかみ》の阿治は「アジ（鷎《あじ》）」のことで、味という字を当てれば、賀茂氏が祀った鴨《かも》都味波八重事代主命《つみはやえことしろぬしのみこと》となり、同じく賀茂氏である三島溝咋《みしまみぞくい》の「ミゾクイ」も水鳥の別名であることがわかっている。

下上賀茂神社とともに秦氏三所明神と呼ばれた松尾大社の創建者である秦都理も、その名は「鳥」を意味しており、賀茂氏と同族であった証として、賀茂都理という名前も伝えられている。

⬆修験道の祖である役小角《えんのおづぬ》。高賀茂氏《たかがもし》である役小角の役は鳥の燕のことである。

また、鴨族は忌部氏《いんべし》の中の忌部氏であるとも伝えられている。忌部氏とは古代における神道祭祀を行った一族で、儀式で使用する祭具から占術や呪法なども担っていた。忌部氏の祖先は天太玉命《あめのふとだまのみこと》といい、その息子は天日鷲命《あめのひわしのみこと》といった。おわかりのように「鷲《あわ》」という名をもつ。天日鷲命は四国阿波の忌部氏の祖となったが、忌部神社の伝承によると、正式には天日鷲翔矢命《あめのひわしかけるやのみこと》といい、金鶏と同一神であるという。

このように、神道祭祀に関わる者は、すべからく鳥とゆかりが深いのだ。これは身近な神社の祭礼でもしかり。神輿の上に鳳凰が乗せられるのみならず、それを担ぐ氏子衆たちはみな鳶《とび》職《しょく》の姿をしている。高いところで働く大工職人を鳶職というが、祭礼に関わる氏子が鳶職の姿をしているのは、祭礼に関わる者は鳥の称号をもつというしきたりを守っているからなのだ。

陰陽道における秦氏と賀茂氏

神道の祭礼や儀式を規定するにあたって、鴨族たちは陰陽道を採り入れている。中国の陰陽思想にもとづく陰陽道は七五三や七夕など、神道儀礼に深く関わっている。実質、神道の呪術的な思想は、すべて陰陽道によっているといっても過言ではない。しかも、それを行ったのは、まさに秦氏と賀茂氏であった。

ひと昔前の陰陽道ブームでは、小説や漫画の影響もあり、平安京の華麗なる呪術師として安《あ》倍晴明《べのせいめい》がもてはやされた。今でも、京都の晴明神社には多くの若い人たちが参拝に訪れているという。能や浄瑠璃《じょうるり》などで知られる安倍晴明の母親は信田狐《しのだきつね》であったと語られる。実際、歴史的に安倍晴明の系図は創作されたものであるらしく、その素性はよくわかっていない。

だが、狐に縁があることと、信田という土地にある阿倍王子《あべおうじ》神社は熊野に続く九十九王子《くじゅうくおうじ》神社のひとつで、その出発点が伏見稲荷《ふしみいなり》大社であることを考えると、どうも秦氏であった可能性が高い。というのも、伏見稲荷大社を創建したのは秦伊侶具《はたのいろぐ》で、秦氏は数多くの陰陽師を輩出しているからだ。そもそも陰陽道は渡来系の呪術であり、渡来人であった秦氏が中心になって広めたものであった。

実際、物語などで安倍晴明のライバルとして描かれる蘆屋道満《あしやどうまん》は俗姓を秦氏といい、実際は秦道満《はたのどうまん》といった。秦道満の娘は、人魚の肉を食べて永遠の生命を得た八百比丘尼《やおびくに》とされる。もちろん、歴史的に実在したかどうかは定かではないが、このように語られる背景には陰陽道の担い手が事実上、秦氏であったと考えられていたことを示している。

秦氏と同族である賀茂氏も、しかり。安倍晴明の師匠は賀茂忠行《かものただゆき》といい、当時、朝廷の陰陽道を仕

⬆安倍晴明《あべのせいめい》のライバルである蘆屋道満《あしやどうまん》は実際には秦道満《はたのどうまん》という。

切っていた。賀茂忠行は、それまで賀茂氏が伝統的に独占してきた呪術をふたつに分け、宗家にして息子の賀茂保憲《かものやすのり》には暦道《れきどう》、土御門《つちみかど》家を開くことになる安倍晴明には天文道を継承させた。

陰陽道を握ることは、神道を支配することにほかならない。秦氏と賀茂氏は互いに陰陽道によって、日本全国の神社を支配下に治めていくことになる。今日、氏子がどう思うかどうかは別にして、神道の元締めが天皇であり、その祭礼を一手に握る賀茂氏と歴史の裏で暗躍した秦氏によって、すべての神社は乗っ取られてしまったのである。

秦氏と賀茂氏の神社乗っ取り作戦

ふつう渡来人というと、大陸の宗教を奉じるものである。日本列島に仏教がもたらされたのも、司馬《しば》氏や漢《あや》氏などの渡来人による。実際、秦氏もまた、聖徳太子のもとで広隆寺をはじめとする多くの寺院を建設したことは事実である。

ところが、だ。秦氏に限ってはほかの渡来人とは大きく異なり、日本古来の宗教とさえいわれる神道を奉じ、寺院以上に次々と神社を創建していくのである。

まず、全国の神社で最も多い八幡神社の総本山である大分の宇佐八幡宮には辛嶋《からしま》氏という巫女《みこ》の一族が代々仕えていたのだが、彼らこそ原始八幡信仰をもっていたことが判明している。

その辛嶋氏は辛嶋勝氏という復姓をもち、秦氏が配下におく勝氏のひとつ。いうなれば秦部の一族であり、まさに秦氏だった。

八幡神社と双璧をなす稲荷神社の総本山は京都の伏見稲荷大社であり、それを創建したのは、先述したように秦伊侶具という名の秦氏であった。稲荷神社の主祭神であるウカノミタマは食物の神だが、尊称の豊を頭につけてトヨウカノ神、すなわち豊受大神《とようけのおおかみ》とも呼ばれる。豊受大神とは、伊勢神宮の外宮《げくう》の祭神である。

⬆稲荷神社の祭神ウカノミタマ。

その伊勢神宮は日本で最大規模を誇る神社で、日本国民の総氏神を祀るとも表現されるのだが、各地を転々と移動した歴史がある。記紀によれば、最初は宮中で祀られていたのだが、あまりにも神威が強いということで、社を建てて祀ることにした。いわば元伊勢第1号が置かれた場所については諸説があるのだが、その候補のひとつ、笠縫《かさぬい》神社は現在、秦楽《じんらく》寺《じ》という秦氏の創建したお寺の境内にある。秦楽寺一帯は古くから秦氏の拠点だったところで、地名も秦庄《はたのしょう》という。

このほか、先述したように、松尾神社の総本山である松尾大社、賀茂神社の総本山である下上賀茂神社、さらには日吉神社／日枝《ひえ》神社の総本山である日吉大社は、みな秦氏と同族となった賀茂氏が創建。賀茂氏である役小角と秦氏である泰澄が開いたのが、愛宕神社の総本山である京都の愛宕山であり、その泰澄は白山を開き、全国の白山神社の総本山となった。同じく山として知られる金比羅山《こんぴらやま》にある金刀比羅《ことひら》神社は、もと旗宮《はたのみや》といって秦氏が創建した神社である。

このほかにも、田村神社や白髭《しらひげ》神社、香春《かわら》神社、気比《けひ》神宮、大酒《おおさけ》神社などのほか、同じく同族である多《おお》氏《し》が関わった神社としては、鹿島《かしま》神宮や諏訪《すわ》大社、阿蘇《あそ》神宮など、あまたある。今日、知られる神社のほとんどは、その創始に秦氏が何らかの形で関わっているのである。

実は、秦氏が関わったのは、新しい神社の創建だけではない。彼らはすでにあった古代の神社を次々と乗っ取っていったのである。政治的に神社を支配下に置くのみならず、秦氏は積極的に神職を送り込んだ。陰陽道の呪術を心得た者を全国の神社へと派遣したのである。しかも、これを組織的に行ったのが賀茂氏であった。

俗に「鴨葱《かもねぎ》」という言葉がある。「鴨が葱をしょってやってきた」という表現の隠語である。一般に、これはお人好しを指した言葉で、だまされるのも知らずに、向こうから贈り物を持っ

↑賀茂氏《かもし》が創建した日吉大社《ひよし》。

て接近してくる輩のことを意味する。

だが、これは後世の曲解であり、本来の意味はまったく違う。鴨葱の葱とは「禰宜《ねぎ》」、すなわち神職のことなのだ。つまり、正しくは「鴨が禰宜をしょってやってきた」で、その意味は「賀茂氏が神職を連れてやってきた」という意味なのだ。

連れてこられた禰宜とは、もちろん秦氏及び賀茂氏である。高度な教育と呪術を叩き込まれた精鋭が次々と全国の神社へと派遣され、祭祀や儀礼を整備していく。かくてさまざまな祭礼を行うには秦氏や賀茂氏の存在が不可欠となり、気がつくとすべて神社は彼らによって完全に支配されてしまったのである。

形式や組織はまったく違うが、この形態は少なからず今日の神社界でも踏襲されており、全国の多くの神社は、神社本庁から派遣されてくる神職が宮司を務めている。彼らは公務員のように転勤をしながら、各々の神社に奉仕している。うがった見方をすれば、神社本庁の方針通りに経営させるために、彼らは派遣されてくるといえなくもない。

漢波羅秘密組織「八咫烏」と裏天皇

森羅万象、すべてが陰と陽で成り立っているということは、陰陽道そのものにもまた陰と陽がある。表の陰陽道とは別に、裏の陰陽道があるのだ。

その名を「迦波羅《かばら》」という。当てる字によっては「伽波羅」とも表記され、仏教の経典にある「迦婆羅」とも語源的には同じものである。仏教の迦婆羅はサンスクリット語「カパーラ」の漢訳で、頭蓋骨やお皿、瓦などの意味でも使われる。いずれも原義は受け皿で、髑髏《どくろ》杯や冠、建物の上部にしつらえるものを指すが、秘教的に、遠く西アジアのユダヤ教神秘主義カッバーラ（カバラ）のことである。カッバーラもまた受け取ることを意味し、神から授かる叡智を指す。

表の陰陽道の担い手を陰陽師と呼ぶように、裏の迦波羅の担い手は「漢波羅《かんばら》」と呼ぶ。漢波羅とは、もちろん迦波羅に由来する言葉だが、民間陰陽師を指す「上原太夫《かんばらだゆう》」の意味でも使われることがある。

陰陽道の呪術は大和朝廷の根幹を成すものであり、その実態はすべて極秘扱いであった。平安京にあって陰陽寮で秘かに、しかも天皇及び国家のためだけに占術が行われてきた。それゆえ、民間の陰陽師は厳しい取り締まりの対象とされてきたのだ。

⬆三本足の烏として知られる八咫烏《やたがらす》。

しかし迦波羅の場合、その存在すらも記録に残らないほど、秘中の秘とされてきた。当然ながら漢波羅たちは歴史の表舞台に出ることなく、裏方で文字通り暗躍してきたのである。もちろん彼らは秦氏であり、かつ賀茂氏である。

なかでも中枢を成す漢波羅秘密組織の名を「八咫烏」という。八咫烏の周囲には伝令役ともいうべき鴨族、すなわち「烏天狗」がいる。一般人との接触は主に烏天狗の任務である。

現在、八咫烏は約70人いる。いずれも皇室の方々がそうであるように、戸籍をもっていない。彼らは国民ではないのだ。出生届けもしなければ、死亡届けも不要。この世に生まれていないのだから、死ぬこともない。

八咫烏の使命は日本という国體《こくたい》のために、古代から連綿と続けられてきた神道儀式を執り行うことにある。表の組織が世間的な事情によって儀式を執行できない場合であっても、裏方の八咫烏がすべて完璧に行う。国民のだれひとり知ることはないが、彼らは毎日ずっと連綿と儀式と祈り、祭礼を欠かさずに行ってきたのである。

八咫烏の上部組織は12人から成り、ほかの八咫烏とは区別して「大烏」と呼ばれる。さらに、12人のうちの幹部3人は特別に「金鵄」の称号をもつ。彼らは3人でひとり、表の天皇に対する「裏天皇」として君臨する。

表の天皇は長い歴史の間に戦乱や事件などによって、儀式が執行できないことがあった。現代においても、天皇陛下はさまざまな公務をこなさなくてはならず、日々、決められた儀式を行うことができないことが多々ある。お体をこわされて執り行いたくてもできない状況に陥ることもある。そうした状況にあっても、あらゆる儀式はすべて寸分のぬかりもなく、裏天皇がしっかりと行うのだ。

したがって、この日本という国の秘密をすべて把握しているのはまさに八咫烏であり、裏天皇なのである。裏天皇と会見せずして、日本の歴史の謎など解けるはずがない。そもそも、彼らは謎を仕掛けた張本人なのだから。

八咫烏との会見

本来、八咫烏は一般の人間と直接、会談することはない。八咫烏と会談することは、ある意味、決死の覚悟が必要とされ、秘密を知るに値しないと判断されれば目と口をつぶされ、最悪、命を奪われた。さすがに民主主義の時代、そこまでされることはないものの、ふさわしくない者とされれば以後、近づくことは許されない。

幸いにして飛鳥昭雄は烏天狗を通じて示した「しるし」が認められ、これまでに3度、八咫烏と直接、会見することができた。

最初の会談は相撲が執り行われる国技館の一室において、ほとんど真っ暗な状態で行われた。周囲には数人の男たち、おそらく八咫烏が立ち並び、その中央に覆面をした大烏が座っていた。

八咫烏たちは飛鳥昭雄のことをすべて調査ずみであるらしく、こちらが持つ「しるし」の意味を十二分に理解していた。問答は静かに始まり、魔方陣や七五三、平安京に隠された人形の意味などを問われ、飛鳥はもてる知識のすべてをもって答えた。およそ学者が思いもしないような言葉だったが、幸いにして八咫烏のお眼鏡にはかなったようで、最後にこう述べたことを記憶している。

「扉を開けることを受け入れてしまった……」

かくして飛鳥昭雄と八咫烏の長い戦いが始まった。しばらくして、飛鳥は大烏のなかでも金鵄のひとりと会見する。場所はわからない。というのも、外がわからない状態で現地へと連れていかれたからである。ただ、車に乗った場所や状況から考えて、おそらく皇居の中の一室ではないかと思っている。

待っていたのは、長い白髪の老人であった。ほとんど目が見えないらしい。自らの寿命を悟っているらしく、死ぬ前に飛鳥昭雄なる輩に会ってみたいと思ったという。

ただし、問答の内容は前回にもまして難解にして深いものであった。学者であっても答えることはできないだろう。というよりも、そもそも表の歴史や本に載っている知識など、まるで役に立たない話なのである。

蘇民将来の予言や呪いの藁人形、漢字に隠された秘教、安倍晴明や天照大神の正体について問答を行ったが、およそそれは奇想天外な内容だったはずだ。

しかし、思えばそれが迦波羅なのである。表の陰陽道とはまるっきり違う秘教の世界なのだ。問答を終えて、飛鳥が自分の問答の是非について問うたとき、金鵄はこう答えた。
「今のままで進めばよろしかろう……時が来たのやもしれませぬな」
八咫烏は自分たちから秘密を明かすことはない。秘密を守ることが使命ゆえ、相手の答えが正しいかどうかを述べることしかできないのだ。逆にいえば、いつの日か、外部から真理をもって扉を開けさせる者をずっと待っているのである。

後日、烏天狗から会談した金鵄が亡くなったことを知らされた。後任には最初に会談した大鳥が選ばれたという。

そして、3回目の会談はかなり時間があいた。気がつけば、時代は21世紀となっていた。いくら要請しても、す

⬆漢波羅《かんばら》秘密組織の上位幹部である金鵄《きんし》（画＝飛鳥昭雄）。

べては一方的に八咫烏の都合で決められる。おそらく陰陽道による占術によって、時間と場所が細かく決められているのだろう。しかして、ついに3回目の会談が許された。場所は京都のある古いお寺であった。今回もまたほとんど真っ暗闇の中で問答が行われた。相手は覆面をし、長い烏帽子《えぼし》をかぶった男で、やはり金鵄であった。

今回は前回よりもかなり突っ込んだ内容の問答となった。飛鳥が問うたのは、伊勢神宮の床下に祀られているという「心御柱《しんのみはしら》」の正体だった。心御柱は秘中の秘であり、触ることはもちろん、見ることも語ることもタブーとされた伊勢神宮の神秘であった。長時間に及んだ問答の末、ついに驚愕の事実が明らかにされた。

全貌については、既刊に譲るが、これによって飛鳥昭雄が研究しつづけてきたことが完全に裏づけられた。秦氏はもちろん、賀茂氏の正体も完全にわかった。彼らが神道をいかにフォーマットし、何を御神体として伊勢神宮を創建したのか。そのすべてを完全に理解した。日本はとてつもなく恐ろしく、世界にはなくてはならないほど尊い国であり、未来に向けて神の証をする使命を持っているのだ。

徐福集団は物部氏となった!!

八咫烏との会見を通じて、秦氏と神道の正体がわかったものの、逆に謎も残った。物部氏である。秦氏が渡来してきたとき、すでに日本には数多くの神社が存在した。自ら創建した神社とは別に秦氏が乗っ取った神社があった。それらのほとんどは古代豪族、物部氏が創建した神社である。

秦氏と賀茂氏が陰陽道の儀礼をもちこみ、新たにつくり替えられた物部氏の神社は、もともといかなる姿をしていたのか。今となっては、それを知ることは非常に難しい。何よりも、最大の障害は物部氏である。物部氏が何者であるかについては、今もってまったくわかっていないのである。

いや、確かに学説はたくさんある。縄文時代からの先住民、弥生時代をもたらした江南《こうなん》出身の弥生人、朝鮮半島の百済《くだら》からやってきた渡来人、同じく新羅からやってきた渡来人、そして大陸からやってきて日本列島を征服した騎馬民族などなど。もっと細かくいえば、邪馬台国《やまたいこく》の王家なのか、それとも邪馬台国を征服した人々なのか、逆に邪馬台国によって征服された人々なのか。まさに百家争鳴の状態にある。邪馬台国論争ほど、一般の人々には知られてはいないが、古代史マニアの間では知る人ぞ知る大命題なのである。

しかもややこしいことに、物部氏を追いかけていくと必ずといっていいほど秦氏が出てくる。物部氏の正体をわからなくしているのは、この秦氏であるといってもいい。おそらく全国の神社を乗っ取っていく過程において、秦氏は物部氏を封印していったに違いない。もちろん、その司令を出したのは秦氏の中の秦氏である賀茂氏、なかでも鴨族の八咫烏に違いない。

そこで、飛鳥昭雄は4度《たび》、烏天狗を通じて八咫烏との会見を申し込んだ。事前に命題は伝えてある。あとは「しるし」を持って待つのみ。しかして、月日は流れ、先方から会見の許可が出たのは、2008年の暮れのこと。年が明けた2009年1月某日、飛鳥昭雄はあらかじめ送られてきた「しるし」を手に、約束の場所に向かった。

待つこと約1時間。ついに八咫烏が現れた。黒く上品なスーツに身を包み、まっすぐ飛鳥昭雄を見つめ歩いてくる。手にステッキ、頭には黒い帽子をかぶっており、まさにその姿は「烏」そのものだ。

眼光の鋭い初老の男は、飛鳥昭雄に近づくとこう切りだした。


「そなたが飛鳥かな」

「は、はい。飛鳥昭雄と申します」

「そなたのしるしは受け取った」

「ありがとうございます」

「だが、一族の者として伝えることはひとつだけだ」

「はい……」

「物部氏は徐福《じょふく》とともに来たれり!!」

「……!?」

飛鳥昭雄の表情に何かを納得した八咫烏は、無気味な笑みを浮かべながら、すっと踵を返すと、そのまま来た道を去っていった。おそらく1分もなかっただろうが、飛鳥には1時間にも感じられた会見だった。

しかし、答えは出た。思った通りだ。物部氏は秦氏でもなければ、騎馬民族でもない。紀元前より日本列島にいた先住民だが、そのルーツは大陸にあった。彼らは徐福とともに秦帝国からやってきた童男童女及び技術者だったのである。

ただし、物部氏はたんなる中国系渡来人ではない。徐福が率いてきたのは、今日でいう漢民族ではない。はるか遠い昔、かつては秦氏や賀茂氏と同じ一族だった人々である。なぜ秦氏たちが物部氏を封印したのか。その理由もまさにそこにある。

次章では、徐福や彼が率いてきた童男童女、技術者集団の正体を解き明かす鍵ともなる物部氏の神道、いうなれば物部神道について述べていこう。

第5章

物部氏が奉じる神道はユダヤ教だった!!

封印された物部氏の謎

物部氏《もののべし》は古代豪族のひとつ。大伴氏《おおともし》と並んで強大な軍事力をもっていた。古代における軍事力は、同時に呪力でもある。戦には武力はもちろん、呪術の力も必要とされた。ある意味、古代の戦争は呪術合戦でもあったのだ。

物部氏の「物」とは物質としてのモノのみならず、物の怪としてのモノであり、それが武士部＝モノノフ部たる一族の言霊でもあった。「物部」という名称そのものは、百済《くだら》の部司制にならって日本に導入された部制に由来する。部制が整理されたのは5世紀中ごろだが、それ以前から、もちろん物部氏と名乗る人々の間に同族意識があったことは間違いなく、そのことは学界でも認められている。

ある意味、物部氏は天皇家に次ぐほどの力をもった豪族であった。ゆえに、かつて歴代天皇の皇后は物部氏から出されるのが不文律であった。少なくとも、初代神武《じんむ》天皇から第9代開化《かいか》天皇までは、みな物部氏及びその同族から皇后を輩出している。

状況が変わるのは第10代崇神《すじん》天皇からなのだが、このときひとつの事件が起こっている。国中に疫病が大流行したのである。原因を占うと、なんと、それは三輪山《みわやま》の大物主神《おおものぬしのかみ》の祟りであるということがわかった。そこで崇神天皇は丁重に大物主神を祀ったということが記紀に記されている。

実は、この大物主神、「物」という文字が名にあるように、実は物部氏と縁が深い。三輪山は物部氏の聖地であり、そもそも大物主神は物部氏の祖神なのだ。したがって、崇神天皇が物部氏をないがしろにしたために、祖神である大物主神が祟りをなしたとも解釈できるのである。

実際、このとき崇神天皇は大物主神の子孫である大田田根子《おおたたねこ》に祭祀を行わせているのだが、その際に祭具や社などを用意した伊香色雄《いかしこお》が「物部氏」の祖となり、続く第11代垂仁《すいにん》天皇の時代には十《と》市根命《いちねのみこと》が「物部姓」を賜っている。

↑飛鳥時代、大連《おおむらじ》だった物部守屋《もののべのもりや》（菊池容斎筆）。

以後、物部氏は天皇家にとってけっして軽んじてはならない一族であり、祭祀を行う呪術集団として扱われる。第17代履中《りちゅう》天皇の時代には、物《もの》部《のべの》伊莒弗《いこふつ》が「大連《おおむらじ》」になり、物部氏の宗家は大連という姓

⬆奈良時代、権勢をふるった藤原不比等《ふじわらのふひと》。

を称することになる。

物部氏は6世紀ごろ、仏教導入をめぐって蘇我《そが》氏と対立して敗れ、当時の大連であった物部守屋《もののべのもりや》が失脚することでかなり勢力が衰えたものの、しばらくして物部氏宗家である石上《いそのかみ》氏が復権。645年、有名な大化の改新の後、石上麻呂《いそのかみのまろ》は当時の政治家のトップである左大臣にまで上りつめる。

しかし、奈良時代における最高実力者である藤原不比等《ふじわらのふひと》が右大臣になると、まさに状況は一変する。藤原京から平城京へと遷都が行われた際、石上麻呂は留守役としてそのまま旧都へと置き止めされてしまう。当然ながら、宗家を支える物部氏らもその多くが藤原京にとどまり、政治の中枢における影響力が一気に半減。事実上、物部氏一族の衰亡が始まる。

一方、政敵を陥れることに成功した藤原不比等は状況が有利と見るや、たたみこむように物部氏への圧力を強める。まず、古代豪族の生命線ともいえる由緒を記した古文書を氏神である石上神宮や大神《おおみわ》神社から没収し、事実上、物部氏の歴史を闇に葬った。

物部氏に関わる伝書を抹殺した藤原不比等は、改めて日本神話のスタンダードを構築するべく、記紀の編纂に乗りだす。歴史的には、記紀の編纂を指示したのは天武天皇《てんむ》ということになっているが、実際に取り仕切ったのは藤原不比等であることがわかっている。

彼は当時の女帝、持統《じとう》天皇を女神である天照大神《あまてらすおおみかみ》に比定。天孫降臨神話を創作し、これを前例とすることによって、持統天皇から彼女の孫である文武《もんむ》天皇への皇位継承を正当化しようとしたのだ。

こうして藤原氏の政治的な意向が色濃く反映された日本神話は記紀という文書によって一般の人々に知られるようになり、今日に至る。歴史を奪われた物部氏の記述は当然ながら記紀においては少なく、往時の栄光は見る影もない。まさに、物部氏の存在は文字通り封印されてしまったのである。

物部氏とニギハヤヒ命

系図や古文書を没収して、その歴史を封印したはずの藤原氏であったが、やはり完全にすべてを抹殺することはできなかった。あまりにも物部氏の力は強大だったのだ。それは政治力というよりも呪術的な力において、かの藤原氏でも無視することはできなかったのである。

それゆえ、記紀における物部氏の出自に関する記述は非常に曖昧なものとなった。本来ならば、没落した豪族である物部氏の系譜は無視されるか、その祖先たる神々の扱いも粗末なものであっていいはずなのだが、そこまではできなかった。

たとえば、日本神話のスタンダードを築いた藤原氏の場合、祖神である天児屋根命《あめのこやねのみこと》は高天ケ原《たかまがはら》に住まう天津神《あまつかみ》で、天孫降臨の際、ニニギ命に随行して地上へとやってくる。地上には国津神《くにつかみ》がおり、これらを平定することで天津神は王権を確立する。ここには支配者としての天津神と被征服者としての国津神という構図がある。

国津神の代表が出雲《いずも》の神々である。大国主命《おおくにぬしのみこと》や事代主命《ことしろぬしのみこと》、建御名方神《たけみなかたのかみ》をはじめ、出雲神話に登場する神々は天孫族に国譲りをしている。今日、これらの神々を祀る神社は出雲系とされるのだが、その担い手の多くは物部氏なのである。ゆえに、しばしば物部氏は出雲系の豪族として位置づけられることが多い。

権力闘争に敗れた一族ゆえ、それもありなんと思ってしまうのだが、不思議なことに物部氏の祖神は出雲系でもなければ国津神でもない。れっきとした天津神なのだ。名をニギハヤヒ命という。

しかも、このニギハヤヒ命、九州から神武天皇が来る以前に、すでに畿内で王国を築いていたというのだ。先住民である長髄彦《ながすねひこ》を敗った神武天皇に対して、自らが天津神であることを証明するために「天羽々矢一本《あめのはばや》」と「歩靫《かちゆき》」を提出する。これを見た神武天皇もまた、自らの

「天羽々矢一本」と「歩靫」を差しだし、正統性を強調。最終的に、ニギハヤヒ命が帰順することによって戦いは終了し、ここに大和朝廷が開かれる。

　このとき、ニギハヤヒ命は長髄彦の妹を娶っており、宇摩志麻治《うましまじの》命《みこと》という子供をもうけている。実は、この宇摩志麻治命の子孫が物部氏なのである。

　国津神ではないのに、天津神に征服されてしまう天津神。それがニギハヤヒ命であり、物部氏の大和朝廷での立場なのだ。どこかこうすっきりしない理由のひとつは、先に見たように記紀神話が成立する際、宗家が失脚し、事実上、物部氏が没落していたからなのである。もし仮に、その当時、石上麻呂が左大臣としての地位を保っていたならば、ニギハヤヒ命の扱いもまったく別なものとなっていたに違いない。

↑ニギハヤヒ命の子である宇摩志麻治《うましまじの》命《みこと》。

　実際、記紀神話の内容に反発する物部氏は、もうひとつの神典『先代旧事本紀《せんだいくじほんぎ》』を独自に編纂している。序文は平安時代に書かれたものらしいが、本文は奈良時代にまで遡るものであることが指摘され、最近、物部氏の歴史を知るうえで重要な史料として再評価されている。

読むとわかるが、ここに描かれたニギハヤヒ命は、まさに大王である。記紀においてはまったく無視された降臨神話がドラマチックに描かれている。すなわち、九州を出立したニギハヤヒ命は配下の32神と25部の物部氏一族を引き連れて、畿内は河内《かわち》国の河上にある哮峰《たけるがみね》に降臨。大和国の鳥見にある白山に進出して、自らの王国を築いたというのだ。

問題は、ここ。ニギハヤヒ命が築いた王国は物部王国であって、神武天皇が開いた大和朝廷ではないという点である。物部氏が歴史的に封印された理由も、実はここにある。同じ天津神の末裔を主張しながらも、物部氏は大和朝廷以前に、まったく別の王国を築いていたのである。

物部王国「日本」

物部氏一族に「日下部氏《くさかべし》」がいる。「日下」と書いて「クサカ」と読む。「日」は「二日」「三日」というように「カ」とも読み、カ行の音として「ク」、それに「下がる」という言葉から「下」を「サカ」と読んだらしい。ちなみに、物部氏に関係するものには「十種神宝《とくさのかんだから》」や「草薙剣《くさなぎのつるぎ》」など「クサ」という音を含む語がしばしば見受けられる。

⬆ニギハヤヒ命が大空を駆けめぐったという天磐船《あめのいわふね》。

さて、この日下という名前だが、現在は東大阪市にある「日下町」なる地名がもとになっている。クサカという言葉自体は「草香」という字が当てられることもあるが、注目したいのは「日下」という字だ。

「日下」は「ヒノモト」とも読む。クサカに「日下」という字を当てた理由は、そこが「日の下」、つまり太陽が昇るところであったことを示している。方角でいえば東である。古代の日下は大阪湾の入り江にあり、沖から見ると東の方角に位置する。

なぜ海から見ての方角をもって地名としたのか。これに関して『先代旧事本紀』には興味深い記述がある。物部氏の祖であるニギハヤヒ命は、河内に降臨する際、天磐船《あめのいわふね》に乗って大空を駆けめぐった。同様の記述は『日本書紀』にもある。ニギハヤヒ命は空から眺めて、眼下の国を「虚空《そらに》見つ日本国《やまとのくに》」と命名したというのだ。

天空を駆けめぐる船とは、飛行機やUFOを連想させるが、あくまでも現実的な史実の反映とみなすならば、海を渡ってきたと解釈できる。九州を出発したニギハヤヒ命は天磐船に乗って畿内へと侵出し、上陸地点を「クサカ」と呼んだ。これはニギハヤヒ命の出発地でもある九州福岡の草香にちなんで、同じ名前をつけたと思われる。

だが、そこは同時に九州や大阪湾の沖合から見て太陽が昇る方角に位置し、これが理由で「ヒノモト」と意識され、後に「日下」という文字が当てられるようになった。

さらに、ニギハヤヒ命が物部王国を築くと、最初の上陸地点である日下が次第に国全体の名称として使われるようになる。地名と国名を区別する意味で、当てる字を「下」から「本」と変えて「日本」とし、読み方も「ヤマト」とされたというわけだ。

いうまでもなく、この「日本」という言葉は、後世、国家の名称となり、正式な国名として採用されて、今日に至っている。「日本」は「ニホン」や「ニッポン」と読まれるが漢字を呉音で発音すると「ジッポン」で、これが中世、遠くヨーロッパにまで語り継がれるうちに「ジパング」、さらには英語の「ジャパン」へと転訛していく。

しかし、国名が「日本」となった理由はもうひとつある。ご存じのように、もともと日本は「倭国《わこく》」と呼ばれた。「倭」は「ワ」、もしくは「イ」と発音され、「ヤマト」と訓読みされる。

国名が「倭」から「日本」に変更された理由について、当時の日本人が中国に対して説明した記録が『旧唐書《くとうじょ》』と『新唐書《しんとうじょ》』に記されている。いずれも「倭」という文字は「矮小」など卑しい意味があり、これを忌み嫌って「日本」を正式な国名としたというのだが、それに付随して少々気になる記述がある。

日本とは、もともと倭の別種だというのだ。これを素直に解釈すれば、かつて日本列島には「倭国」と「日本」というふたつの国が存在したことになる。実際、その通りで、日本は倭国よりも小さな国であったとも記す。ただ『旧唐書』が「日本国が倭国を併合した」というのに対して、『新唐書』は逆に「倭国が日本国を併合した」と述べる。

はたして、どちらが正しいのか。ひとつ確かなのは、ここでいう倭国とは唐の時代よりも昔から外交を行っていた大和朝廷を指すことは間違いない。九州にあった古代のクニではなく、あくまでも畿内にあった国家としての大和である。

となると、一方の小国「日本」は、どこか。当然ながら、歴史上初めて日本国と命名したニギハヤヒ命の国、いうなれば物部王国を指すと見て間違いないだろう。

つまり、かつて大和と物部王国というふたつの国があった。大和に比べて物部王国は小さい国であった。長い歴史のなかで、大和は物部王国を併合した。もしくは、物部王国が大和を併合して、最終的に国名を日本としたのだ。

状況を考えると、ここは大和が物部王国を征服した可能性は高い。記紀神話において、もともと畿内に王権を確立していたのはニギハヤヒ命である。ニギハヤヒ命の王国を奪取する形で神武天皇が畿内へと進出し、大和朝廷を開いたのだから。

ただし、ニギハヤヒ命が神武天皇に帰順し、また物部氏から歴代の天皇の皇后が輩出していることから、いわゆる征服というよりは、まさに併合だったのだろう。その微妙なニュアンスが対外的な外交文書の中で、ふた通りの記述として残った。これはとりもなおさず、歴史的に封印されてもなお、物部氏の呪術的な力が大和朝廷にとってあなどりがたいものであったことを示している。

物部氏のルーツと古代朝鮮

『旧唐書』と『新唐書』に記された日本に関しては異説もある。畿内にあった物部王国＝日下ではなく、朝鮮半島南部にあった「任那《みまな》」を指すというのだ。任那とは今日、学術的には「伽《か》耶《や》」、もしくは「加羅《から》」とも呼ばれる国のこと。もとは三韓のひとつ「弁韓《べんかん》」があった地域である。

実は、この弁韓、「魏志倭人伝《ぎしわじんでん》」では「狗邪韓国《くやかんこく》」と呼ばれているのだが、ここに倭国の領地があったと記されている。弁韓が伽耶諸国となった時代になってもそれは存続していたらしく、これを意識して『日本書紀』は「任那日本府」と呼ぶ。

考古学者の江上波夫博士は任那が「官家《みやけ》」と呼ばれていることに注目。任那日本府はたんなる領地ではなく、古代天皇家の直轄領地、もっといえば天皇家の故郷ともいうべきクニだったのではないか。天皇のルーツは朝鮮半島にいた遊牧騎馬民族だったのではないかと推理。4世紀、中国大陸が混乱した時期に、騎馬民族は朝鮮半島から九州へ上陸し、やがて畿内へと侵攻して大和朝廷を開いたのだと主張した。世にいう「騎馬民族征服王朝説」、通称「騎馬民族説」である。

江上博士がいう騎馬民族とは朝鮮半島に流入してきた秦人《しんじん》のことを指す。柵外の人であった秦人は西域や北方アジアの遊牧民たちである。彼らのなかには機動力をもった騎馬民族がいた。とくに夫余《ふよ》系騎馬民族は高句麗《こうくり》や百済《くだら》を建国するのだが、一方で「辰王《しんおう》」と呼ばれた騎馬民族の支配者がいた。辰王は馬韓の承認を受け、秦韓《しんかん》(辰韓)と弁韓(弁辰)を支配し、後に拠点を朝鮮半島の南部、すなわち伽耶諸国に置く。これが任那日本府であるというのだ。

江上博士の騎馬民族説によると、初代から第9代までの天皇は架空の存在であり、実在したのは神武天皇と同じく「ハツクニシラススメラミコト」という諡《おくりな》をもつ第10代崇神《すじん》天皇であるという。また、崇神天皇の漢風諡号《しごう》である「御間城入彦五十瓊殖天皇」の「御間城」とは「ミマキ」、すなわち「任那の城」のことであり、そこからやってきた大王であることを示しているというのだ。

倭国に比べて任那は小さい。小さい国ながらも、騎馬民族軍団という圧倒的な軍事力をもって倭国を征服し、強大な王権を打ち立てた任那、すなわち後の任那日本府こそ、『旧唐書』と『新唐書』がいう日本なのではないか。とくに古い記録である『旧唐書』のほうが史実に近いはずで、そこにある「日本国が倭国を併合した」という記述は騎馬民族説を裏づけているというのだ。

もし、これが正しければ、日本国という名前をつけたニギハヤヒ命もまた、騎馬民族の大王であったことになる。実際、江上博士は物部氏や大伴氏といった豪族は、辰王につき従ってきた騎馬民族であったと主張する。

学界で激しい議論を呼んだ騎馬民族説だが、今のところ肯定派と否定派で大きく二分されているものの大量の騎馬民族が渡来人としてやってきたことは事実で、その証拠に4世紀を境にして急激に巨大化した古墳からは数多くの馬具や甲冑など、騎馬民族文化の副葬品が出土している。物部氏が古代日本において圧倒的な軍事力をもっていたことを考えると、彼らが騎馬民族であった可能性が高いというわけだ。

確かに、騎馬民族説の是非とは別に、物部氏が朝鮮半島と関係が深かったのは事実である。物部氏の宗家が祀る奈良の石上神宮には「布留御魂大神《ふるのみたまのおおかみ》」という名の祭神がいる。この「フル」の名をもつ大王が、実は古代朝鮮に存在した。漢字では「沸流《ふる》」と表記する。朝鮮の歴史書『三国遺事《さんごくいじ》』によると、沸流は後に百済を建国する温祚《おんそ》と兄弟であったが、国づくりに失敗して姿を消す。朝鮮半島から姿を消した夫余系騎馬民族の大王である沸流が日本列島へと渡来して崇神天皇となったとすれば筋は通ってくる。

実際、物部氏は百済と関係が深い。大和朝廷は百済の王家と親交があり、たびたび王族の人間が日本へとやってきていた。と同時に、日本からも百済へ派遣される者もいるのだが、氏族としては圧倒的に物部氏が多い。なかには現地で子供をもうけるケースもあり、彼らは「物部韓国連」などと称した。修験道の祖である役小角《えんのおづぬ》を讒言《ざんげん》した呪禁師《じゅごんし》の韓国広足《からくにのひろたり》もまた、そうしたひとりで正式には物部韓国広足といった。

⬆実在した初めての天皇といわれる第10代崇神《すじん》天皇。

さらに、だ。なんと、百済官人の名前にも物部施徳麻奇牟《もののべのせとくまがむ》や物部連奈率用奇多《もののべむらじなそつようかた》、上方奈率物部烏《じょうほうなそつもののべのかく》など、物部姓が数多くいる。彼らは日本から渡った物部氏の末裔なのか。あるいは百済に物部氏という姓があったのか。もし、純粋な百済人のなかに物部氏がいるとすれば、秦氏や漢氏と同様、物部氏もまた渡来人であった可能性が出てくる。

だが、その一方で、物部氏は百済ではなく、新羅《しらぎ》系渡来人だという説もある。神社伝承からすれば、物部氏が祀る神社の多くは出雲系である。出雲は海を挟んだ対岸の新羅と交流があり、典型的な出雲系の神であるスサノオ命が最初に降臨したのが新羅の曽尸茂梨《そしもり》という山であったことが『日本書紀』にも記されている。

古代史研究家の原田常司氏は神社伝承を検証した結果、スサノオ命はニギハヤヒ命の父親であると結論する。もしそうだとすれば、物部氏は出雲系であり、新羅系渡来人であった可能性が出てくる。

これを裏づける事実がもうひとつある。垂仁《すいにん》天皇、もしくは応神《おうじん》天皇の時代、日本に新羅の王子「天之日矛《あめのひぼこ》（天日槍）」が朝鮮半島から渡来してきたことが記紀に記されている。天之日矛は「八種神宝《やくさのかんだから》（七種神宝）」を携えてきたというのだが、それらの名称がなんとニギハヤヒ命が携えてきたという「十種神宝」の名称と非常に似ているのだ。鏡と珠剣、そして比礼《ひれ》と種類が同じであるばかりではなく、なかには奥津鏡《おきつかがみ》や辺津鏡《へつかがみ》など、まったく同じ名前の神宝もある。これらの類似性は明らかで、ニギハヤヒ命を天之日矛と同族と位置づけ、物部氏を新羅系渡来人だとみなす説も根強くある。

はたして、これらの説が実際に正しいのかどうかは別にして、物部氏が朝鮮半島ないしは中国大陸にルーツをもつことは間違いないといえるだろう。

物部王国と邪馬台国

大和朝廷が成立する以前、畿内には物部王国があった。物部王国は日本という名前で少なくとも9世紀ごろまで人々の記憶の中にあった。物部氏が残した『先代旧事本紀』によれば、物部氏の本拠地は九州にあった。大王ニギハヤヒ命に率いられた物部氏は九州から東遷して、畿内へと集団移住したことが読み取れる。

集団移住はかなり短期間に組織的に行われたらしい。というのも、移住の痕跡として、畿内の地名とまったく同じ読み方をする地名が九州北部に多数存在するのだ。しかも、共通する地名を冠した物部氏の名前が多数存在し、彼らの名前が『先代旧事本紀』に記されているのだ。考古学的にも、物部氏が冠する地名が集中する遠賀《おんが》川流域では、特徴的な弥生式土器が数多く出土しており、ここに大規模なクニがあったことを裏づけている。

こうなると問題は邪馬台国《やまたいこく》との関係だ。ご存じの通り、邪馬台国の所在地については、畿内説と九州説が対立しており、いまだに決着はついていない。邪馬台国はどこにあったのか。所在地の問題は、そのまま大和朝廷成立の問題に直結する。

邪馬台国が成長して大和朝廷となったのか。邪馬台国とはまったく別な王権として大和朝廷が誕生したのか。その際、大和朝廷は邪馬台国を征服したのか。いくつもの可能性が多くの学者によって指摘されている。

そこへもって物部王国である。九州にあった原物部王国は畿内へと東遷した後、神武天皇の軍勢によって征服、もしくは併合されて大和朝廷が成立した。とすれば、物部王国は邪馬台国なのか。それとも、邪馬台国とは別なクニなのか。

まず九州説から見ていこう。邪馬台国＝九州説とひと口にいっても、その所在地は九州全土に及ぶ。筑紫《ちくし》平野から熊本平野、鹿児島、博多湾沿岸、宇佐《うさ》など、学者によってさまざまな場所が比定されているが、仮に物部王国が邪馬台国であったとした場合、東遷して畿内に移った後、神武天皇の軍勢に征服されて大和朝廷が成立したシナリオが考えられる。

だが、これとは別に、邪馬台国の前身とみなす説もある。民俗学者の谷川健一氏は物部氏が銅鐸を製造していたことに注目し、畿内に集団移住して物部王国を築いたのは2世紀ごろと推理。残った倭人たちが九州で邪馬台国を成立させた後、同様に畿内へと東遷して物部王国を征服して、大和朝廷を開いた。このとき九州の倭人を率いてきた邪馬台国の大王が神武天皇にほかならないと主張する。同じ九州の倭人であったことから、神武天皇はニギハヤヒ命を同じ天孫族とみなしたというわけである。

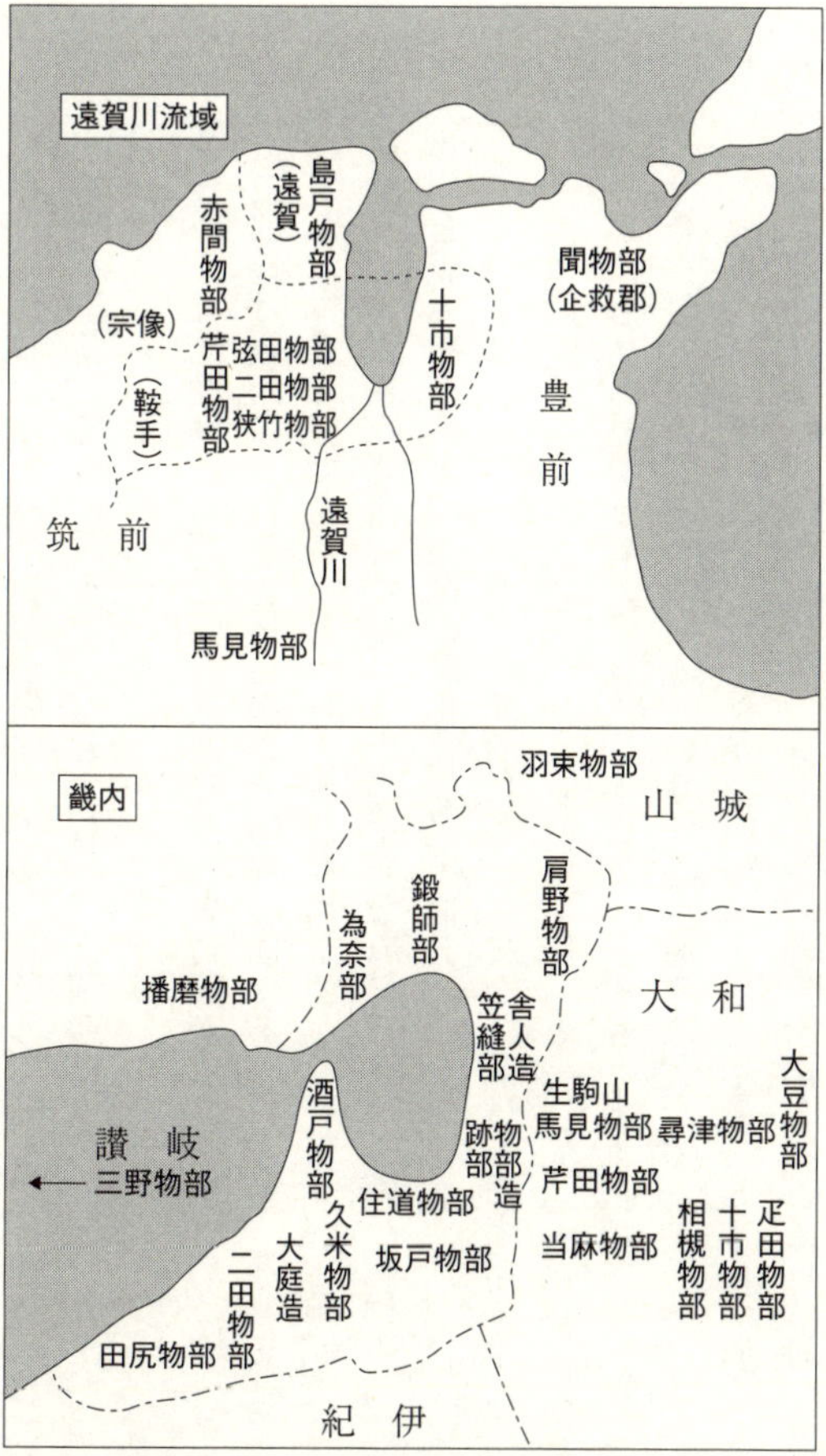

⬆福岡県遠賀《おんが》川流域と、畿内に残る物部の地名。

一方、邪馬台国＝畿内説に立った場合、物部王国は東遷して畿内にあった邪馬台国を征服したことが考えられる。ニギハヤヒ命が先住民である長髄彦の妹を妃に迎え入れていることを考えると、婿入り王朝とでもいおうか。だとすれば、長髄彦は邪馬台国の大王だった可能性が高い。

もうひとつの可能性は、物部王国が東遷して邪馬台国が成立したというケースだ。歴史学者の鳥越憲三郎氏は畿内にあった邪馬台国こそ物部王国であったとし、それを征服したのが九州からやってきた神武天皇であったと主張する。九州王朝とでもいうべき神武天皇の軍勢が邪馬台国を征服して大和朝廷を開いたというのだ。ちなみに、九州王朝を朝鮮半島に起源をもった渡来人集団と読み替えると、構図は騎馬民族説と同じだ。

はたして、いずれが正しいのか。学問的にさまざまな議論はあると承知はしているが、ここ十数年の考古学的成果をふまえると、どうも邪馬台国は畿内にあった可能性が高まっている。文献史学を専門とする歴史学者の意見は分かれるが、現場と出土物がすべてと語る考古学者のほとんどは今、畿内説で固まっているという評論もあるほどだ。

しかも、邪馬台国は畿内にあったと秘かにいい伝える日本最古の神社がある。丹後《たんご》一宮《いちのみや》の籠《この》神社である。籠神社は物部氏のルーツはもちろん、邪馬台国と物部王国の謎を解明するうえで重要な鍵を握っているのだ。

籠神社と海部氏

籠神社は元伊勢のひとつ。内宮《ないくう》と外宮《げくう》、両方の元伊勢という意味では唯一の神社であり、その歴史は古い。ご神宝として伝わる息津鏡《おきつかがみ》と辺津鏡《へつかがみ》は、世にも稀な伝世鏡で、それぞれ今から約1950年前の後漢《ごかん》と約2050年前の前漢《ぜんかん》の時代に製作され、いまだかつて一度も古墳などに埋葬されたことがない。

歴史の古さを如実に物語るのが系図だ。籠神社に伝わる「海部氏本系図《あまべし》」と「海部氏勘注系図」は、その歴史的重要性から国宝に指定されているほどだ。

代々、神職を務める海部氏は今の海部光彦宮司で82代目を数える。初代は主祭神でもある「天火明命《あめのほあかりのみこと》」で、正式名を「天照国照彦天火明櫛甕玉饒速日命《あまてるくにてるひこあめのほあかりくしみかだまにぎはやひのみこと》」という。ニギハヤヒ命の名前があるように、海部氏は物部氏と同族。というよりも物部氏の中の物部氏であり、物部氏の中で最も格式の高い祭祀一族である。海部宮司の言葉を借りれば、海部氏の「アマ」とは言霊的に「天部」をも意味し、皇室と同じく天孫族に連なる存在なのであるという。

だが、そうであればこそ、歴史的に数多くの弾圧を受けてきたことも事実。物部氏の没落に伴い、籠神社もまた体制から多くの圧力を受けてきた。今でこそ主祭神は天火明命であるが、養老元年（717）までは「火火出見尊《ほほでみのみこと》」という名前で祀ってきた。それを無理やり、名前を変更させられた経緯がある。

かくして籠神社が独自に伝える海部氏、すなわち物部氏の貴重な歴史や伝承は封印され、神職のみが代々、極秘に相伝することとなった。歴史学者も、籠神社の極秘伝がすべて公になれば、古代史の定説が根底から覆されるであろうと述べているほどだ。

しかし、戦後の日本、とりわけ最近の社会情勢を見るにつけ、おそらく憂国の念に駆られたのであろう。あるとき、先代の海部穀定《あまべよしさだ》宮司は重大な決断をする。それまで門外不出であったご神宝の公開と同時に、籠神社の極秘伝の封印を解いたのだ。

昭和59年、第81代海部穀定宮司は600ページにも及ぶ大著『元初の最高神と大和朝廷の元始』（桜風社刊）を発表。日本古代史はもちろん、神道史学界に一大センセーションを巻き起こした。極秘伝に裏打ちされた著書には、それまで学者でさえも想像だにしなかった古代日本の真の姿が描かれていたのである。

邪馬台国は畿内にあった!!

籠神社の極秘伝のなかで、古代史の謎の解明につながる手がかり、いわば、ひとつの基準となるのが邪馬台国の所在地である。百家争鳴のなかで、結論からいえば畿内である。畿内の大和地方に邪馬台国はあった。少なくとも「魏志倭人伝《ぎしわじんでん》」が伝える女王国としての邪馬台国の都は奈良盆地、もっといえば纒向《まきむく》に存在した。これは最新の考古学的な調査結果と一致するのみならず、日本史の裏を知りつくした漢波羅《かんばら》秘密組織「八咫烏《やたがらす》」の公式見解でもある。

ネオ・パラダイムASKAシリーズにおいても、一貫して邪馬台国は畿内にあったと主張してきた。その理由は独自の逆転列島倭地理観にある。邪馬台国の所在地が混乱しているすべての原因は「魏志倭人伝」の記述にある。そこに記された邪馬台国までの行程が実際の地理と合わないのだ。それゆえ、方位が正しいとすれば九州説、日数と距離が正しいとすれば畿内説に有利となる。

しかし、比定地がほぼ確定している対馬国（対海国）＝対馬、一大国《いき》（一支国）＝壱岐、末盧国《まつら》＝松浦、伊都国《いと》＝怡土国、奴国《な》＝那珂《なか》などの位置関係が実は微妙に45〜90度、時計回りにズレているのである。ズレ方には一定の法則があり、演繹的に「魏志倭人伝」の記述の方位を反時計回りに修正すると、奴国から不弥国《ふみ》、不弥国から投馬国《とうま》、投馬国から邪馬台国への方角も、すべて南から東へと読み替えることが可能となり、結果、素直に畿内へと到達することになる。

また、この逆転列島倭地理観にもとづいて作られた地図もある。李氏《りし》朝鮮で作成された「混一彊理歴代国都之図《こんいつきょうりれきだいこくとのず》」である。ここには日本列島が時計回りに約90度回転した姿で描かれている。専門的に地図には参考にした親地図があり、それらを系統的に並べると系図のようにな

↑日本列島が時計回りに約90度回転した姿で描かれている「混一彊理《こんいつきょうり》歴代国都之図《れきだいこくとのず》」（龍谷大学図書館蔵）。

る。そこで「混一彊理歴代国都之図」のルーツをたどっていくと、「魏志倭人伝」が作成された西晋《せいしん》の時代まで遡ることが判明しているのだ。アカデミズムは逆転列島倭地理観をあくまでも方位を誤認したものと解釈するが、筆者は違う。実際に約１７００年前、日本列島が今とは地形や位置が異なっていたと解釈している。その理由は少々難しくなるので、興味のある方はネオ・パラダイムＡＳＫＡシリーズ⑳『邪馬台国の謎と逆転日本列島』を参照してほしい。

では、肝心の物部王国との関係はどうなのか。細かいことを省いて極論をいえば、まさに邪馬台国こそ物部王国にほかならない。九州にいた物部氏たちが東遷して王権を確立したのが「魏志倭人伝」でいう邪馬台国なのである。

ただし、邪馬台国は国名であると同時に部族名でもある。邪馬台国は「ヤマタイ国」ではない。中国語の発音でも「ヤマト国」である。ヤマトと発音する地名は畿内の大和のみならず、九州各地に存在する。これらは、みな物部氏と密接に関わる地であり、原物部王国があった場所である。物部王国＝邪馬台国とするならば、原邪馬台国があった場所なのである。

邪馬台国＝東遷説では、あくまでも「魏志倭人伝」に記された邪馬台国は九州にあって、それが畿内へと移動したと考えるが、そうではない。「魏志倭人伝」に記された時点で邪馬台国はすでに畿内にあった。主要勢力である物部氏は3世紀以前、谷口健一氏の説に従えば、2世紀に起こった「倭国大乱《わこくたいらん》」のころに九州から移動してきたのだ。したがって、九州説を展開する学者たちがいう邪馬台国とは、畿内へと東遷する以前の「原邪馬台国」ともいうべきクニであったのである。

投馬国と大邪馬台国

邪馬台国論争のなかで、しばしば見過ごされがちなのが「投馬国」である。邪馬台国はもちろん、伊都国や奴国の所在地については熱い議論がなされても、意外に投馬国の扱いはずさんである。九州各地に邪馬台国を想定する仮説でも投馬国の所在地に困っている。ために、しばしば語呂合わせに終始した地名が比定地にされるわけだが、正直、あまりにもお粗末だ。その理由は規模である。

邪馬台国の人口規模が7万戸あまり。これに匹敵する規模のクニは人口規模5万戸を誇る投馬国しかない。ほかのクニは奴国が2万戸で、それ以外は1万戸にも満たない。女王、卑弥呼《ひみこ》が支配する倭国において、邪馬台国に次いで重要なのは投馬国なのである。

籠神社の極秘伝によれば、投馬国は後の丹波《たんば》国のことであるという。投馬と丹波という語感が似ていることはもちろんだが、かつての丹波国は丹波と丹後、そして但馬《たじま》を併せた領域に広がっていた。

いや、それとても律令制度のもとで区分けされた行政区分であって、実際は出雲《いずも》から丹後半島、さらには若狭《わかさ》湾沿岸、琵琶湖周辺にまで及ぶ広大な地域が投馬国であったのだ。その投馬国を支配していたのが物部氏と同族の海部氏であった。海部氏の同族には、同じ天火明命を祖とする尾張《おわりし》氏がいる。尾張氏の勢力は東海地方にまで及び、ちょうど畿内をぐるりと囲むほどであった。

もはや、それは投馬国＝丹波国という概念を超えるものであり、あえていうなれば「大丹波王国」とでもいうべき国だったのだ。もっともはじめから広大な領域を支配していたわけではない。「魏志倭人伝」が記す3世紀ごろは山口県から出雲、そして丹波に至る中国地方から北

⬆海部氏と同族である尾張氏《おわりし》と関係の深い熱田《あつた》神宮。

部近畿地方を支配下に治めていた。それが徐々に勢力を拡大し、東海地方から伊勢、そして熊野に至るまで勢力を拡大していったのである。

こうなると、畿内にあった邪馬台国は周りを投馬国に囲まれた形となる。倭国の宗主国としての邪馬台国にとって、物部氏と同族である海部氏が支配するとはいえ、投馬国は脅威であったに違いない。もし、ここで全面的な戦でも起これば、投馬国が倭国を征服していたかもしれないのだが、実際はそうはならなかった。

やはり、そこは同じ物部氏であるという同族意識があったのか。籠神社の海部光彦宮司の言葉を借りるならば、あくまでも平和的な併合が行われたという。すなわち、邪馬台国と投馬国が合併したのである。これをもって邪馬台国は後期邪馬台国、もしくは前期大和朝廷とも呼ぶべき国となったのだ。

しかも、それは名前にちゃんと残されていると海部宮司はいう。邪馬台国という文字は、あくまでも中国人がつけたもので、発音でいえば「ヤマト国」である。記紀では「ヤマト」という音に「倭」という文字を当てた。

だが、後に「大倭」と記して「ヤマト」と読ませるようになる。つまり、「倭＝ヤマト」は「邪馬台国」であるのに対して、「大倭＝ヤマト」は「大邪馬台国」ともいうべきクニとなっていたのだ。整理すれば、物部氏の支配する邪馬台国が、同族である海部氏の支配する投馬国と併合した結果、新たな大邪馬台国となったのである。

しかし、なぜかくも平和裡に併合が実現したのか。その理由は女王、卑弥呼にある。卑弥呼は物部氏であったばかりでなく、海部氏の血を引くシャーマン、今でいう霊能者だったのである。

卑弥呼と鬼道

邪馬台国の女王、卑弥呼は謎めいた人物である。「魏志倭人伝」を読む限り、かなりの霊能力をそなえた人物であったことがわかる。実務は弟に任せ、自分はもっぱら神々からの託宣を受けて、それを政治の指針とした。ほとんど人前に出ることはなく、神秘的なベールに包まれた存在であったようだが、当時の倭人がみな彼女を女王とすることに納得したというのだから、彼女の能力はとてつもないレベルだったのであろう。彼女が女王になったのは、ひとえに卓越したサイキック能力があったからだ。2世紀の倭国大乱を経て、人々が求めたのは武力や政治力ではなく、あくまでも神秘的な力だったのである。

いったい彼女は、なぜ、かくもすばらしい霊能力を身につけたのだろうか。ただたんに、たまたま生まれもった能力であった可能性は否定しないが、もうひとつ、そうした一族の人間だったのかもしれない。いわばシャーマンの家系とでもいえばいいだろうか。実際、彼女は物部氏でも祭祀一族、すなわち海部氏の血を引く者であったらしい。これが邪馬台国成立の重要なきっかけになっていたのだ。

「魏志倭人伝」によると、2世紀ごろ、日本では倭国大乱と呼ばれる混乱、いうなれば国中が乱れて戦争状態となった時期があった。長い戦争の末に、倭人が求めたのは武力ではなく、神秘的な力であった。強大な力をもった豪族たちをも納得させる神聖不可侵の霊能力を備えた卑弥呼なる女性が王となることによって人々は納得したという。重要なのは、あくまでも平和をもたらしたのは、ひとえに卑弥呼というパーソナリティであったという点である。もちろん、バックには相応の集団がおり、武力や政治力もあったであろうが、何よりも倭人たちが求め、そして認めたのは彼女のサイキック能力だった。

歴史家は、ここで思わず女王国という言葉から卑弥呼が統治する邪馬台国なるクニが倭国全体、少なくとも西日本を支配下に治めたと解釈しがちであるが、求められたのは、あくまでも卑弥呼という霊能者であり、その血統であったことを忘れてはならない。

事実、卑弥呼亡き後、倭国は再び乱れる。結局、卑弥呼と同様の能力をもった同族の台与《とよ》を女王とすることによって治まった。これは、あくまでも卑弥呼一族の霊性を人々が重視した結果であるといっていい。

邪馬台国が物部王国であることを考慮すれば、卑弥呼もまた物部氏であったことは間違いない。しかも、彼女は物部氏の中でも、海部氏の血を引く者であった。それを示す重要な証拠が国宝に指定されている「海部氏勘注系図」にある。

この系図の中に「日女命《ひるめのみこと》」という人物が登場する。日女命という名前は卑弥呼同様、太陽神を祀る巫女《みこ》を想像させる。

系図における日女命は丹波国造第8代目の日本得魂命《やまとえたまのみこと》の娘なのだが、籠神社の極秘伝では別名を「倭迹迹日百襲姫命《やまとととひももそひめのみこと》」や「千々速日女命《ちちはやひるめのみこと》」「日神《ひのかみ》」「神大市姫命《かむおおいちひめのみこと》」とする。なかでも、倭迹迹日百襲姫命は記紀にも登場する皇女で、かねてから卑弥呼ではないかと指摘されてきた人物である。海部氏の系図を研究する金久与市氏は著書『古代海部氏の系図』のなかで、日女命は卑弥呼であると断言する。

しかも、だ。「海部氏勘注系図」には、もうひとり「日女命」が登場する。彼女は丹波国造第10代目の乎縫命《こぬいのみこと》の娘で、別名として「稚日女命《わかひるめのみこと》」や「小豊姫命《ことよひめのみこと》」「豊受姫命《とようけえひめのみこと》」「御気津姫命《おきつひめのみこと》」「豊秋津姫命《とよあきつひめのみこと》」「宮簀姫命《みやずひめのみこと》」「日神荒魂命《ひのかみあらたまのみこと》」「玉依姫命《たまよりひめのみこと》」が記されている。ご覧になってわかるように、ここに「豊」がある。音としての「トヨ」は「台与」と同じ。卑弥呼が太陽神の巫女であったように、台与もまた「日女命」であった。卑弥呼と台与が極めて近い親類「日女命」であったことも、「海部氏勘注系図」から見てとれる。

　歴史学界は、このふたりの日女命が卑弥呼と台与であることについては、まだ定説として認める段階には至っていないが、籠神社の極秘伝を知る者にとっては、すでに常識であるといっ

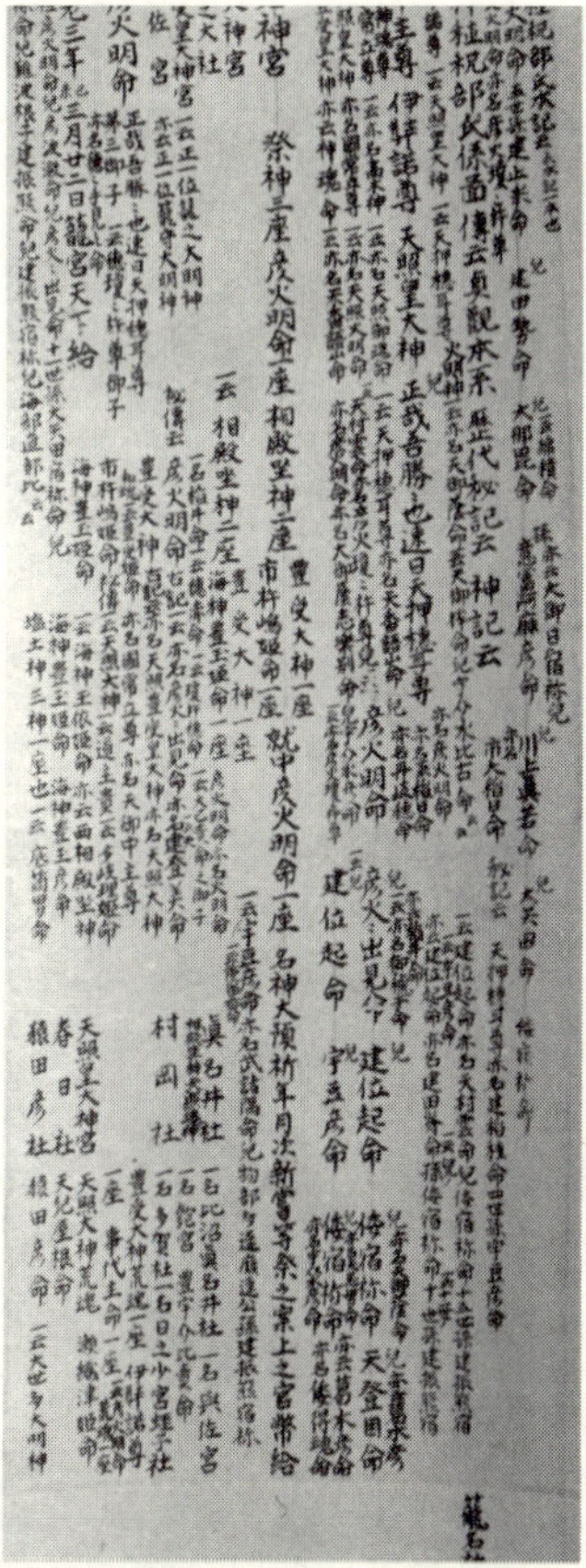

↑国宝に指定されている「海部氏勘注《あまべし》系図」（籠《この》神社蔵）。

ても過言ではないだろう。彼女たちの神秘的な力の源泉は、物部氏のなかでも祭祀一族であった海部氏の血統に由来するものなのかもしれない。

その意味で、最も注目すべきは卑弥呼が行っていたという「鬼道《きどう》」だ。「魏志倭人伝」によると、卑弥呼は鬼道をもって民衆を惑わしていた。鬼道なる宗教を理解できない中国人にとって、それを信じている倭人のふるまいが不自然に思われたのか。それとも東夷の未開の人々が原始的なシャーマニズムを信奉している姿をさげすんだのか。いずれにせよ、中国人には理解できない宗教が邪馬台国には存在したのだ。

では、いったい鬼道とは何か。道という字から、これは中国における道教の一種ではないかと考えられている。今日の道教が成立するのはずっと後世のことだが、原始道教ともいうべき民間信仰は中国でも古くから存在した。統一した教義を有するものではないが、邪馬台国にも同様の民間信仰があり、それを率いるシャーマンが卑弥呼であったというのである。

もっとも、卑弥呼が説いた鬼道の実態については、具体的なことは何ひとつわかっていない。あくまでも鬼道という名称と民俗学的な視点からの類推である。

しかし、卑弥呼が物部氏であり、海部氏の血を引く霊能者であったとすれば、当然ながら予想されるのは神道との関係だ。海部氏は物部氏のなかの祭祀一族である。今でこそ、神職は神懸かることはほとんどないが、かつて神官はトランス状態となって神々の言葉を宣べ伝えることが重要な役割であった。神官とは、そもそも祭神の御言葉を民に託宣する役職なのである。その意味で、今日、神社にいる神職は宮司、禰宜《ねぎ》、権禰宜《ごんねぎ》などと称することはあっても、神官と名乗ることはないのだ。

古代における神職が霊能者であったことを思えば、卑弥呼が行っていたという鬼道とは原始的な神道そのもの。さらに卑弥呼が物部氏であったことを思えば、それはまさに「物部神道」と呼ぶべきものであった。

だが、卑弥呼以来の物部神道は、物部氏の没落と封印によって、完全に失われてしまう。物部神道とは今日の神道と何が違うのか。まったくもってわからなくなってしまったのである。

籠神社の極秘伝「多次元同時存在の法則」

失われた物部神道とはいったいいかなる神道だったのか。籠神社の極秘伝には、物部神道の本質を知るための重要な鍵がある。それがほかでもない、奥義「多次元同時存在の法則」である。

神道の根幹は、いうまでもなく記紀に記された日本神話にある。神道の思想は神々の物語に反映されている。したがって、記紀神話をいかにして読み解くかということが重要になってくるのだが、その際大原則がある。

それは、あくまでも活躍するのは神々であって人間ではない。歴史ではなく、神話だという認識をもつ必要があるのだ。生身の人間ではない神々は多くの分身をもち、分身は独立して別な物語を紡いでいく。名前は違っても、本質は同じ神であるケースが多々ある。したがって、別名を読み解くことによって、本来の神道が自ずと浮き彫りになってくる。「多次元同時存在の法則」は、それを復元する鍵なのだ。

具体例を物部氏の祖神ニギハヤヒ命を使って説明しよう。先述したように、ニギハヤヒ命の正式名は、こうだ。

「天照国照彦天火明櫛甕玉饒速日命」

ご覧になっておわかりのように、ここには多くの言葉が連なっている。試しに区切りを入れてみよう。

「天照・国照彦・天火明・櫛甕玉・饒速日命」

これら5つの言葉は「多次元同時存在の法則」によって、それぞれ独立した神々としてふるまう。すなわち天照は天照大神、国照彦は古史古伝『九鬼文書《くかみ》』でいう国照彦素戔嗚尊《くにてるひこすさのおみこと》、天火明は天火明命、櫛甕玉は大物主櫛甕玉神《おおものぬしくしみかだまのかみ》、そして饒速日命である。ためしに、これらを組み込んで並べてみる。

「天照大神・国照彦素戔嗚尊・天火明命・大物主櫛甕玉神・饒速日命」

記紀は、これらの神々について別名をいくつか挙げている。また籠神社の極秘伝では、天火明命の別名を数多く伝えている。さらに、籠神社以外の神社においても、実にさまざまな名前で祀られている。古代史研究家の原田常司氏や小椋一葉氏、神一行氏らの説も含めて、いくつかを列挙してみよう。

「天照大神＝大日孁貴《おおひるめむち》＝稚日女尊《わかひるめのみこと》＝日神尊《ひのかみのみこと》＝瀬織津姫神《せおりつひめのかみ》＝白山菊理姫神《しらやまくくりひめのかみ》＝……」

「国照彦素戔嗚尊＝熊野大神《くまのおおかみ》＝熊野速玉男神《くまのはやたまおのかみ》＝櫛御食野命《くしみけぬのみこと》＝大山咋命《おおやまくいのみこと》＝大山祇神《おおやまづみのかみ》＝火雷神《ほのいかづちのかみ》＝高《たか》龗神《おかみのかみ》＝大綿津見神《おおわたつみのかみ》＝八剱大神《やつるぎおおかみ》＝牛頭天王《ごずてんのう》＝武塔大神《むとうおおかみ》＝八大龍王《はちだいりゅうおう》＝迦具土神《かぐつちのかみ》＝火産神《ほのむすびのかみ》＝白日別神《しらひわけのかみ》＝月読命《つくよみのみこと》＝……」

「天火明命＝火火出見命＝山幸彦《やまさちひこ》＝火遠理命《ほおりのみこと》＝天御影命《あめのみかげのみこと》＝天目一箇命《あめのまひとつのみこと》＝天村雲命《あめのむらくものみこと》＝天香語山命《あめのかぐやまのみこと》

↑籠神社の奥宮である真名井神社にある案内板のひとつ。

＝賀茂別雷神《かもわけいかづちのかみ》＝瓊瓊杵尊《ににぎのみこと》＝……」

「大物主櫛甕玉神＝大国主命《おおくにぬしのみこと》＝大己貴命《おおなむちのみこと》＝葦原醜男《あしはらのしこお》＝八千矛神《やちほこのかみ》＝顕国玉神《うつしくにたまのかみ》＝兵主神《ひょうずのかみ》＝大国魂神《おおくにたまのかみ》＝伊和大神《いわのおおかみ》＝大地主大神《おおとこぬしのおおかみ》＝……」

「饒速日命＝大歳神《おおとしのかみ》＝布留御魂大神《ふるのみたまのおおかみ》＝豊日別神《とよひわけのかみ》＝事解男神《ことさかのおのかみ》＝金山彦《かなやまひこ》＝闇龗神《くらおかみのかみ》＝五十猛神《いそたけるのかみ》＝天之御中主神《あめのみなかぬしのかみ》＝国常立神《くにとこたちのかみ》＝豊受大神《とようけおおかみ》＝宇迦之御魂神《うかのみたまのかみ》＝稲荷大神《いなりおおかみ》＝大宜都比売《おおげつひめ》＝猿田彦《さるたひこ》＝佐太大神《さたのおおかみ》＝住吉大神《すみよしのおおかみ》＝塩土翁《しおつちのおじ》＝白髭大神《しらひげおおかみ》＝……」

驚くべきことに、これらは、みな同一神である。日本各地の神社伝承を総合すると、実に多くの神々が同一神であることがわかってくる。ひとりの神が別々の名前で祀られることによって、独立した神々となり、やがて、それらの名をもとに多くの物語が作られていく。これが神話である。

ゆえに、神話では同一神が別人になったり、親子になったり、兄弟になったりするのである。これが物部神道の奥義なのである。

物部神道は一神教だった

物部神道の奥義「多次元同時存在の法則」を適用していくと、実に多くの神々が同一神であることが見えてくる。八百万《やおよろず》の神々すべてが同一神というわけではないが、少なくとも古代にまで遡る神々、とくに物部氏が祀ってきた神々は究極的にはひとりの神に収斂されるといっても過言ではない。

言葉を換えると、今日の神道が八百万の神々を祀る多神教であるのに対して、古代における物部神道は唯一絶対神を崇拝する唯一神教なのである。そのことは籠神社の先代宮司、海部穀定氏が大著『元初の最高神と大和朝廷の元始』（桜風社刊）のなかで、はっきりと述べている。

「元初の神の信仰は、明らかに、記紀編纂時代、和銅養老年中以前に、我国に存在していたものである」（『元初の最高神と大和朝廷の元始』桜風社刊）

記紀の編纂を指示したのは天武《てんむ》天皇であるが、それを実質的に行ったのは藤原不比等《ふじわらのふひと》であ

⬆国常立神《くにとこたちのかみ》と豊受大神《とようけのおおかみ》は同一神である。

る。物部氏の宗家である石上麻呂《いそのかみまろ》を失脚させ、自ら左大臣に上りつめた藤原不比等によって物部神道は封印されたのだ。

しかし、物部神道は歴史の地下水脈のように神道の中に生きつづけ、中世において、伊勢神道という形で復活してくる。

伊勢神宮の内宮を仕切る祭祀一族は藤原氏と同族の荒木田氏《あらきだし》であるが、外宮を取り仕切ってきたのは物部氏系の度会氏《わたらいし》であった。度会氏が提唱した伊勢神道は別名、度会神道とも呼ばれ、外宮の主祭神である豊受大神が宇宙の根源神であり、記紀でいう天之御中主神や国常立神と同一神であると説く。

天之御中主神や国常立神は、いずれもこの世において最初にひとりでに出現した元初の神である。『古事記』と『日本書紀』では名前こそ違うものの、神道における根源神にして絶対神ともいうべき存在だ。

伊勢神道では、その天之御中主神＝国常立神が豊受大神と同一神であると主張する。事実、豊受大神が国常立神と同一神であることは、かの南朝の忠臣として知られる北畠親房《きたばたけちかふさ》が著した『神皇正統記《じんのうしょうとうき》』にも記されている。

一般に、豊受大神は食物の神で、天照大神の食事の世話をするために籠神社から勧請されたといわれているが、実際はまったく違う。籠神社から勧請されたのは、そもそも天照大神をも凌ぐ元初の神であり、さらに極論すれば、両者は同一神であると、籠神社に伝わる「籠大明神縁起秘伝」には記されている。

「豊とはすなわち国常立尊、受とはすなわち天照大神なりと」

天照大神は神道における最高神であるが、その実態は根源神である天之御中主神＝国常立神と同一神にして、物部神道が崇拝する唯一絶対神だったのである。これこそ、藤原氏が封印し、秦氏《はたし》と賀茂氏《かもし》らによってフォーマットされる以前の神道なのだ。

物部神道とユダヤ教

今日、八百万の神々を祀る神道は多神教として理解されているが、その対極ともいうべき唯一神教として引き合いに出されるのは世界三大宗教、すなわちユダヤ教とキリスト教、そしてイスラム教である。

これら3つの宗教は、いずれも『旧約聖書』を聖典としており、預言者を通じて受けた絶対神ヤハウェからの啓示を中心教義に据えている。このうち最も成立が古いのは、いうまでもなくユダヤ教だ。キリスト教の教祖のように表現されるイエス・キリスト自身はユダヤ教徒であり、イスラム教の預言者ムハンマドの祖先をたどれば、ユダヤ人と同じく太祖アブラハムへと行き着く。

では、一神教である物部神道と何か関係があるのだろうか。物部氏のルーツが邪馬台国より古く、さらには伝世鏡である籠神社の辺津鏡が前漢の製作であることを考えると、少なくとも紀元前にまで遡る。一神教と関係があるとすれば、可能性として考えられるのはユダヤ教である。

実際、籠神社の裏社紋はカゴメ紋である。カゴメ紋とはふたつの三角形を上下に組み合わせたもので、世界的にはユダヤ人のシンボル「ダビデの星」として知られる。現在でも、ユダヤ人国家であるイスラエル共和国の国旗にも描かれている。両者のシンボルが一致するのは、けっして偶然ではない。

これまで筆者は籠神社の極秘伝を分析し、神道の深層に迫ってきた。学術論文に書かれない奥義や神社伝承から分析して、古代における神道がユダヤ教と深く関わっていることは間違いないと考えている。何より筆者の確信を深めたのは、漢波羅秘密組織、八咫烏の口から直接聞いた言葉である。八咫烏は日本人の中にユダヤ人の血が流れていることを認めているのである。

断言していい。物部神道のルーツは間違いなくユダヤ教にある。秦氏や騎馬民族が持ち込ん

⬆籠神社の奥の宮である真名井《まない》神社の碑（上）と絵馬（下）。どちらにも裏社紋であるカゴメ紋が描かれている。

↑イスラエル共和国の国旗に描かれているダビデの星。

だ古代イスラエルの思想の影響はあるものの、その根底にあるのは、まぎれもなく唯一絶対神を崇拝するユダヤ教である。

で、あればだ。物部氏の正体は自ずと明らかだろう。そう、ユダヤ人である。彼らはユダヤ教徒ユダヤ人なのである。したがって、解決すべき問題はひとつ。いつどうやって、彼らは日本にやってきて、物部氏となったのか。

これについても、八咫烏ははっきりと断言した。物部氏は徐福《じょふく》とともにやってきた、と。徐福は大陸の人間である。アジア大陸の東端からやってきたが、その西端には聖地エルサレムがある。ユダヤ教の聖地と中国は陸続きなのである。間にはかのシルクロードが通っている。悠久の昔からシルクロードを往来してきた人々の中にユダヤ教徒ユダヤ人たちがいた可能性は十分ある。

次章では、八咫烏の言葉通り、秦《しんの》始《し》皇帝《こうてい》の時代、はたして本当にユダヤ教徒ユダヤ人たちが中国にまでやってきていたのか、じっくりと検証していくことにしよう。

第6章

秦始皇帝とアケメネス朝ペルシア

なぜ秦始皇帝は徐福を信用したのか

強大な権力と軍事力をもって中国全土を統一した秦始皇帝《しんのしこうてい》。暴君として知られる秦始皇帝は、どうして徐福《じょふく》を信用したのだろうか。そもそも、巡行の最中に初めて出会った人物に対して、なにゆえそこまで信頼を寄せたのだろうか。徐福伝説の出発点ともいえる根本的な命題にして最大の謎が、ここにある。

当時、秦始皇帝に近づき、不老不死の仙薬話をもちかける道士はあまたいた。その多くは詐欺師である。徐福もある意味、詐欺師だった。少なくとも歴史的な評価は秦始皇帝を騙した男である。

甘い話にはとかく慎重であり、徹底的な調査を命じた秦始皇帝が最終的に徐福だけを信用した理由は何だったのか。

しかも、徐福は1回失敗している。巷では秦始皇帝を騙した男として噂され、評判ががた落ちであったことは『史記《しき》』にも記されている。命が惜しい男なら、再び秦始皇帝にまみえることなく、異国へと旅立ったまま戻ることはなかっただろう。なのに徐福は秦始皇帝のもとへ帰ってきた。しかも、まったく成果を得ることなく、手ぶらのまま姿を現したのである。

この時点で、ふつうなら殺されていても不思議ではない。軍資金や人材を無駄にし、秦始皇帝の期待を裏切ったという意味では、まさに打ち首ものである。

しかし、不思議なことに、秦始皇帝は徐福のいい訳に耳を傾けた。結局、徐福が語ることが真実であると信じ、処罰をしないどころか、さらなる支援を行い、再び出航することを許可している。

最終的に徐福は戻ってこなかったのだから、秦始皇帝は最後まで騙されたことになる。仮に弁護側に回って、徐福集団が嵐や海賊に遭遇して全滅したとしても、そうした事態を見越して、秦始皇帝は出航を許可したはずである。

↑初めて中国全土を統一した秦始皇帝《しんのしこうてい》。

冷静に考えると、これは異常である。不老不死に憧れ、寄る年波に不安になったにしても、当時の社会を考えると、まったくもって不可解。よほどの理由がない限り、徐福を2度も派遣することはないはずだ。

なぜ、かくも徐福は特別扱いされたのか。秦始皇帝は何をもって徐福に完全なる信用を寄せたのか。ひとつだけ考えられるのは血統である。ひょっとして、徐福と秦始皇帝は血縁関係にあったのではないだろうか。親戚とまではいわずとも、同族として同じ血を引いているのであれば、理屈以上に信用した気持ちも理解できる。

徐福と秦始皇帝は同族だった!!

秦始皇帝は紀元前221年、諸王が群雄割拠する戦国時代に終止符を打ち、独裁的中央集権国家を樹立した男である。

彼の故国は秦。先代の「子楚《しそ》」が「荘襄王《そうじょうおう》」として即位するも、わずか在位3年で世を去ったため、弱冠13歳にして王位についた。幼少のころの名は「政」といった。

覇権を握った秦始皇帝は生涯に5度の大巡幸を行うのだが、2度目に斉《せい》に滞在した際、徐福と出会っている。『史記』の記すところによれば、あくまでもそれは偶然だった。もちろん、徐福には野望はあったものの、秦始皇帝とは赤の他人だったということになっている。だが、ふたりのルーツを遡ると、意外な事実が浮かんでくる。

秦始皇帝の系統、いうなれば秦王家の血統は伝説の「黄帝《こうてい》」に端を発する。史実かどうかは別にして、注目は系図に登場する「大費《だいひ》」、別名「伯翳《はくえい》」である。その功績により、伯翳は舜《しゅん》帝《てい》から「嬴《えい》」という姓を授かっている。

一方の徐福は『史記』には「斉の国、琅邪《ろうや》の人なり」と記されている。今でいう山東《さんとう》半島周辺の生まれである。一見すると秦国とは場所が大きく違うのであるが、近年、中国人研究家による詳細な調査の結果、その系図は「伯翳」に至ることが判明した。つまり、徐福もまた本来の姓は「嬴」なのである。

秦始皇帝と徐福は同じ血統の人間だった。とすれば、両者の出会いは必然だった。もっというなれば、同族ゆえにほかの方士を相手にせず、徐福だけを信用したのではないか。

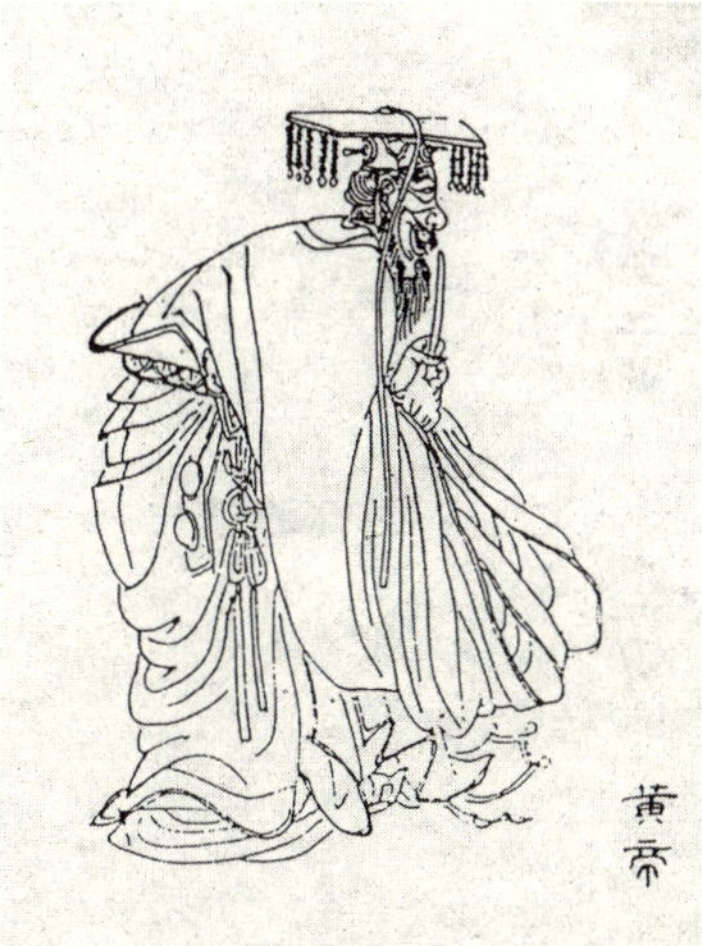

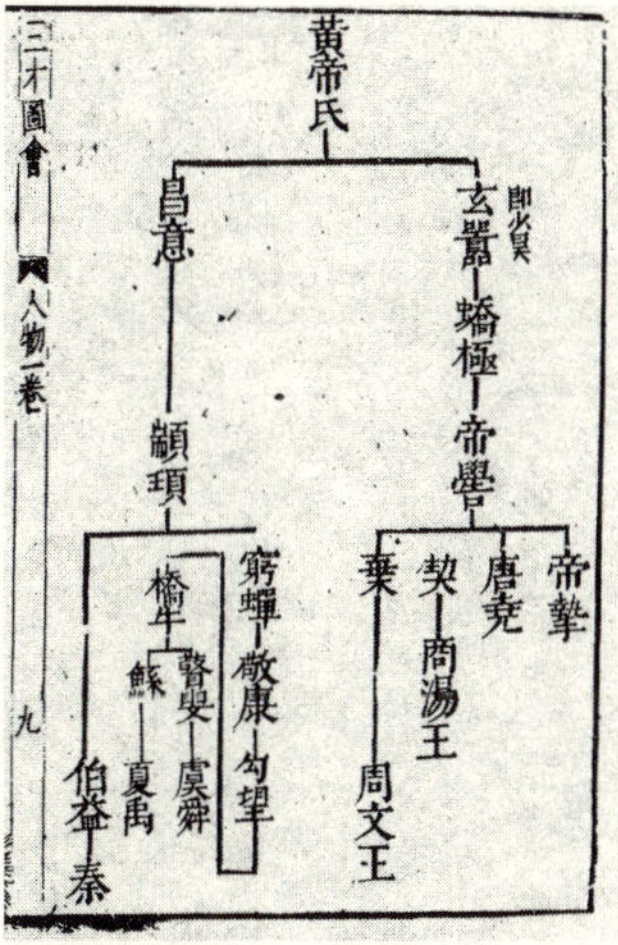

⬆黄帝《こうてい》（上）とその系図（下）。秦王家の血統は黄帝に始まる。

さらにもうひとつ、注目すべきは「嬴」なる姓である。古代中国の奇書『山海経《せんがいきょう》』には「嬴民」なる民族が登場するのだが、興味深いことに彼らは鳥の足をもっていた。

もちろん、キメラ動物のごとく鳥人間だったわけではないだろう。実際は鳥のトーテムをもつ一族だったはずだ。これは嬴姓をもつ秦始皇帝や徐福も同じだったに違いない。黒を神聖視した秦始皇帝はある意味、「鳥族」だった。

しかも、古代中国における神聖な鳥といえば、そう、金烏《きんう》しかない。太陽の中に棲むと信じられた三本足の烏、日本でいう八咫烏《やたがらす》である。漢波羅《かんばら》秘密組織、八咫烏もまた、秦始皇帝や徐福と同じ血をもっていたとしたら、話は途端に妖気を帯びてくる……。

秦国の歴史

中国人にとって民族の始祖ともいうべき黄帝は、いうまでもなく伝説上の存在であり、歴史的に実在した人物ではない。あくまでも神話の登場人物として、象徴的に解釈すべきであろう。その意味で、黄帝につらなる秦始皇帝の系譜も史実ではなく、嬴氏一族の出生を神々にまで求めた結果だと考えて間違いない。

歴史的に秦始皇帝に連なる秦王家は、紀元前10世紀末ごろ、周《しゅう》の孝王《こうおう》の臣下であった非子が牧畜を行い、多くの馬を飼育することに成功。この功績によって嬴という姓を賜ったことに始まる。非子は後に大夫となり、広大な領地を得る。場所は中原《ちゅうげん》から見て西方、現在の甘粛《かんしゅく》省礼県あたりと考えられている。

紀元前8世紀、漢民族にとって異民族である犬戎《けんじゅう》の勢力が拡大してくると、次第に周の領地は縮小。紀元前771年、幽王の死を契機に、周は都も鍋京から東の洛邑へと遷し、東周時代、すなわち春秋時代が始まる。

このとき、秦の襄公《じょうこう》は周の平王を護衛した功績によって諸侯の列に加わり、秦は歴史の表舞台へと登場してくる。その蛮勇さゆえ、他国からは蛮族とさげすまれたものの、異民族である西戎《せいじゅう》を相手に戦いを繰り広げ、徐々に領地を拡大。国内の法整備も進めて、紀元前677年、都を雍に置く。

西戎と戦って覇権を握った諸侯らは、後に「春秋の五覇」と呼ばれる。春秋の五覇は一般に、斉の桓公《かんこう》と晋《しん》の文公《ぶんこう》、楚《そ》の荘王《そうおう》、呉《ご》の夫差《ふさ》、越《えつ》の句践《こうせん》のこととされるが、しばしば呉の夫差と越の句践を除き、代わりに秦の穆公《ぼくこう》と宋の襄公を加える。これは急速に秦が勢力を拡大してきたことを物語っている。

しかし、穆公が死ぬと、家臣たちも殉死。ために、秦は一気に政治的な統治力を失い、領土も縮小。諸侯のなかにあっては、西戎に対する西方の鎮護を担う立場に甘んじることとなる。やがて周の支配力も後退し、権威も有名無実化。諸侯たちも配下の卿や大夫らに取って代わら

↑秦の都があった咸陽《かんよう》。

れることが多くなる。

紀元前403年、晋の大夫であった韓《かん》、趙《ちょう》、魏《ぎ》が周から諸侯として認められ、晋は3つの国に分裂。これを境に、中国全土が戦乱の渦に巻き込まれる戦国時代へと突入。富国強兵策のもと、産業は大いに発展し、これにともない諸侯たちは自由に人材を登用し、哲学や思想、科学などをはじめとする文化が大きく花開く。ここにおいて、古代から続く身分制度、すなわち封建制度は完全に崩壊する。

かくて戦国時代には「戦国の七雄」と呼ばれる国々が隆盛を誇った。戦国の七雄とは秦を筆頭に、楚と燕《えん》、韓、魏、趙、斉のこと。なかでも、秦の台頭は目覚ましく、ほかの国々を圧倒する勢いであった。

戦国時代の初期は魏の勢力が強く、秦も少なからず領土を奪われるのだが、孝公の時代に事態が一変する。優秀な人材として登用した商鞅《しょうおう》が見事な政治手腕

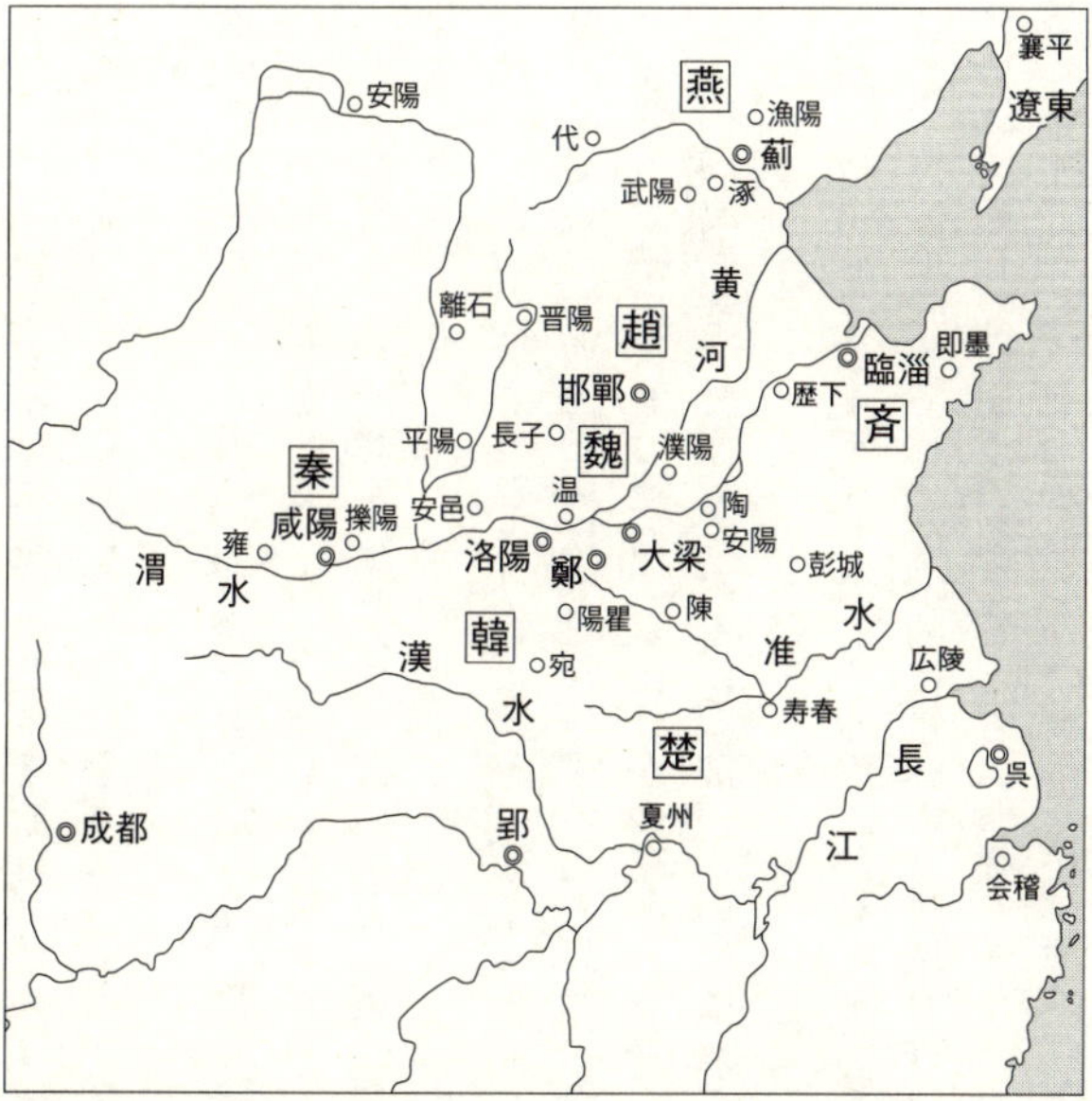

⬆中国は戦国時代、「戦国の七雄」と呼ばれる国々が隆盛を誇っていた。

を発揮し、什伍制《じゅうごせい》などをはじめとする行政制度の改革を断行。強大な中央集権体制を築くとともに、徹底した富国強兵策を行った。これにより秦は急速に成長し、紀元前350年には都を咸陽《かんよう》に遷す。

これに危機感を抱いたのが戦国の七雄のうち秦を除く楚と燕、韓、魏、趙、斉だ。台頭する秦に対抗するためには一国では無理がある。よって、6つの国々が同盟を結んで対抗する必要がある。縦横家のひとり蘇秦《そしん》は、そう諸侯に訴えた。彼の「合従策」は諸侯たちに受け入れられ、蘇秦は六国の宰相となった。

一方、対する秦に接近したのが、もうひとりの縦横家、張儀《ちょうぎ》である。彼は合従策を打ち破る方法として「連衡策」を説いた。西方の異民族に対処するためには、秦との同盟が不可欠である。六国が合従するよりも、独自に秦と連衡するほうが戦略的に有益であると張儀は主張。秦に対抗してまとまる六国へ出向き、合従策を次々に論破。ついには秦と六国の連衡が実現することとなる。

こうした状況のなか、紀元前324年、孝公の子の恵文が秦王を名乗り、ついに覇権に乗りだす。紀元前316年、蜀《しょく》を征服して、地政学的に長江《ちょうこう》の上流域を押さえることで楚の力を押さえ込み、ついには戦に勝利して、周辺の魏と韓ともに服従させる。

一時は後継者問題で混乱するも、秦の西帝と斉の東帝と並び称されるまでになる。その斉が隣国の連合によって滅亡寸前にまで陥ったのとは対照的に、秦は昭襄王《しょうじょうおう》の時代になると、まさに連戦連勝。魏から逃亡してきた范雎《はんしょ》が宰相に抜擢されると、彼が唱えた「遠交近攻策」が見事に功を奏し、紀元前260年、長平の戦いで趙《ちょう》を撃破すると、秦の覇権は決定的なものとなる。

秦帝国と秦始皇帝

戦国時代の末期、秦王である「昭襄王」の息子、すなわち「安国君」には息子が二十数人もいたが、寵愛する華陽夫人との間には子供がなかった。当然ながら、後継者問題が持ち上がるも、最終的に太子として選ばれたのは「子楚」であった。子楚は母である夏姫が安国君からうとまれたために、敵国である趙の人質として差しだされていた人物である。

司馬遷《しばせん》の『史記《しき》』によれば、これに目をつけたのが商人「呂不韋《りょふい》」であった。商才ある呂不韋は秦王になる資格がある子楚を手なづければ、将来、自らの身分も保証される。彼の心情は有名な諺「奇貨居くべし」に端的に表現されている。

しかして、呂不韋は人質として将来を絶望する子楚に多額の投資を行い、趙における彼の名声を高める。と同時に、才能ある子楚を養子として迎えるよう、秦王妃である華陽夫人にもちかける。呂不韋の巧妙な策略は実を結び、華陽夫人が安国君にはたらきかけることによって子

⬆敵国の人質にされていた子楚《しそ》を王座に就かせた呂不韋《りょふい》。

楚は太子となり、紀元前250年、即位して3日後に亡くなった安国君、すなわち「孝文王」のあとを継いで「荘襄王」として即位する。

この間、呂不韋のもくろみ通りに事は運んだのだが、ひとつ予想外なことが起こる。子楚が呂不韋の愛妾である「趙姫《ちょうき》」を所望したのだ。これにはさすがに怒った呂不韋であったが、これまで多額の投資をしてきた相手である。野望を実現させるためにも受け入れるほか道はない。そう踏んだ呂不韋は断腸の思いで趙姫を子楚に献上した。

紀元前259年、妃となった趙姫はまもなくして男の子を産む。「嬴政」と名づけられたこの子供こそ、後の秦始皇帝である。子楚が荘襄王として即位すると、呂不韋は丞相《じょうしょう》となり、華陽夫人は華陽太后、そして政が太子となった。

呂不韋のバックのもと、荘襄王は趙、韓、魏を攻め、当時はすでに洛陽近くの小国にすぎな

⬆13歳で即位した秦始皇帝。

かった東周を滅ぼす。が、不運がまたしても秦王家を襲う。即位してわずか3年あまり、先王亡き後から数えても5年ほどで荘襄王は死んでしまう。

かくして、弱冠13歳の太子、政が秦王として即位することとなる。即位後、まもなくして生母の愛人である嫪毐《ろうあい》が反乱を起こすもすぐに鎮圧され、この事件に連座する形で丞相の呂不韋もまた失脚してしまう。

代わって丞相の地位に就いたのが謀略家の李斯《りし》である。秦王政が惚れ込む韓非《かんぴ》を毒殺に追いやった李斯は秦に刃向かう趙、韓、魏を攻め滅ぼし、秦の国力を増強。紀元前223年、王翦《おうせん》が宿敵である楚を滅ぼすと、そのまま秦は勢いに乗って燕、そして斉をも征服。紀元前221年、ついに長らく続いた戦国時代に終止符を打ち、秦は中国全土を統一することとなる。

最初の統一王権を打ち立てた秦王政は、これを機に自らを「皇帝」、とくに最初の皇帝という意味で「秦始皇帝」と名乗る。皇帝とは中国神話の三皇五帝に由来し、それまでの王でも帝でもない、新たな称号として創設された。『史記』によれば、秦王政が自ら皇帝という名前を考案したという。

秦始皇帝の治世

史上初めて中国全土を統一した秦始皇帝が行ったのはグローバルスタンダードの制定である。それまで中国では諸国によって貨幣の種類や素材、単位が異なっており、ほかの国と交易するにあたって非常に不便であった。貨幣だけではない。長さや重さの単位も異なっていたため、何を作るにしても国外には通用せず、そのため国境を越えると道路や馬車の轍の幅が変わり、少なからず通行が困難であった。さらに問題は文字である。それぞれの国が勝手に文字を作っていたため、せっかく文章を書いても他国の人間にはまったく読めないといったありさまであった。

そうした状況を踏まえ、秦始皇帝は貨幣や度量衡、言語、そして文字を統一し、秦帝国内においては、それらを必ず使用するように徹底させた。各国のアイデンティティや民族の個性、独自文化の否定という側面はあるものの、この新世界秩序が産業や文化の発展に大いに寄与したことはいうまでもない。

行政においては、まず帝国の領域をはっきりとさせた。すなわち北方の異民族の侵入を阻止するために、それまで各国独自に築いていた長城をつなぎあわせ、世にいう「万里の長城」を築きあげた。

こうして領土を明確にした秦始皇帝は、帝国を合理的に支配するために、新たに郡県制を採用する。

統一以前、秦は全国を31ないし41の県に分けて支配していたが、統一後は県の上に郡を設

⬆度量衡が統一された秦帝国で使われた半両銭（上）と分銅（下）。

⬆秦始皇帝が行った焚書坑儒《ふんしょこうじゅ》を描いた絵。

置。そこに長官に当たる太守、副長官の丞、軍司令官の尉、そして監察官の監を置いた。

　一方、都である咸陽から道を挟んだところに、阿房宮という壮大な宮殿を建設。秦始皇帝一族はもとより、貴族の宴の場として使用された。その大きさは東西600メートル以上、南北120メートルほどもあり、宮殿内部には1万人以上が一度に座ることができたという。

　徹底した中央集権国家を目指した秦始皇帝だが、思想の取り締まりは非常に厳しかった。悪名高き「焚書坑儒《ふんしょこうじゅ》」である。危険な諸家の書物はすべて燃やされ、儒学者たちは生き埋めにされたと伝えられる。もっとも、焚書坑儒に関してはかなりフィクションがあるらしく、現在では秦帝国を倒した漢が自らの正統性を主張するために喧伝したプロパガンダであると解釈されている。

秦帝国の滅亡

まさに栄耀栄華を極めた秦始皇帝であったが、やはり神ではない。寄る年波には勝てず、晩年は不老不死を夢見、呪術を使う方士らに注目。そのひとり、徐福に最後の望みを託したことはすでに述べた通りである。

しかし、不老不死の仙薬を手にすることなく、秦始皇帝は紀元前210年、巡行中に亡くなる。一説に、当時、不老不死に効果があると信じられていた水銀を摂取したために、中毒症状を患っていたのではないかともいう。

いずれにせよ、強大な権力者の死亡は国家にとって重大な危機である。それまで圧倒的な力で押さえつけてきた体制の秩序がゆるめば、結果は火を見るよりも明らかだ。ために、秦始皇帝の死は丞相である李斯と側近の趙高《ちょうこう》らによって、しばらく秘密とされた。まだ秦始皇帝は存命であり、その威光はいささかも衰えてはいないと臣下に思わせると同時に、代わって強大な権力を一手に握ろうと考えたのだ。

彼らはまず死亡が明らかになった際、当然ながら皇帝の座を引き継ぐであろう秦始皇帝の血族らの抹殺を図る。とはいえ、自らが皇帝になるには大義がなく、反発も予想されるので、表向き秦始皇帝の息子を2世皇帝に即位させ、実権は自分たちが握る傀儡政権とすることを企む。

しかも、その際、聡明な長子、扶蘇《ふそ》が即位したのではままならないとして、謀略によって自殺に追い込み、代わって愚鈍で無能な末子、胡亥《こがい》を2世皇帝に即位させる。末子が太子になることは秦始皇帝の遺言であると、遺書を偽造して宣言したともいう。

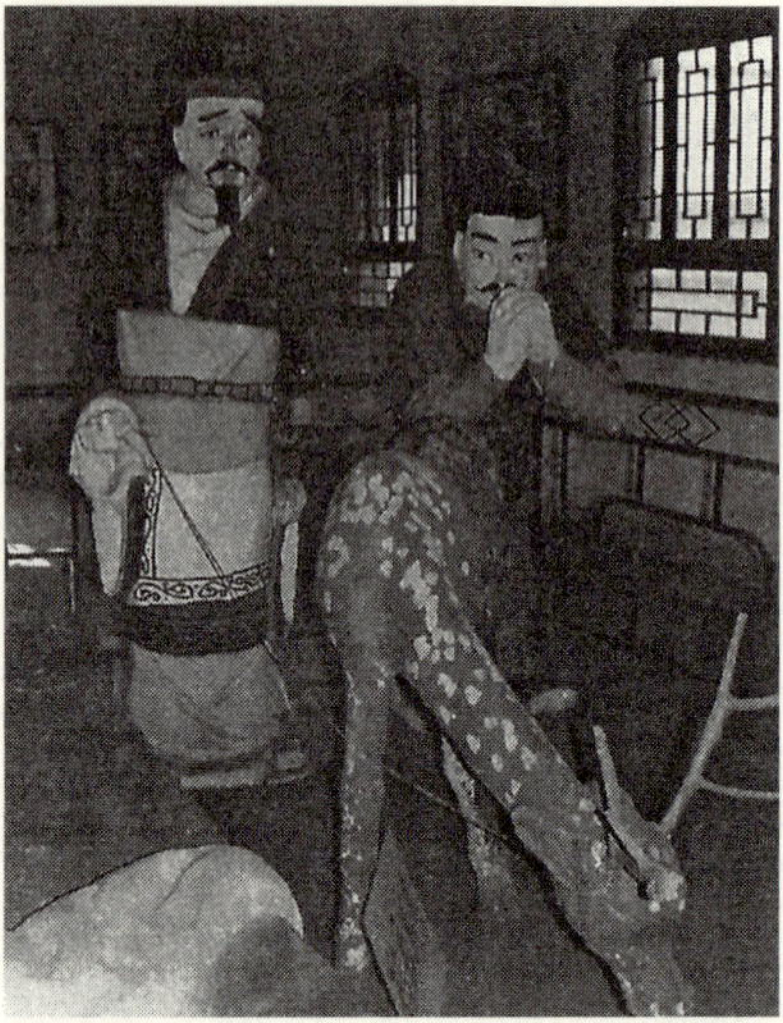
⬆秦始皇帝亡き後、血族の抹殺を図った趙高《ちょうこう》。

狡猾だったのは趙高だ。彼は2世皇帝胡亥に謀叛の疑いがあると吹聴して李斯を陥れた。あらぬ疑いをかけられた李斯だったが、激しい拷問の末、偽りの自供をしてそのまま処刑されてしまう。こうして、趙高は強大な権力を私物化していった。

だが、秦始皇帝の死が明らかになると、民衆の不満が噴出。陳勝《ちんしょう》・呉広《ごこう》の乱が起こると、またたくまに反乱は全国へと広がり、秦帝国は大混乱に陥った。事態を重く見た趙高は討伐軍を送り込む。章邯率いる討伐軍は陳勝や項梁《こうりょう》の軍を次々と打ち破っていくのだが、最後に項羽《こうう》の軍に敗れてしまう。冷酷な項羽は捕虜20万人を生き埋めにして、これを見せしめとした。

予想外の展開に恐怖したのは趙高である。同じく反乱軍の劉邦《りゅうほう》が咸陽に迫っているという情報を耳にすると、今度は掌を返したように、暴政の責任をすべて2世皇帝胡亥に押しつけ、ついには暗殺してしまう。3世皇帝には胡亥の甥に当たる子嬰《しえい》を擁立しようと図るのだが、さすがに企みは見抜かれ、趙高は殺される。

こうして政権内部の謀略分子は一掃され、実権は子嬰が手にするものの、このときすでに秦

⬆秦始皇帝の死後、中国全土の覇権を争った劉邦《りゅうほう》（上）と項羽《こうう》（下）。

帝国は斜陽を迎えていた。圧倒的な軍勢を率いて咸陽に入った劉邦の前に子嬰は全面降伏。劉邦は王家の存続を認めたものの、続いてやってきた項羽は子嬰ら秦始皇帝一族を皆殺しとし、咸陽の都を焼き払った。

紀元前206年、こうして中国全土を統一した秦帝国は、あっけなく滅亡する。わずか15年あまりという短命王朝だった。だが、秦始皇帝が行った政治改革は修正を加えながらも、次の漢へと引き継がれ、近代に至るまで歴代王朝の規範となったことは、あらためていうまでもない。

秦と中華思想

ざっと秦国から秦帝国まで、駆け足で歴史を俯瞰してきたが、おわかりのように秦という国は建国当初からほかの漢民族の国家とは少々、趣が異なっていた。もっとも、漢民族という民族も実際は多くの民族の集合体であり、共同幻想のような側面もあるのだが、少なくとも漢によって形成された民族意識、風俗風習を時代を遡って共有する人々とは明らかに文化が異なっていたらしい。

多少乱暴ないい方かもしれないが、北方や西域の遊牧騎馬民族と比較して、対照的な文化をもっていたのが漢民族である。彼らは農耕を主体とするために土地にこだわる。領地と生産民である農民の奪い合いが古代中国における戦争だったといってもいいだろう。

漢民族の強烈な民族主義は「中国」という言葉に端的に現れている。中国とは中華の国、世界の中心である。土地も文化も、すべてが中国を中心にして回っていると中国人は考えているのだ。これを「中華思想」という。

中華思想において、中国大陸の周辺の異民族はすべて文化的に劣った蛮族でしかない。「北狄《ほくてき》」「南蛮《なんばん》」「東夷《とうい》」「西戎《せいじゅう》」という名称は、すべて中華である漢民族が見下した蔑称なのである。また、東西南北を独自の色で象徴する際、北は黒、南は赤、東は青、西は白とされ、これが風水でいう「四神」、すなわち、玄武《げんぶ》、朱雀《すざく》、青龍《せいりゅう》、白虎《びゃっこ》に対応する。しかも、この場合、中心の色は黄である。なぜなら、中国大陸の中心部「中原」が黄砂で覆われた黄色い大地であるからだ。それゆえ、漢民族は黄を民族の色とし、自らの伝説的始祖を「黄帝」と呼んだのだ。この思想は歴代の中国王朝にも引き継がれ、漢民族であるなしに関わらず、中国皇帝は黄色い衣装を正装としてきたのだ。

かくも強烈な中華思想であるが、これがわからなければ中国を理解することはできない。世界の中心は中国大陸であり、皇帝は中原に住まう。周辺に住む民族は、みな蛮族であるという視点のもと、あらためて古代中国の地図を見てみよう。

紀元前10世紀末、秦が発祥した周の時代、諸侯は黄河《こうが》流域に領土をもっていた。先述したように、歴史的に秦王家の始祖となる非子は周の孝王の臣下であった。彼が最初に領地として賜ったのは中原から見てはるか西、現在の甘粛省あたりとされるが、そもそも秦王家のルーツが西方にあったことが大きな理由であったらしい。

春秋・戦国時代を通じて、秦の領土は常に西方にあった。漢民族として意識する中国の領土からすれば、まさに西の端。そこから先は異民族である西戎の領域であった。言葉を換えると、秦は常に西戎と接し、抗争を繰り返していたといっていい。今日ほど国境が明確でなかった時代である。秦の領土内には、多数の西戎、異民族が流入し、住民の間には混血もあったであろうことは想像に難くない。

中原に住む漢民族からすれば、はるか西方の辺境に住み、異民族と交わる秦の人々はけっして尊敬の対象とはならなかった。むしろ蛮族と同じように彼らを蔑んでいた。新興勢力であった秦について『史記』はこう記している。

「秦は僻遠の雍州《ようしゅう》の地にあって、中国諸侯の会盟にあずからず、夷翟と同様の待遇を受けていた」（『史記』）

中華思想からすれば、いわんとすることは明らかだろう。中国諸侯と同列に扱われていなか

チベット系の遊牧民族である羌《きょう》族。

ったということは、同じ漢民族ではなかったことを端的に示している。蛮族と同様の待遇とは、そのまま異民族であったといっているに等しい。明確なルーツは不明ながらも、中国の歴史学者の多くは、もともと秦の人々は漢民族ではなかったという見解で一致している。

理由は大きくふたつ。ひとつは領土が中原から見て、はるか西。異民族の支配する西域に接していたこと。秦は常に西戎と抗争を繰り返し、最終的に犬戎を支配している。地理的にいって、秦の人々と犬戎ら西戎の異民族とは交流があった。当然ながら交雑もあったはずである。

もうひとつは、始祖である非子が馬の飼育に成功したことで功績が認められているという点である。もともと農耕民である漢民族にとって、馬は農作業に使うもの。乗り回して、機動力に使うのは異民族である遊牧民族の習俗だ。大量の馬を飼いならした手腕は、もともと非子が遊牧民族であったことを暗示している。これに関して、欧米の歴史学者もこう述べている。

「一説によると、秦の祖先は、かつて馬の放牧で生活していた部族であるというが、もしそうならば、それは中原の部族とは異なる部族だろう」(『秦始皇帝』アーサー・コットレル著/河出書房新社)

同様に日本においても、チベット研究家の佐藤長氏は周も含めて秦は広い意味で羌族《きょう》であると主張する。羌族はチベット系の民族のひとつ。歴史は古く、周はもちろん、殷《いん》の時代にまで遡る民族で、今日でも河南省《かなん》を中心に民族のアイデンティティを保っている。「羌」とは羊に由来する文字で、これは彼らが発祥以来、ずっと遊牧民であったことを端的に示している。

秦王家の人々が漢民族ではなく、西戎のひとつ、羌族の流れを汲む人々であったとすれば、これは極めて重大なことを意味する。後々、秦始皇帝の素性を解き明かすうえで重要な手がかりとなるので覚えておいてほしい。

秦帝国とアケメネス朝ペルシア

秦王家の人々は漢民族ではなかった。異民族である西戎、とりわけ羌族に近い民族であった。非漢民族でありながら諸侯と肩を並べ、春秋時代を通して頭角を現し、戦国時代を経てついに中国全土を統一した秦には、もうひとつミステリアスな顔がある。それが最も顕著に現れたのが秦始皇帝の時代である。

なぜ秦始皇帝は中国全土を統一することができたのか。その理由については、多くの歴史家が『史記』をもとに分析してきた。諸子百家が唱えた思想と、それを実践した戦術家、ならびに政治家の手腕に関する論考はあまたある。

だが、そのなかで見過ごされがちなのが、秦始皇帝が行った行政改革、なかでもグローバルスタンダードの起源である。広大な領土と人民を支配するにあたって、秦始皇帝は郡県制や度量衡、貨幣、言語、文字の統一を行った。秦帝国以後の中国王朝は、これを踏襲することによって君臨したにすぎない。オリジナルという意味では、その評価は秦始皇帝に帰するべきものである。

だが、問題はここ。いったい秦始皇帝はどこからこうしたアイディアを思いついたのであろうか。もちろん、政策を提言し、実行したのは臣下の者たちであったであろうが、それを指揮したのはまぎれもなく秦始皇帝である。発想の原点を探ろうとしても、肝心の『史記』には何も記されていない。極端な話、中国全土を統一した秦始皇帝が、あるときふと思いついた政策であるかのような有様なのである。

しかし、だ。視野を少し広げると、意外な事実が浮かびあがってくる。先述したように、秦

⬆アケメネス朝ペルシアの都だったペルセポリスの遺跡。

国は中国において最も西に位置した。西域に接し、その先にはインドやオリエントが広がっていた。実は、そこに秦帝国とそっくり同じ支配体制をもった帝国がかつてあった。「アケメネス朝ペルシア」である。

紀元前558年、メディアから独立したアケメネス朝ペルシアはまたたくまにメソポタミア地方を席巻。紀元前525年にはエジプトを征服して、オリエントの統一を果たし、最終的にその影響力は北インドにまで及んだ。

ダリウス1世は帝国全土を127の州、すなわち「サトラップ」に分け、そこに太守、軍司令官、監視官を置いた。それぞれのサトラップ間には幹線道路を整備し、各地に駅伝を設けた。さらに貨幣制度を統一し、中央集権的な支配体制を確立した。

驚くことに、それはまさに秦始皇帝が行った統治形態とそっくりである。帝国を分割して統治する郡県制は、サトラップ制そのものであるといっても過言ではない。両者の類似性は、はたして偶然なのだろうか。これに関して、アーサー・コットレルの著作『秦始皇帝』の邦訳を行った日比野丈夫氏は「監訳者あとがき」でこう記している。

「秦の歴史でもっとも不思議なのは、中国史上初めての天下統一にさいして行われた多くのことがらが、前後の時代と殆ど関係なく、実にユニークだという点であろう。とくに興味をひくのは、都を中心として国内すみずみにまで通ずる馳道（皇帝道路）を建設したことや、始皇帝の全国巡遊に当り、要所に詔勅文を刻した摩崖碑を作り、みずからの功業を誇示したことである。これらは戦国以前はもちろん、漢代にも全くなく、秦代独特のものであった。もしそうだとすれば、その起源を西方世界に求めた方がよいのかも知れない。前6～5世紀、アケメネス朝のダリウス大王は古代ペルシア帝国の統一者で、王の道の道路や、領土内の要地に詔勅文を刻した摩崖碑を作ったことは有名だ」（『秦始皇帝』アーサー・コットレル著／河出書房新社）

実際、アケメネス朝ペルシアと秦帝国の政治形態が酷似することは、かねてから歴史学者によって指摘されてきた。三上次男氏もこう述べている。

↑古代ペルシアの生命の樹の意匠。

「斉の瓦のモティーフにある生命の木のアイディアというものがペルシアから中国に入ったものだとすれば、紀元前四世紀くらいに西から来たものでしょう。あの頃は非常に東西交流が盛んだった頃ですからね。

紀元前三世紀後期の秦の始皇帝の支配方式というものは、ペルシアのアケメネス王朝の支配のやり方と実によく似ておりますね。しかし、支配方法の影響関係を証明する史料はないのです。しかし（アケメネス・ペルシアの王）ダレイオスがやったと同じようなことを、秦が全体を統一した時に、やっている。

（周）戦国時代に宝石なんかも、中央アジアや西アジアのものがたくさん中国から出ておるし、それから、ガラスの作り方も、西アジアから、戦国時代の中国に入っておりますし、何か紀元前四、

五世紀は、そういう形での交流は盛んだったのじゃないでしょうか」(「ユネスコ新聞」昭和36・1・5～25)

歴史研究家の鹿島昇氏は著書のなかで、三上氏の言葉を引用したうえで郡県制のみならず、秦始皇帝が建設した阿房宮もまた、そのモデルがアケメネス朝ペルシアにあったと指摘する。ダリウス1世が建設したパラディスである。パラディスとは、周りを土塀で囲んだ領域に植林し、そこへ放した獲物を遊戯ハンティングする場で、いわば貴族たちのリゾートとでもいうべき施設であった。贅の限りをつくした宮殿は、まさに秦始皇帝の阿房宮に相当すると鹿島氏は主張する。

いずれにせよ、秦始皇帝の統治形態がそれまでの東アジアに類例がなく、近接する西域において過去に同様の統治形態をとっていた国、アケメネス朝ペルシアが存在したという事実から導きだされる仮説は、ひとつ。文化の伝播である。

アケメネス朝ペルシアの情報が秦帝国に持ち込まれた。古代にあっては情報は人が運ぶものであるから、アケメネス朝ペルシアの住民の子孫がシルクロードを経て中国までやってきた。中国でも最も西に位置していた秦の人々は、ペルシア人とも交流するうちにアケメネス朝ペルシアの情報を手にした。もっといえば、中国全土を統一したとき、秦始皇帝の配下にはペルシア人がいたのではないだろうか。

これまで、地理的に中間の資料がないことと、時代的にアケメネス朝ペルシアが滅んだのが紀元前4世紀と、秦帝国とは200年ほど差があることなどから、本格的な検証は行われてこなかったが、実は最近になって、秦始皇帝の兵馬俑《へいばよう》遺跡で注目すべき発見があったのだ。

秦帝国のペルシア人

秦始皇帝は強大な権力を誇示するかのように高さ55メートル、東西345メートル、南北350メートル、周囲約2000メートルもの巨大な陵墓を建設した。『史記』によると、内部は地下宮殿になっており、水銀の川が流れているという。

だが、何よりも人々を驚かせたのは1974年になって偶然に発見された兵馬俑である。場所は秦始皇帝陵の東1・5キロ。あたかも秦始皇帝を永遠に守護するかのように、等身大の陶俑と陶馬が整然と軍列をなして並んでいる。その数、未発掘のものを含めて、少なくとも8000体以上あると推定されている。

陶俑の造形はすべて異なり、同じものはひとつとてない。おそらく実際の人間を象って作られたのだろう。実に表情が生き生きとしており、今にも動きだしそうだ。

多くはモンゴロイドの特徴を備えており、それが漢民族であることを物語っているのである

⬆秦始皇帝の陵墓（上）と兵馬俑《へいばよう》（下）。ここからペルシア人の人骨が発見された。

が、なかには非漢民族らしき顔つきの陶俑もある。帝国と名乗ったように、秦始皇帝は多くの民族を積極的に登用したことがうかがえる。

事実、それを科学的に証明する発見が2006年にあった。6月28日、西安《せいあん》発の「新華社電」は、秦始皇帝陵兵馬俑坑で副葬された労務者の遺骨が多数発見され、その中にユーラシア西部の人骨が含まれていると報じた。

調査団の徐智博士は、50体の遺骨から個別にシリカゲル吸収法を用いてDNAを採取し、最終的に15タイプの個体を確認。その中にパルシー人、ペルシア人やクルド人など、西アジアの民族の特徴を認めたという。

始皇帝陵考古チームの隊長、段清波陝西《きょうせい》省考古学研究所研究員は、この発見によって中国の中心部まで、2200年前のユーラシア西部の人間が来ていたことが証明されたとし、シルクロードが盛んに用いられた漢時代以前から、東西の行き来が盛んに行われていたことが判明したと語った。王建新西北大学考古学科主任もまた、東西文化交流史上における重大な発見と述べた。

現代の歴史学者が考える以上に、古代人は活発な交流を行っていた。インド北部のヒマラヤ山脈がオリエント世界と東アジア世界を分け隔てていたとされるが、それさえも人類の行動を遮るものではなかったのだ。今回の発見によって、古代中国、少なくとも秦始皇帝の時代の中国にペルシア人がやってきていたことがはっきりと科学的に証明された。

しかも、このペルシア人の骨は兵馬俑の遺跡から発見された。ということは、彼は秦始皇帝の臣下であったことを示している。これはアケメネス朝ペルシアの文化を担っていた民族が秦帝国の建設に関わっていたことを意味する。ついに、ダリウス1世と秦始皇帝を結ぶ接点が確認されたのだ。

おそらく近い将来、アケメネス朝ペルシアと秦帝国の関係が学術的に検証される日が来るだろう。そのときあらためて注目されるのはユダヤ人である。ペルシア人が中国まで来ているとすれば、同じ西アジアの民族であるユダヤ人が来ていても不思議ではない。そもそもアケメネス朝ペルシアには多数のユダヤ人がおり、宰相にまで上りつめた人間もいるからである。

次章ではペルシア人とユダヤ人の関係を分析し、秦始皇帝を生みだした秦という国の秘密に迫っていきたい。

第7章

消えた東ユダヤ人とペルシアの謎

古代イスラエル王国の歴史

ペルシア人はアーリア系の民族。『旧約聖書』でいえば、大洪水で有名なノアの3人の息子のひとり、ヤフェトの子孫である。これに対して、ユダヤ人は同じくノアの息子セムの子孫である。ちなみに、もうひとりの息子、ハムの子孫がエジプト人をはじめとする黒人である。

セムは別名をメルキゼデクといった。大祭司メルキゼデクにまみえ、預言者として召命されたのが大預言者アブラハムである。そのアブラハムの息子イサク、さらには、そのイサクの息子であるヤコブの別名をイスラエルという。すなわち、預言者ヤコブの子孫が今日でいうイスラエル人である。

ヤコブには12人の息子がおり、その子孫から12の支族が誕生する。数え方には若干のイレギュラーがあるのだが、一般的には祭司であるレビ族を除き、代わってヨセフ族をエフライム族とマナセ族に分けてイスラエル12支族とする。

具体的に列挙すると、ルベン族、シメオン族、レビ族、ユダ族、ダン族、ナフタリ族、ガド族、アシェル族、イッサカル族、ゼブルン族、エフライム族、マナセ族、ベニヤミン族となる。

紀元前13世紀ごろ、イスラエル人は古代エジプトにいた。奴隷として虐げられていた彼らを

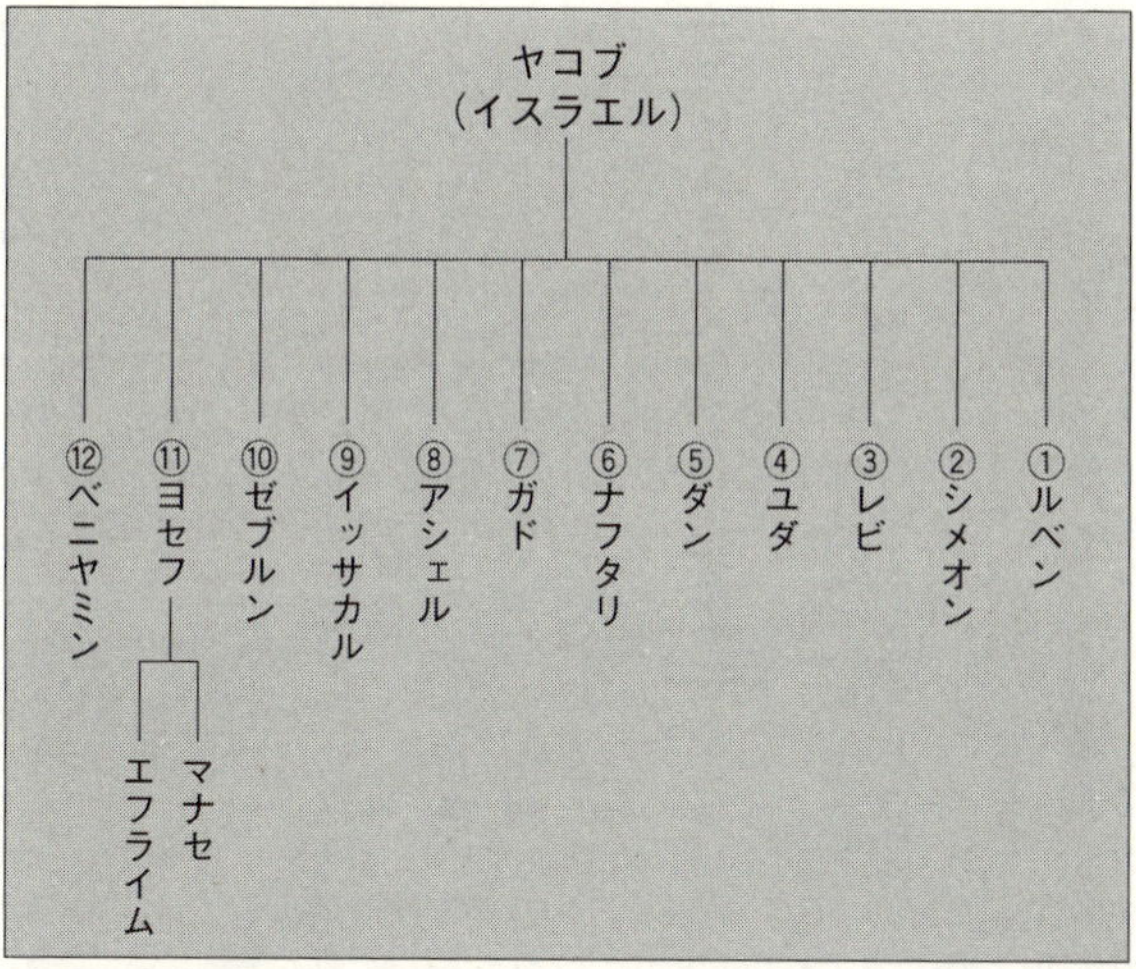

⬆イスラエル民族の12支族。ソロモン王の死後、ルベン族・シメオン族・ダン族・ナフタリ族・ガド族・アシェル族・イッサカル族・ゼブルン族・エフライム族・マナセ族の10支族から成る「北朝イスラエル王国」とユダ族・ベニヤミン族から成る「南朝ユダ王国」に分裂した。

救ったのが、預言者モーセである。モーセはエジプトにいたイスラエル人たちを率いて荒れ野へと脱出。映画でも有名な紅海割れの奇跡によって追手を振り切ると、シナイ山で絶対神ヤハウェから「十戒《じっかい》石板」を授かる。歴史的には、このときユダヤ教が成立したといわれる。

　絶対神ヤハウェとの契約を結んだイスラエルの民は、その後、40年にもわたる旅を経て現在のパレスチナにたどり着き、そこにひとつの王国を築く。これが「古代イスラエル王国」である。首都は聖地エルサレムに置かれた。

　古代イスラエル王国はダビデ王の

時代に急成長し、その息子ソロモン王の時代に絶頂期を迎える。およそ紀元前10世紀ごろのことである。それまで移動式の神殿「幕屋」で礼拝していたイスラエル人はエルサレムに壮麗な神殿、通称「ソロモン神殿」を建設する。

しかし、絶対神ヤハウェに祝福され、栄耀栄華を極めたソロモンであったが、彼が死ぬと王国は後継者をめぐって大混乱。ついには南北に大分裂してしまう。

紀元前922年、ルベン族、シメオン族、ダン族、ナフタリ族、ガド族、アシェル族、イッサカル族、ゼブルン族、エフライム族、マナセ族から成る「北朝イスラエル王国」が独立を宣言。同時に、ユダ族とベニヤミン族から成る「南朝ユダ王国」が誕生する。ちなみにレビ族は祭祀を行うため、南北両方の国にそれぞれ分かれた。

失われたイスラエル10支族

北朝イスラエル王国は首都をシケムに定めた。彼らはソロモン神殿とは別に新たな神殿を建設し、そこで礼拝を行った。が、しばらくして十戒で禁じられているはずの偶像礼拝に陥る。黄金の子牛像を作り、これを神としたのである。

十戒を破り、罪を犯した北朝のイスラエル人たちを見て絶対神ヤハウェは怒った。その怒りは、やがて他国からの侵略という形で彼らを襲った。

紀元前722年、メソポタミア地方に急速に勢力を拡大してきた「アッシリア帝国」がパレスチナ地方へと侵出。圧倒的な軍事力を背景に、北朝イスラエル王国を攻めてきたのである。アッシリア帝国の軍勢は3年間、北朝イスラエル王国を包囲し、ついには首都シケムを落とす。

⬆アッシリア帝国に降伏する北朝イスラエル王国を描いたレリーフ。

こうして北朝イスラエル王国はあっけなく滅亡。イスラエルの民たちはアッシリア帝国軍に捕囚され、奴隷としてメソポタミア地方へと連行されてしまう。

その後、アッシリア帝国は紀元前670年にエジプトを征服。オリエント地方を統一することに成功する。アッシュールバニパル王が即位すると、壮大な図書館や大宮殿を建設して絶頂期を迎える。

だが、アッシリア帝国の支配は長くは続かなかった。紀元前612年、メディアとカルデアの連合軍に敗れると、一気に衰退。オリエントの覇権は新興国に渡り、アッシリア帝国は滅亡する。

本来なら、ここで奴隷の軛《くびき》から解放された北朝イスラエル王国の人々は故郷であるパレスチナ地方へと戻ってくるとだれもが予想していた。ところが、彼らはアッシリア帝国が滅亡した後もそのままメソポタミア地方に住みついたまま、ほとんど戻ってこなかったのである。

いや、戻ってこないままそこに住みつづけていれば、ある意味、何の問題もなかった。メソポタミア地方に新たな王国を築くこともあったかもしれない。王国を築かなくとも、パレスチナ地方にいた同胞、南朝ユダ王国のイスラエル人との交流もできたであろう。

しかし、不思議なことにいつの間にか彼らの姿が消えるのである。あたかも集団で失踪したかのように、歴史上からまったく消え去ってしまうのだ。これが世界史上最大の謎ともいわれる「失われたイスラエル10支族」である。

はたして失われたイスラエル10支族は、どこに消えたのか。手がかりはある。紀元1世紀の歴史家フラヴィウス・ヨセフスが著書『古代ユダヤ誌』のなかでこう述べている。

「10支族は今でもユーフラテス河の彼方におり、膨大な数となっている」(『古代ユダヤ誌』フラヴィウス・ヨセフス著)

フラヴィウス・ヨセフスがいたパレスチナ地方から見てユーフラテス川の彼方とは、すなわちアジアである。今のアフガニスタンやイラン、インド、そして中国といった広大な大地に失われたイスラエル10支族は移り住んだらしい。

しかも、『旧約聖書』に記された預言、すなわち遠い将来、失われたイスラエル10支族が回復するという絶対神ヤハウェの言葉からすると、世の末に彼らが住んでいる場所は、聖地エルサレムから見て主に北と東の方角であることがわかる。本隊は北の果てに向かい、別動隊は東北及び東へと移動したらしい。

そう考えると、注目されるのがアッシリア帝国にさかんに侵入を繰り返していたスキタイである。スキタイはカスピ海沿岸を発祥地とする騎馬民族で、当時、北アジアの草原を縦横無尽に駆け抜け、その痕跡は北欧から朝鮮半島にまで及んでいる。騎馬民族は基本的に他国を侵略し、財宝や奴隷を略奪する。

アッシリア帝国へも同様のことを行っていたことは想像に難くない。つまり、捕囚されていたイスラエル10支族をスキタイが連れ去った可能性があるのだ。もともと遊牧民であるイスラエル人はスキタイと行動をともにし、その後、北アジアの騎馬民族のなかに拡散していったに違いない。

しかも、その一部は日本にもやってきていた。スキタイの流れを汲む東北アジアの騎馬民族

⬆騎馬民族スキタイの一派であるサカ族。

のひとつ、夫余《ふよ》族は高句麗《こうくり》や百済《くだら》を建国したが、その一派が朝鮮半島を経て日本列島へと侵入してきているのだ。圧倒的な機動力で倭《わ》国《こく》を征服した騎馬民族の大王はその後、大和朝廷を開き、自らを天皇（大王）と名乗ることになる。

また、スキタイの一派にサカ族がいる。サカ族のひとつが、後に仏陀を生みだすことになる釈迦《しゃか》族である。スキタイの支配層はアーリア系であるが、釈迦族は日本人と同じモンゴロイド系の民族である。ガウタマ・シッダールタ、いわゆるお釈迦様は日本人と同じく失われたイスラエル10支族の血を引いている可能性があるのだ。

釈迦が説いた仏教はネパールからインド、中国、そしてチベットへと広がっていく。その過程で、失われたイスラエル10支族の血もアジア全域に広がった可能性が高い。今もネパールに住む釈迦族の末裔シャーキャやチベット人は日本人と遺伝子的に非常に近く、ともにYAP（ー）という独特な遺伝子をもっている。

しかも、中国におけるチベット系民族のひとつ「羌《きょう》族」は、失われたイスラエル10支族調査機関「アミシャーブ」の調査によって、失われたイスラエル10支族の末裔であることが判明しているのである。

バビロン捕囚

話をいったん、古代イスラエル王国の分裂に戻す。北朝イスラエル王国が偶像崇拝に陥ったことでアッシリア帝国に民が捕囚されたように、南朝ユダ王国もまた偶像崇拝に陥ってしまう。彼らに襲いかかったのは、アッシリア帝国に代わって台頭してきた新バビロニア王国である。

紀元前587年、新バビロニア王国の軍勢はパレスチナ地方へと侵攻。首都エルサレムを包囲し、ソロモン神殿を徹底的に破壊しつくした。神殿内部にあった財宝は、みな跡形もなく略奪され、南朝ユダ王国は滅亡。民はバビロンへと捕囚されてしまう。これが世にいう「バビロン捕囚」である。

⬆バビロン捕囚を描いたレリーフ。

約50年にも及ぶ捕囚生活のなかで、イスラエル人たちはカルデア人の宗教の影響を強く受けることになる。偶像崇拝はもとより、逆に反動で偶像崇拝を徹底的に忌み嫌う人々も現れる。北朝イスラエル王国と同様、南朝ユダ王国が滅亡したのは絶対神ヤハウェとの契約に違反したからだとして、教条主義的な思想が強くなる。現在のユダヤ教が事実上形成されたのはこのころであると歴史学的には指摘されている。

さて、新バビロニア王国に続いてオリエントの覇権を握ったのはアケメネス朝ペルシアである。紀元前538年、アケメネス朝ペルシアは新バビロニア王国を征服。キュロス（クロス）大王に捕囚されていた南朝ユダ王国の人々を解放する。

自由の身となったイスラエル人たちは、こぞって故郷のパレスチナ地方へと帰還。破壊されたソロモン神殿を再建し、新たな国づくりを行う。これ以降、南朝ユダ王国はたんに「ユダヤ」と呼ばれるようになり、紀元2世紀に古代ローマ帝国によって滅ぼされるまで続くこととなる。
したがって、ユダヤ人とは広義ではイスラエル人すべてを指すが、狭義の意味では、南朝ユダ王国の民であったユダ族とベニヤミン族、そしてレビ族のことを指す。

⬆イスラエル人を解放するアケメネス朝ペルシアのキュロス大王。

しかし、見過ごされがちなのであるが、バビロン捕囚から解放されてもすべてのユダヤ人がパレスチナ地方へ帰還したわけではない。50年というと、だいたい2世代は経過している。バビロンで生まれたユダヤ人も数多くいた。彼らは新バビロニア王国の繁栄のなかで過ごしてきたわけで、奴隷といえどもそれなりの暮らしを享受していたのだ。奴隷から解放されたからといって、見たことも住んだこともない遠い祖先の地へ戻ろうとは思わない人々も多数いたのである。彼らのことを「東ユダヤ人」と呼ぶ。

アケメネス朝ペルシアのユダヤ人

新バビロニア王国に代わってバビロンを支配したアケメネス朝ペルシアのキュロス王はユダヤ人に非常に寛容であった。国教はゾロアスター教と定めたものの、帝国内の異邦人に関しては信仰を強要せず、彼らの宗教を認めた。信教の自由を認められた多くのユダヤ人は国際都市であったバビロンの生活に慣れていたこともあり、バビロン捕囚から解放されたのにも関わらず、そのまま定住する者も少なくなかった。

かねてからイスラエル人は勤勉であった。律法を重視し、規律正しい生活を送っていた。律法書である「トーラー」を読むために読み書きなどの教育を重視し、その知識レベルは非常に高かった。それゆえ、異邦人の国家にあってもその優秀さが買われ、政治の中枢へ上りつめる者が多かった。古くは古代エジプトのヨセフ、新バビロニア王国のダニエル、そしてアケメネス朝ペルシアにあってはモルデカイがそうである。

預言者モルデカイはバビロンに残ったイスラエル人で、ベニヤミン族のユダヤ人である。彼のことは『旧約聖書』の「エステル記」に詳しく載っている。書名になっているエステルはモルデカイの叔父の娘で、彼女にとってモルデカイは養父でもあった。

エステルはアケメネス朝ペルシアの大王、クセルクセス1世（アルタクセルクセス）にみそめられて妃となっていたのだが、そのころ、モルデカイは臣下に謀叛の計画があることを知る。彼はエステルを通じてクセルクセス1世に謀略の存在を知らせ、事なきを得る。

しかし、モルデカイは敬礼をしなかったことを理由に宰相であるハマンに恨みを買う。怒ったハマンは帝国内にいるユダヤ人の抹殺を計画する。これを知ったモルデカイはエステルを説得して何とかユダヤ人を救ってくれるよう、クセルクセス1世に働きかけてもらう。それは極めて危険な行為であったが、奇跡的な偶然が重なり、事態は一転。暗殺未遂の件に対する褒美として、モルデカイが最高の栄誉に浴した。

さらに、クセルクセス1世は王妃エステルの望み通り、ユダヤ人の抹殺司令を取り消し、悪事を図ったハマンを柱に吊るして処刑。代わってモル

↑イランにあるキュロス大王の墓。

⬆預言者モルデカイ（右）と養女であるエステル（左）。

デカイを宰相の地位に任命し、同時に帝国内に勅命を発布、ユダヤ人の自由と権利を保証した。

これにより、アケメネス朝ペルシア帝国内のユダヤ人の敵はみな滅ぼされた。復讐の戦いが終わった日をユダヤ人たちは記念して、毎年アダルの月の14日に「プリムの祭り」を開き、祝宴を行うようになった。

以上が「エステル記」が伝えるモルデカイの物語であるが、はたしてこれが史実なのかについては議論がある。同様の物語が伝統的にペルシアに伝わっており、どちらがオリジナルなのか、意見は分かれている。

いずれにしても、アケメネス朝ペルシアの帝国内に多数のユダヤ人がいたことは事実である。プリムの祭りが今日でも続けられていることから考えて、自由民としての権利をユダヤ人が保証されたことは間違いない。

仮に「エステル記」の記述が正しければ、エステルはペルシア王の王妃であり、モルデカイは王家の外戚である。アケメネス朝ペルシア内においてユダヤ人が大いに繁栄したことはいうまでもない。彼らは政治や行政に深く関わったはずだ。事実、現在でもペルシアの流れを汲むイランには数多くのユダヤ人がいる。

こうしたアケメネス朝ペルシアにいた東ユダヤ人が東漸し、ペルシア人とともに中国へと流入してきた可能性はないだろうか。前章で見たように、秦始皇帝《しんのしこうてい》の兵馬俑《へいばよう》からはペルシア人の人骨が出土している。歴史学者の三上次男氏が指摘するように紀元前5～前4世紀ごろ、西域との人的交流がさかんであったならば、当然ながらその中にユダヤ人が含まれていても不思議ではない。

大秦国とペルシア

日本に渡来してきた秦氏《はたし》は秦始皇帝の子孫を称している。彼らは秦の役を逃れて朝鮮半島に入り、そこで秦韓《しんかん》と弁韓《べんかん》を建国。新羅《しらぎ》と伽耶《かや》諸国を経て4世紀ごろ、日本列島に集団でやってきた。彼らの首長は「太秦《うずまさ》」と称した。太秦はテキストによって「大秦」と記されている。秦始皇帝とペルシアの問題を分析するにあたって、しばらく「大秦」とは何かについてこだわってみたい。

歴史学者の佐伯好郎博士は長年、秦氏の研究を続けた結果、彼らがユダヤ人であったと主張した。もっとも、佐伯博士は秦氏が秦始皇帝の末裔であると主張していることを否定しており、この学説が直接、秦帝国とユダヤ人の関係を肯定するものではない。

ここで注目したいのは秦氏がたんなるユダヤ人ではなく、景教徒だと主張している点である。景教とはアジアに広まったキリスト教の一派、ネストリウス派のことで、少なくとも中国には唐《とう》の時代には公式に伝来していたことがわかっている。佐伯博士はそれよりも早く景教徒となったユダヤ人が日本へ渡来し、秦氏と称したと考えている。

京都にある秦氏の氏寺は広隆寺として知られるが、その別名を「太秦寺」という。太秦が大秦とも表記されたことを考えると「大秦寺」でもおかしくはない。興味深いことに、中国の唐の都、長安《ちょうあん》にあった景教寺院の名前が「大秦寺《たいしんじ》」なのである。ゆえに広隆寺は本来、仏教ではなく、景教の寺院だったのではないかと、佐伯博士は指摘するのだ。

唐によって正式に景教の布教が認められたのは635年。大秦寺が建立されたのは3年後の638年とされる。781年には、これを記念して「大秦景教流行中国碑」がつくられている。

だが、この大秦寺、もともとは「波斯寺《はし》」と称していた。「波斯」とはファルシーの音訳、

⬆高野山にある「大秦景教流行中国碑」と刻まれた石碑のレプリカ。

すなわちペルシアのことである。景教がペルシアからもたらされたことを意識してつけられた名称である。それが741年に大秦寺と改名されるのだが、寺院そのものは何のリニューアルもされていないことから考えて、名称の意味に本質的な違いはないと見ていいだろう。ごくごく単純に割り切って考えれば、波斯＝ペルシアと大秦は同じ国を指すと当時の中国人は考えていたのかもしれない。

当時のペルシアはアケメネス朝ペルシアではない。ササン朝ペルシアである。ササン朝ペルシアは景教が中国に伝来してから16年ほど後の651年に滅ぶ。景教の本拠地があったササン朝ペルシアが滅んだこともあって、寺院の名称も波斯寺から大秦寺へと変更したのかもしれない。

いずれにせよ、当時の中国人の認識として、波斯＝ペルシアと大秦は同じ地を指す言葉であったに違いない。漠然としてではあるが、インドの向こう、西アジア地方を広く指す言葉として大秦という名称が使われていたのだ。事実、『仏祖統紀《ぶっそとうき》』という書物の注釈39にはずばり、こう記されているという。

「波斯国は西海に在り、此に大秦と云う」

もし仮にペルシア＝大秦だとすれば、ひるがえって秦始皇帝が打ち立てた秦帝国と関係があると見ることはできないだろうか。秦帝国にはペルシア人がおり、しかもアケメネス朝ペルシアと同じ政治体制をとっていたのだ。そもそも「秦」という名前そのものがペルシアとの関係を示す暗号だったとしたらどうだろう。

結論を急ぐ前に、アケメネス朝ペルシアと秦帝国を結ぶ時間と距離、そして人の流れを確認していくことにしよう。

大秦国＝バクトリア

アケメネス朝ペルシアは最終的にインドからエチオピアにまで版図を広げるのだが、これを滅ぼしたのがマケドニアの大王、アレキサンダーであった。

⬆イッソスの戦いを描いたモザイク画。

紀元前334年、東征を開始したアレキサンダー大王は翌年、イッソスの戦いでダリウス3世の軍勢を破り、紀元前330年にはペルセポリスへと攻め上り、アケメネス朝ペルシアを滅ぼす。

このときペルセポリスは徹底的に破壊されるのであるが、アレキサンダー大王は政略的にギリシア人とペルシア人の婚礼を奨励し、両民族の融和を図っている。アレキサンダー大王自身もペルシア人の妃を迎え入れている。

彼は世界帝国としてのヴィジョンを明確にもっていた。多くの民族を支配するにあたって宗教や習慣を尊重し、交流を活発化させることが国力増強につながると考えていたのである。そのため、アレキサンダー大王は帝国内に自らの名前を冠した町、アレキサンドリアを多数建設し、それらを幹線道路で結んだ。

結果、商人が自由に帝国内を行き来し、交易が非常に活発となった。その中に商才に長けたユダヤ人が数多く含まれていたことはいうまでもない。とくにエジプトのアレキサンドリアにはパレスチナから大量にユダヤ人が移住。続くプトレマイオス朝の時代には、市民の半分がユダヤ人という状況にまでなった。市民権を与えられたユダヤ人たちは公用語としてギリシア語を話すようになり、ここで後に『旧約聖書』のギリシア語訳、通称「七十人訳」が編纂されることとなる。

一方、アレキサンダー大王はペルシアのみで飽き足らず、さらに軍勢を東へと進める。彼らは今のイランからアフガニスタン、パキスタン、そしてインドにまで進軍。ついにはインダス川にまで到達する。ここで主力部隊はギリシアへと帰還するのだが、インドに居すわった連中もいる。

彼らは後にバクトリア、中国では「大夏国《たいか》」と呼ばれる国を建設するのだが、興味深いことに仏教経典『那先比丘経《なせんびくきょう》』では「大秦国」と表記しているのだ。

秦始皇帝はバクトリア王ディオドトスだった⁉

アレキサンダー大王が率いた軍勢の子孫が築いたバクトリアはギリシア系国家である。中国では「大夏国」として表記されるが、なぜか仏教経典のひとつ『那先比丘経』では「大秦国」と記されている。これに注目したのが歴史研究家の鹿島昇氏である。

鹿島氏は実に独創的な歴史観をもっていた。なかでもひときわ異彩を放っていたのが『史《し》記《き》』の解釈である。司馬遷《しばせん》がまとめた『史記』には伝説の黄帝《こうてい》の夏《か》王朝から殷《いん》、周《しゅう》、春秋、戦国、秦、漢《かん》に至るまでの中国史が記されている。鹿島氏は、これらを捏造された歴史であると一刀両断。漢字と地名のすり替えで、あたかも中国史のように見えるが、実際はオリエント史の漢訳であると喝破する。

鹿島説によれば、夏王朝は古代バビロニア王国のことで、伝説の黄帝はアッカドのサルゴン王にほかならない。歴代の夏王はみなバビロンの大王で、続く殷はシュメールの都市国家イシンのことで、世にいう殷墟の遺跡は中国へやってきたカルデア人の港湾基地。さらに周はアッシリア帝国、魯《ろ》はイスラエル、晋《しん》はバビロン、斉《せい》はマケドニアであるという。

実に過激な仮説であるが、中国神話における伏犠《ふっき》と女媧《じょか》の時代に起こったという大洪水がシュメール神話のウトナピシュテムの大洪水に対応するとし、『旧約聖書』におけるノアの大洪水のことだという指摘は傾聴に値する。

鹿島氏によれば、『史記』に記された秦はアケメネス朝ペルシアにほかならない。秦の恵公《けいこう》はアケメネス、悼公《とうこう》がティスペース、厲共公《れいきょうこう》はキュロス1世、躁公《そうこう》はカンビュセス1世、懐公《かいこう》はキュロス2世（大王）、霊公《れいこう》はカンビュセス2世、簡公《かんこう》はダリウス1世で、恵公《けいこう》はクセルクセス1世、出公《しゅっこう》はアルタクセルクセス1世、献公《けんこう》はクセルクセス2世、孝公《こうこう》はダリウス2世、恵《けい》公《こう》はアルタクセルクセス2世、武公《ぶこう》はアルタクセルクセス3世、昭襄王《しょうじょうおう》はアルサセス、孝文王《こうぶんおう》

⬆アケメネス朝ペルシアの第３代の王であるダリウス１世。

はダリウス3世、荘襄王《そうじょうおう》はベッソスであるという。

ただし『史記』は荘襄王の子供が秦始皇帝だと記すが、それは真っ赤な嘘であると鹿島氏は断言する。というのも、ダリウス3世はイッソスの戦いでアレキサンダー大王に敗れる。アケメネス朝ペルシアが滅亡し、覇権はマケドニアに移る。ここで『史記』は「秦《しん》本紀《ほんぎ》」にひと区切りつけ、新たに「秦始皇帝本紀」を立ち上げた。ペルシアの歴史から、アレキサンダー大王の軍勢が建国したバクトリアに舞台が移ったというのである。

しかも、先述したように仏教経典『那先比丘経』ではバクトリアのことを大秦国と表記する。これはアレキサンダー大王によって民族融合したペルシア＝大秦国の流れを汲むことを示している。ここから鹿島氏は、秦始皇帝の正体をバクトリア王ディオドトスであると主張する。ディオドトスがバクトリア王国の独立

⬆バクトリアのディオドトス王（ウィキペディアより）。

を宣言したのは紀元前２５６年。秦始皇帝が即位するのが紀元前２４６年。この間、10年の差があるが、これは『史記』の歴史偽造から無視できると主張する。

さらに、秦始皇帝陵や兵馬俑、強大な阿房宮などの考古学的な遺跡については、あくまでも本国はバクトリアにあったとし、その植民地、いうなれば分国であると述べる。中国における秦始皇帝の国はあくまでも「秦」であるが、本国のバクトリアは「大秦」であるのがその理由であるという。

実に大胆な仮説であるが、あまりにも壮大すぎて、残念ながらアカデミズムからはほとんど無視されているのが実情である。細かい部分の矛盾点を主観的な断定で押し切っている嫌いがあるかもしれないが、壮大な歴史のからくりを暴きだす危険な匂いがするのも確かである。仮説の評価は今後の考古学的な調査に任せるしかないが、残念ながら、その成果を見ることなく鹿島氏は逝去された。

さて、はたして鹿島説が正しいかどうかは別にして、彼が指摘した大秦に関する問題は非常に興味深い。ペルシアのみならず、マケドニア・ギリシア、バクトリア、そして秦帝国へと、秦の暗号が続いていることを示したのだから。

大秦国＝古代ローマ帝国

古代オリエントの覇権は、アケメネス朝ペルシアからマケドニア、セレウコス朝シリア、そして古代ローマ帝国へと移る。このうち、セレウコス朝シリアの中心地、セレウキアには後にネストリウス派キリスト教の拠点が置かれる。唐の景教寺院が波斯寺から大秦寺に改名した理由のひとつとして、拠点のあったササン朝ペルシアの滅亡にともない、もとのシリアの名称に戻したという説がある。それに従えば、大秦国とはシリアのことだとも解釈できるのだ。

となると、だ。セレウコス朝シリアの次に大秦国の名前を継ぐのはそう、古代ローマ帝国ということになる。古代ローマ帝国に対する中国の呼び名は「蔾軒《らいけん》」や「拂菻《ふりん》」などいくつかあるが、そのひとつに「大秦」がある。後漢《ごかん》の時代、西暦でいうと紀元１６６年、古代ローマ帝国の皇帝マルクス・アウレリウス・アントニヌス、中国名で大秦王安敦から使者がやってきたという記録があるのだ。

なぜ古代ローマ帝国を大秦と呼んだのか。その理由は、古代ローマ帝国が中国のように偉大な国であることから、大秦と名づけたのだという。

しかし考えてみると、これは妙である。古代ローマ帝国を大秦と呼ぶようになったのは、紀元後、後漢の時代になってからのことである。しかも、この当時、中国は漢王朝である。中国を意味する秦は先代王朝であり、かつ漢王朝が滅ぼした国である。秦始皇帝はもちろん、秦を興した人々が漢民族ではないことを考えると、中国のように偉大な国の名前としてわざわざ大秦と称す必要がわからない。本気でそう思っているならば、大漢と呼ぶほうがよほど筋は通っている。

あえて滅ぼした王朝の名称にちなんで、異民族の国名にしたのはなぜか。素直に考えるならば、秦始皇帝の秦帝国も古代ローマ帝国も漢民族からすれば、ともに異民族の国家だからではないのか。どれだけ偉大な国かわからないが、中華思想からすれば、自らのアイデンティティである漢の文字を異民族の名称に使うはずがない。古代ローマ帝国に対して大秦という名前をつけたということは、逆説的に秦はもちろん、秦始皇帝の秦帝国は漢民族の国家ではないことを如実に示しているといっていいだろ

⬆大秦国（古代ローマ帝国）からの使者。

日ユ同祖論の研究家である三村三郎氏。

う。

そこで、改めて秦という文字を含んだ国の名を並べてみよう。周《しゅう》の時代の秦、秦始皇帝の秦帝国、大秦＝アケメネス朝ペルシア、大秦＝バクトリア、大秦＝セレウコス朝シリア、大秦＝古代ローマ帝国と、中国の国以外は、すべてユダヤ人がいた国である。帰納的に考えるならば、そもそも「秦」とはユダヤ人、もしくはイスラエル人を意味する暗号だったのではないだろうか。

景教の経典『大秦景教宣元本経』には「大秦国那薩羅城」という一節がある。大秦国を古代ローマ帝国と読めば、これは「古代ローマ帝国のナザレ城」となる。いうまでもなくナザレとはイエス・キリストが生まれた町で、聖地エルサレムの南にある。帝国という意味では確かに古代ローマ帝国の領土内ではあるが、国という意味では属国となってはいたものの、ナザレはユダヤの町である。

また「大秦景教流行中国碑」には、聖母マリアからイエス・キリストが誕生した記述として

「室女誕聖於大秦」という文言がある。古代ローマ帝国でイエス・キリストがマリアから生まれたと解釈するよりも、ここは地域を限定する意味でも、ユダヤにおいてイエス・キリストがマリアから誕生したと解釈すべきではないだろうか。こうした事実を踏まえ、日ユ同祖論を研究した三村三郎氏はこう述べる。

「大秦とは耶蘇教の発祥地、すなわちイエスの生国なる猶太国を指していることは当然である」(『世界の謎　日本とイスラエル』三村三郎著)

三村氏がいうように、「大秦」がユダヤのことであるならば、大の文字を冠しない「秦」もまたユダヤもしくはイスラエルに関係した名前ではなかったか。あらためて中国におけるほかの秦国について検証してみよう。

秦とイスラエル

まず、ひとつ押さえておきたいのは「秦」という字である。漢字ではない。あくまでも「字」である。一般に中国における字は殷の時代の甲骨文字に遡るといわれている。基本となる字は、みな象形文字として作られた。「秦」という字の場合、具体的に「舂」と「禾」の字を合わせた会意文字で、稲がすくすくと成長する様を意味する。秦王家の先祖で、嬴《えい》という姓を賜った伯翳の子孫が与えられた甘粛省《かんしゅくしょう》秦州の地を示し、ここが作物を育てるのに適していた土地であることに由来するという。

つまり、秦とは地名である。嬴という姓を賜った秦王家の先祖の本貫を意味するといっていいだろう。したがってこの文字は秦王家と不可分であり、彼ら一族のシンボル的な意味があると解釈できる。たんなる普通名詞やほかの氏族が使用する字ではないのだ。

そこで、あらためて考えてみたいのは歴代中国の秦という国である。意外に知られていないが、秦という名を冠した国は春秋・戦国時代の秦国、秦始皇帝の秦帝国だけではない。紀元後2000年に及ぶ歴史のなかで、秦という名を採用した国が少なくとも3つ存在する。それらは紀元前の秦と区別するために、歴史学では、それぞれ「前秦」「西秦」「後秦」と表記される。これらは、いずれも4世紀、中原《ちゅうげん》が異民族によって支配された五胡十六国と呼ばれる時代に興った国である。

まず前秦であるが、これは350年、東晋という国から「氐族《ていぞく》」が中心となって独立した国である。氐族は青海湖を拠点としていたが、春秋・戦国時代には秦と同様、甘粛省に住んでいた。民族的にチベット系であることがわかっており、牧畜を生業とする遊牧民であった。使う言語は漢民族とは明らかに違い、羌族の言葉に近い。先祖は西戎《せいじゅう》とされた非漢民族であり、羌族と同族であると考えられている。

前秦は394年に滅ぶが、それに代わって台頭したのが後秦と西秦である。後秦は384年に成立した国で、支配層は羌族であった。一方の西秦は385年に前秦から独立した国で、王家は「鮮卑《せんぴ》族」であった。鮮卑族は遊牧騎馬民族で、後に北魏《ほくぎ》を建国する。民族の系統としてはモンゴル、もしくはチュルク系であるといわれている。

ご覧になっておわかりになると思うが、氐族と羌族、そして鮮卑族と、みな遊牧民である。なかでも注目は羌族である。先述したように羌族は失われたイスラエル10支族であることがイスラエルの調査機関、アミシャーブによって判明している。時代的に考えて、羌族の発祥からすべて失われたイスラエル10支族であるとは考えにくいが、少なくとも彼らの中に含まれていることは事実である。

羌族と同族と考えられている氐族もまた、チベット系であることから考えて、失われたイスラエル10支族の血を引く者がいた可能性は高い。同様に、鮮卑族は北アジアを席巻した騎馬民族で、スキタイ文化の継承者である。彼らの中にスキタイによって連れてこられた失われたイスラエル10支族が含まれていたことは十分予想される。鮮卑族の言語が朝鮮半島を拠点とし、日本列島にまでやってきた夫余族の言語に近いことから考えて間違いないだろう。

ひるがえって、春秋・戦国時代の秦、そして秦始皇帝の秦帝国もまたかねてから非漢民族であると指摘されてきた。前章で見たように、歴史学者は秦の人々はもともと西戎であり、広い意味での羌族だったという。そう考えると、そもそも「秦」という文字自体、それは漢民族ではなく、遊牧民の名ではなかったのか。

しかも、たんに遊牧民や騎馬民族を意味するだけでなく、古代イスラエルの血を引く者が打ち立てた国、もしくは民の多くがイスラエル人であったことを示す字が「秦」だったのではないだろうか。もちろん、証明するためにはもっと多くの検証が必要ではあるが、筆者にはそう思えてならない。

『聖書』の中の秦

中国は英語で「チャイナ（China）」。日本では「シナ（支那）」といった。現在では差別的な意味合いがあるので、支那という言葉は使わないようにするべきだという論調が強いが、いずれにせよ、これらの言葉は、もとをただせば「シン（秦）」である。歴代の中国には日本語でシンと発音する国が晋、新、清などあるが、王朝が変われども中国が「チャイナ」と呼ばれる理由は、ひとえに最初の統一王朝が秦であったからにほかならない。皮肉なことであるが、非漢民族の国名が中国の呼称になっているのだ。

しかも、東アジアの広大な地域が「シン」と呼ばれていたことは、意外に古くから西アジアにも聞こえていたらしく、『旧約聖書』の中には、こんな記述がある。
「見よ、遠くから来る。見よ、人々が北から、西から、またシニムの地から来る」（「イザヤ書」第49章12節）
ここに記された「シニム」とは「シン」、すなわち中国の秦のことではないかという指摘がある。はっきり断言できるだけの検証はされてはいないのだが、そう信じる人はユダヤ人に限らず少なくない。余談だが、秘密結社フリーメーソンの上海ロッジの名称は「シニム・ロッジ」である。
だが、これを書いた預言者イザヤは南朝ユダ王国のユダヤ人で、紀元前8世紀の預言者である。当時、中国は春秋時代。秦はようやく諸侯として認められようとしているころで、中国全土を代表する存在にはな

⬆シニムに言及した預言者イザヤ。

っていない。

もっとも、最近の聖書学では、「イザヤ書」を書いた人物は少なくとも3人いることが示唆されており、それぞれ第1イザヤ、第2イザヤ、第3イザヤなどと呼ばれている。このうち第3イザヤは紀元前5世紀ごろの人物とされている。紀元前5世紀というと、春秋時代の後期で、秦が台頭してくるころである。シルクロードの玄関口に位置していた秦の名が西アジアの人々に知られていた可能性は十分あるだろう。秦をもって、中国全土の代名詞としていたのかもしれない。

さらに、もうひとつ。問題の箇所は未来預言である。将来、失われたイスラエル10支族が姿を現し、回復されることを予言しているのである。逆説的にいえば、それまで失われたイスラエル10支族はシニムの地にいる。ユーフラテス川の向こう、アジアに拡散した失われたイスラエル10支族が中国にまで至ったことは十分見越していたはず。実際、羌族が失われたイスラエル10支族の末裔であることが判明していることを考えると、まさにこのシニムは秦と考えていいのではないだろうか。

超自然的な能力や絶対神からの預言という要素は別にして、こうした文書が残された背景には、当時、西アジアに中国の存在が知られており、それがシニム＝秦と認識されていたことがある。その情報の担い手が失われたイスラエル10支族であったとすれば、すべて筋が通ってくる。

シルクロードの謎の国ヤマト

西アジアと中国を結ぶのがシルクロードの中継点、西域である。今でこそ天山山脈のあたりは砂漠地帯になっているが、かつては緑に覆われたオアシス地帯で、数多くの国家が栄えていた。そのなかに「ヤマト」という国があった。

ユダヤ人の歴史研究家ヨセフ・アイデルバーグは、このヤマトという言葉はヘブライ語で「神の民」を意味する「ヤマトゥ」のことで、古代イスラエルの国家ではないかと指摘。そこからシルクロードを移動し、日本列島に渡来して打ち立てた王朝が大和に違いないと主張した。アイデルバーグによれば、古代天皇家は失われたイスラエル10支族であるという。

興味深いのは、このヤマトのすぐ近におそらくは同じ国だったであろう「弓月王国《クルジャ》」が存在したことだ。『日本書紀』によると、朝鮮半島から秦氏一族を引き連れてきた首長の名前を「弓月王《ゆづきのきみ》（弓月君）」と称したとある。弓月王の故郷が弓月王国ならば、彼が率いてきた秦氏たちもそこに住んでいたはずだ。

しかも先述したように、景教博士の佐伯好郎博士は秦氏をユダヤ人と見ていた。佐伯博士は晩年、秦氏が景教徒であることを否定し、実際はもっと古い原始キリスト教徒であると自らの

⬆景教博士と呼ばれた佐伯好郎博士。秦氏が原始キリスト教徒であると説いた。

説を修正した。筆者はこの説を踏襲し、彼らの正体が紀元1世紀、聖地エルサレムから忽然と消えたエルサレム教団のユダヤ人原始キリスト教徒たちであることを主張してきた。

詳しくはネオ・パラダイムASKAシリーズの既刊を参照してほしいが、もしそれが正しければ、まさにヤマトこそ失われたイスラエル10支族とユダヤ人原始キリスト教徒、そしてアケメネス朝ペルシアから流れてきたユダヤ人の集合地点だったのではないだろうか。「秦」をキーワードにまとめると、こうなる。

後に「大秦＝古代ローマ帝国」の属国となる「大秦＝ユダヤ～南朝ユダ王国」からバビロン捕囚の解放後もそのまま「大秦＝アケメネス朝ペルシア」にとどまり、そこから「大秦＝バクトリア」、弓月王の「ヤマト」を経て、中国の「秦」、そして秦始皇帝の「秦帝国」へとユダヤ人は流れてきた。一部は朝鮮半島へと移動して「秦韓」を建国した後、日本列島へ渡来して秦氏と称し、九州の「秦王国」を築いた。

さらに、もうひとつ。秦帝国から日本へとやってきた一団がいる。徐福《じょふく》である。八咫烏《やたがらす》の言葉を信じれば、徐福が率いてきた童男童女と技術者たちは物部氏《もののべし》となった。物部神道がユダヤ教であり、物部氏がユダヤ人だったとすれば、当然ながら秦始皇帝はもちろん、徐福もまたユダヤ人であったに違いない。しかも、たんなるユダヤ人ではなかったはずである。次章では、いよいよ彼らの正体に迫っていく。

第8章

秦始皇帝は
ユダヤ人だった!!

秦帝国のユダヤ人

はたしてユダヤ人は、いつごろ中国へとやってきたのか。『史記《しき》』などの文献を見る限り、そこにユダヤ人とおぼしき人物や集団は見当たらない。頼りになるのは伝承ということになるのだが、たとえば851年に発刊された『インドと中国を旅行したふたりのイスラム教徒の記録』によると、ユダヤ人ははるか古代から移住しており、また中国系ユダヤ人の話によると、紀元前206年から前221年ごろにまで遡るという。これが正しければ、秦始皇帝《しんのしこうてい》の時代ということになるのだが、残念ながら裏づけとなる証拠がない。

紀元後の後漢《ごかん》の時代になると、明らかにユダヤ人と思われる彫像などが発見され、その痕跡を知ることができるのだが、今のところ、明確な形でのユダヤ人の痕跡は発見されておらず、また当局から発表されたという記録もない。

しかしながら、物的証拠が見つからないからといって、ユダヤ人が中国にやってきていないということにはならない。ユダヤ教のラビ、マービン・トケイヤーは著書『ユダヤと日本　謎の古代史』(産能大学出版)において、古くからシルクロードの商人はユダヤ人が占めてきていたと指摘。ヨーロッパへ絹を運ぶハイウェイをユダヤ商人が独占してきたと断言し、こう述べている。

「絹の貿易商人と絹を加工する職能技術者のすべてはユダヤ人だったのである。二千五百年前のことである」(『ユダヤと日本　謎の古代史』産能大学出版)

また、トケイヤーは独自の史料から、少なくとも前漢の時代にすでに中国には数多くのユダヤ人が来ていたことを指摘する。

「古代中国においては、紀元前三世紀から西暦三世紀にわたる漢王朝において、すでに中国各地にユダヤ人の居留地があったことが、古代の石碑に刻まれた記述から判明している」(『ユダヤと日本　謎の古代史』産能大学出版)

この金石文といえる石碑については、具体的な名称や出土場所が記されていないので定かではないが、これは中国研究家の高木桂蔵氏が指摘する洛陽で発見された3つのヘブライ語石碑の破片ではないかと思われる。

「年代を確定できるものとしては、フランス人神父ゲオルゲ・プレボスが、一九二六年に洛陽で三つのヘブライ語石碑の破片を見ており、これが『東漢』（後漢）の時代ものである、ということである。その碑片の実物が現在失われている」（「中国のユダヤ人」高木桂蔵著）

実物がないため、確固たることはいえないものの、紀元1世紀ごろの中国にユダヤ人がいたらしい。歴史学者の三上次男氏が指摘するように、紀元前5～前4世紀の中国が一般に思われている以上に活発な東西交流が行われ、西域の文化が流入していたことを考えると、ユダヤ人が往来していた可能性は十分あるといえよう。

秦始皇帝の容貌

前章で見たように、古代中国の秦は純粋な漢民族の国家ではなかった。すぐ隣に西戎《せいじゅう》といった異民族が盤踞し、秦の人々もまた彼らと同じような遊牧民の要素をもっていたことから、広い意味での羌《きょう》族であると指摘されている。中華思想が反映された『史記』の記述からして、秦が非漢民族の国家であったことはほぼ断言していい。

そもそも中国人のマジョリティが漢民族を自称していること自体、それ以前の秦帝国と一線を画していることは明らかだ。秦が非漢民族の国家であるならば、その王家の血を引く秦始皇帝もまた純粋な漢民族ではなかったはずである。『史記』のなかで、兵法家であった尉繚《うつりょう》は秦始皇帝の容貌をこう記している。

「秦王の人となりは、鼻が高くて蜂のような恰好、切れ長の目、猛禽のように突き出た胸、豺《さい》のような声で、恩恵は少なくて虎狼のような心だ」

（『史記』）

↑『史記』に、その容貌を「鼻が高く、切れ長の目」と表現されている秦始皇帝《しんのしこうてい》の像。

素人目にも悪意のある表現だ。漢王朝を正当化する意味で、前の王朝を否定すること以上に、ここには異民族に対する嫌悪感にも似た感情が滲《にじ》みでている。はたして、これがどこまで信用できるのか疑問ではあるが、それらを差し引いても、秦始皇帝の容貌は尋常ではない。鼻が低く、一重まぶたの多い漢民族からすると、明らかに異民族の特徴を示している。とくに鼻が高いと真っ先に指摘しているあたり、特徴的な鷲鼻をもってカリカチュアされるユダヤ人を想起させるには十分である。

長い髭に鉤鼻、もしくは鷲鼻は、ユダヤ人をイラストで揶揄する際、とくにデフォルメされて描かれる。黒い帽子に黒い服、長い髭に鷲鼻の外国人の絵を見たなら、多くの人はとっさにユダヤ人を連想するだろう。実際のところ、ひと口にユダヤ人といっても、こうしたステレオタイプ化された容貌をもつ人々は東欧系の一部であって、大多数のユダヤ人には当てはまらないのだが、同じく悪意のあるイメージをもって描写された秦始皇帝が高い鼻を指摘されているのは偶然だろうか。

秦始皇帝＝ユダヤ人説

非漢民族である秦始皇帝が、実はユダヤ人だったという噂は、かなり昔からまことしやかにささやきつづけられてきた。

しかし、中国の文献『史記』から秦始皇帝がユダヤ人と特定するだけの情報は、鼻が高いという以外には見当たらない。世に出回っている書籍や史料を見る限り、秦始皇帝がユダヤ人だとする説には大きくふたつの根拠がある。

まず、ひとつ。それまでの中国文化とはまったく違う帝国をつくりあげたことから漢民族ではなく、文化圏の異なる西域の人間であるという指摘があり、ここからシルクロードの貿易の担い手を考えた場合、ユダヤ人ではないかとする説だ。マーヴィン・トケイヤーも含めて、秦始皇帝がユダヤ人だと指摘する説の多くはこうした論法を取っている。

もうひとつは、秦氏＝ユダヤ人説に基づくもの。これは佐伯好郎博士の秦氏＝ユダヤ人景教徒説、もしくは秦氏＝ユダヤ人原始キリスト教徒説を前提とし、秦氏が自らの祖先を秦始皇帝と主張していることから、遡って秦始皇帝もまた、きっとユダヤ人の血を引いているに違いないと考える。

秦氏が紀元後に成立したキリスト教に改宗したのは、もともと彼らがユダヤ教徒であり、民族的な血統はユダヤ人であったからだと多くの研究家は指摘する。

最終的な結論は、秦始皇帝陵墓に埋葬された秦始皇帝の骨を発掘し、それを遺伝子検査するまで出ないだろうが、状況証拠は確かにそろっている。日本に渡来してきた秦氏の中に秦始皇帝の子孫が含まれていた可能性がゼロではないことから、秦始皇帝がユダヤ人であったことは十分考えられる。

しかも、秦始皇帝に限っていえば、どうも出自が怪しい。彼は先代の秦王、荘襄王《そうじょうおう》の子供ではないという噂が根強くあるのだ。

秦始皇帝の父親は呂不韋か⁉

表向き、秦始皇帝は荘襄王の息子であるといわれる。系図でもそうなっている。ところが、秦始皇帝の事績を伝える『史記《ちょうき》』によると、実際はどうもそうではないらしい。というのも、父親である荘襄王の妃は趙姫といい、もともと宰相となった呂不韋《りょふい》の愛人だったのだ。

商才に長けた呂不韋は趙の人質となっていた子楚《しそ》に目をつけ、さまざまな工作を行ってついには太子にまでさせる。呂不韋の思惑通り、子楚は荘襄王として即位するのだが、ひとつだけ誤算があった。子楚は美しい呂不韋の愛人、趙姫をみそめてしまうのだ。最初はしぶった呂不韋であったが、自らの野望のためやむなく趙姫を差しだした。このとき、すでに趙姫は呂不韋の子供を身ごもっていたという。

その趙姫が荘襄王の妃となって産んだのが政《せい》、すなわち後の秦始皇帝なのだ。一説には、王妃となった後も趙姫は呂不韋と密会していたともいう。真実は不明ながらも、明らかに『史記』の「呂不韋列伝」では秦始皇帝が呂不韋の子供であるとしている。しかも『史記』の「秦始皇帝本紀」には秦始皇帝のことを「呂政」と表記している部分がある。同時代の記録ではないにせよ、当時、秦始皇帝の父が呂不韋であるという噂があったことは間違いない。

もっとも「秦始皇帝本紀」には直接的に秦始皇帝が呂不韋の子供であるという記述はなく、

実際は、子楚が呂不韋の愛人である趙姫をはらませてしまったゆえ、やむなく妃に迎えたのではないかという好意的な解釈をする歴史家もいる。

いずれにせよ、もし噂が本当だとすれば、これは秦始皇帝の血統に関わる問題である。仮に本当の父親が『史記』がいうように呂不韋だったとすればどうなるか。先述したように、呂不韋は商人であった。マーヴィン・トケイヤーがいうように、シルクロードの貿易がユダヤ人の独占状態であったとすれば、当然ながら呂不韋もまたユダヤ人であった可能性が出てくる。

歴史研究家の鹿島昇氏は呂不韋という名前の音が「レヴィ」とも解釈できることから、彼は祭祀レビ族のイスラエル人だったのではないかと指摘する。また「ロフィ」と日本語的に発音すれば、ヘブライ語で癒し手を意味する「ロフィ」の意味にもなる。

さらに、重要なのは呂不韋は漢民族ではなかっ

⬆秦始皇帝の母である趙姫《ちょうき》。

たという事実である。彼は羌族だった。羌族は失われたイスラエル10支族である。もし、秦始皇帝の父が呂不韋ならば、彼もまた羌族の血を引く者であり、失われたイスラエル10支族の末裔だったことになる。

はたして秦始皇帝がユダヤ人であるのかどうかについては決定的なことはいえないものの、秦王家が羌族の流れを汲んでいることと、実父の可能性がある呂不韋もまた羌族であったことから考えて、少なくともイスラエル人の血を引いていることはどうも間違いなさそうである。

徐福もユダヤ人か

秦始皇帝がユダヤ人、もしくは失われたイスラエル10支族の血を引いていたとすると、気になるのは徐福《じょふく》である。前章で見たように、秦始皇帝と徐福は同族であった。徐福の祖先、徐氏の始祖は秦始皇帝の祖先と同じく嬴氏《えいし》であった。

嬴という姓は舜帝《しゅんてい》から伯翳《はくえい》が賜ったものとされるが、これは漢民族が中原《ちゅうげん》の覇権を握った後に体系化された中国神話によるものである。漢民族は自らの血統の正統性を主張するために自らの始祖を象徴的に黄帝《こうてい》という名で呼び、神話のなかで最高位の存在に仕立てあげた。その際、非漢民族は直系ではなく、あくまでも傍系という形で出自を黄帝に結びつけたのだ。したがって、秦始皇帝及び秦王家のルーツが黄帝であり、漢民族と同祖であると考える必要はない。

第6章で見たように、歴史的に嬴氏という姓は紀元前10世紀末、周の孝王《こうおう》から非子《ひし》が与えられたものであるとされる。非子が遊牧民の性格をもち、広い意味で羌族であったことは先に見た通りである。

当時はまだ失われたイスラエル10支族は存在しなかった。彼らが東アジアに来て羌族と同化するのは、おそらく紀元前5世紀ごろであろう。羌族とイスラエル人の同化の過程にはまだ不明な点が多い。イスラエルの調査機関、アミシャーブの報告では、羌族が失われたイスラエル10支族の文化を保持している。最新の遺伝子の調査でも、日本人を含めてイスラエル人と非常に近い染色体を持っていることがわかっている。

しかし、羌族の歴史は失われたイスラエル10支族よりもはるかに古く、パレスチナに古代イスラエル王国が誕生するはるか以前に遡る。これは今後の課題ではあるが、ひょっとすると羌族はアブラハムの時代に東へと移動したヘブライ人の一派なのかもしれない。

いずれにしても徐福が嬴氏であるということは、彼もまた漢民族ではなかった。同じ嬴氏の末裔であることを秦始皇帝が知っていたとすれば、徐福を特別扱いし、東海へ不老不死の仙薬を求めさせたことも理解できる。

では、もし仮に秦始皇帝がユダヤ人ないしは失われたイスラエル10支族であったとすれば、どうか。同じ嬴氏であった徐福もまたイスラエル人の血を引いていた可能性はないだろうか。

徐福は『史記』のなかで徐市とも表記される。あくまでも日本語的に発音した場合ではあるが、これらは「ジョフツ」と読める。ジョフツという名前は、どこかジョセフと似た響きがある。ジョセフとは、ヘブライ語でヨセフのことである。中国語から日本語、英語、ヘブライ語と、あくまでも強引な語呂合わせではあるが、これをもって徐福をユダヤ人だと主張する研究家も事実いる。言語学的な問題を度外視して、あくまでも言霊という神秘思想からすれば、これらの類似性も意味あることとして評価はできようが、さすがに歴史学の土俵では相手にされないだろう。

しかし、徐福は方士であった。方士は原始的な道教の呪術師のこと。道教の思想が極めてユダヤ教に近いことはかねてから学者に指摘されてきた。表向き、道教は多神教ではあるものの最高位の神を天とし、その意思にかなった者が天子であり、中国全土を統治するにふさわしい徳を備えた皇帝であると位置づける。天と人の絶対的な主従関係は、まさにユダヤ教の絶対神ヤハウェとイスラエル人の関係そのものなのだ。

イスラエル人の血を引いていた秦始皇帝が絶対的な君主として中国全土を統一し、最初の皇帝と名乗ったのも、その背景にはユダヤ教の影響があったのではないか。漢王朝が自らの正統性を強調するために前王朝の始祖を悪人、暴君として吹聴し、それをもとにして『史記』が書かれたとすれば、本来の秦始皇帝の姿はまったく違うのかもしれない。暴君というよりは天の意思のもとに中国を統治したとすれば、それはまさにイスラエルの王ダビデやソロモンを思わせる。

仮に秦始皇帝がイスラエルの大王と同格だとすれば、その彼が選び、不老不死の仙薬を求めさせた徐福もまた天＝絶対神ヤハウェの言葉を授かった預言者だったのではないだろうか。実はその痕跡が徐福伝説には残されている。

徐福とユダヤ教神秘主義カッバーラ

徐福は斉《せい》の人間であった。統一以前、斉は秦と並んで双璧をなした戦国時代の雄であった。帝王と名乗ったのも斉と秦の王だけである。秦が中国の西端に位置するのに対して、斉は東の端に位置した。大陸の極東ともいうべき地理であるが、近年、斉のあった山東《さんとう》半島付近の遺跡からはアーリア人や中央アジアの遺伝子をもつ人骨が発見されており、かなり古くから西域の人々が居住していたことが判明しつつある。

第6章でも紹介した三上次男氏の言葉にもあったように、斉の古代瓦には樹木のシンボルが描かれている。これは図像的に「生命の樹」と呼ばれるものである。三上氏は「生命の木」と呼び、これがペルシアから伝来したものであると述べている。厳密にいうと、「生命の樹」の

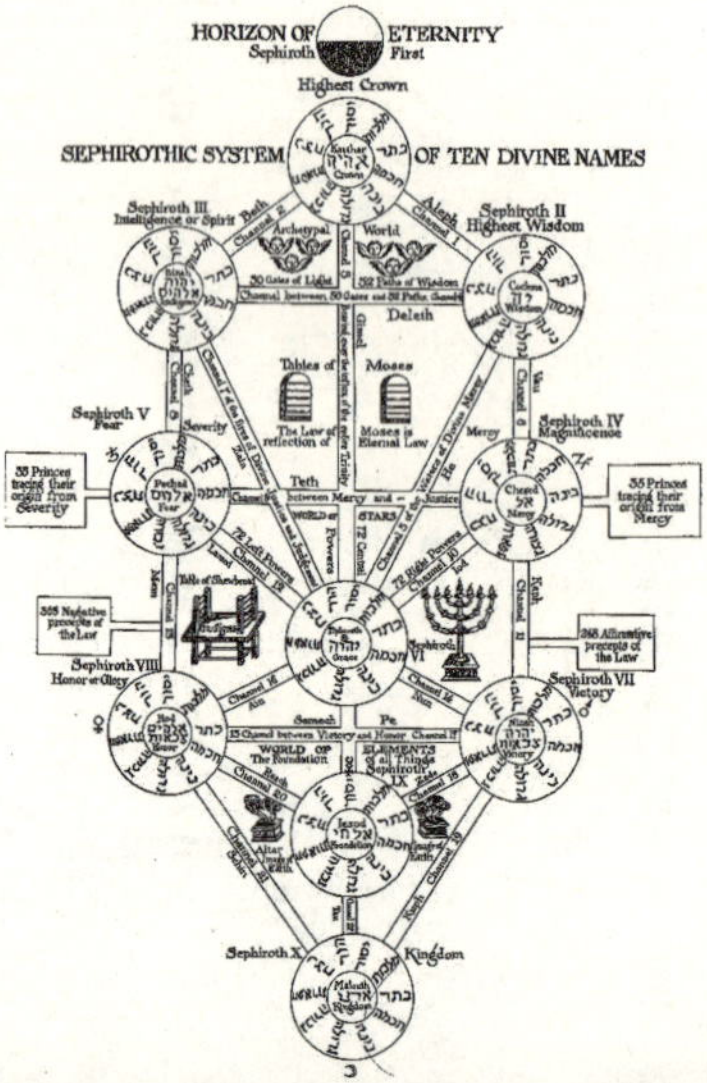

↑（上）カッバーラの奥義である生命の樹の図形。
（下）ユダヤ教のシンボルとして知られるメノラー。

シンボルは中国でも文明の発祥とともに見受けられるのだが、ここでいう「生命の樹」は枝が1本ずつ両脇にシンメトリーに伸びた図像で、ユダヤ教のシンボルとして知られる七枝の燭台「メノラー」に似ている。

メノラーはユダヤ教における「生命の樹」で、ユダヤ教神秘主義「カッバーラ（カバラ）」の秘教的象徴である。メノラーがあるということは、古代中国にユダヤ人が来ていたことを裏づける。おそらく徐福も、方士という立場から考えて、日常的に「生命の樹」であるメノラーを目にしていたことだろう。

⬆カッバーラの絶対三神を表す３本の柱。

カッバーラにおける「生命の樹」のスタンダードは基本的に三本柱構造を取り、隠されたものを含めて全部で11個の球体と22本の小径で描かれる。ユダヤ教における絶対神はひとりであるが、密教であるカッバーラでは絶対神は3人いると説く。3本の柱はその絶対三神を象徴しているのだ。

カッバーラでは、さまざまな意匠をもって象徴とするゆえ、絶対三神は三本柱のほかに3つの玉であったり、3羽の鳥、3つの星などに描かれる。ひるがえって、『史記』に記された徐福の記述を見ると、そこに3つの山、すなわち「三神山」が登場する。三神山とは仙人が住むという東海の島、すなわち蓬莱《ほうらい》、方丈《ほうじょう》、瀛州《えいしゅう》のこと。このうち、徐福は不老不死の仙薬を蓬莱山に求めた。

もちろん、実際に徐福が大船団を組んで航海したことは事実であろうが、このエピソードはもうひとつ秘教的な解釈をすることができる。カッバーラという視点から見れば、三神山を目指したとは、「生命の樹」を目指したことを意味する。彼が求めた不老不死の仙薬とは、「生命の樹」に象徴されるカッバーラの奥義を解き明かした者が得るという永遠の生命を指していると解釈できる。

そもそも、三神山とは幻の島である。仙人が住む世界ということは、その時点で現実の世界の話ではない。秦始皇帝が求め、徐福が捜した不老不死の仙薬とは、永遠の生命をもたらすカッバーラの叡智の象徴だった。そう考えれば、これまでとはまったく違う徐福伝説が見えてくる。

徐福はユダヤ人預言者だった‼

ここからは筆者の想像である。

徐福は方士としてカッバーラを知っていた。カッバーラを知っていたからこそ、不老不死の仙薬が何かをわかっていた。それは霊芝《れいし》や薬草、水銀、はては未知なる秘薬ではなく、カッバーラの叡智だった。

イスラエル人の血を引き、絶対神の預言者でもあった秦始皇帝もまたそのことを知っていた。「生命の樹」として象徴されるカッバーラの奥義を求めて、同じ血をもつ同族の方士、徐福に白羽の矢を立てた。およそカッバーラを知る者でしか理解できない言葉のやりとりに周囲の者は文字通りの不老不死の仙薬があるものと思い、それを秦始皇帝が所望したと勘違いし、それが後に『史記』に記されることになる。

重大な使命を帯びた徐福は、かねてからカッバーラの「生命の樹」に擬せられる東海の三神山に船出する。三神山とはいうまでもなく日本列島である。日本は三神山と称せられるように、カッバーラの奥義が隠されていた。中国で仙人と呼ばれる預言者がいたのである。永遠の生命をもたらすカッバーラの奥義を手にするために、徐福は日本の預言者のもとへ向かったのだ。

しかし、1回目の航海は失敗に終わった。手ぶらで帰ってきた徐福を見たとき、人々は秦始皇帝を騙した詐欺師であると噂した。が、秦始皇帝にはわかっていた。カッバーラの奥義は、そう簡単に手にすることなどできない。事情を聞いた秦始皇帝は、徐福にもう一度チャンスを与えた。周りの人間からすれば、おそらく秦始皇帝の判断が理解できなかったはずだ。なぜ打ち首にしないのか。それほどまでに不老不死の仙薬がほしいのかと大衆は噂したに違いない。

だが、カッバーラの視点で『史記』に記された徐福の報告を読むと、実にスリリングな内容であることがわかる。徐福は蓬莱山に近づき、そこで仙人である海神と出会い、会話を交わしている。海神が絶対神の預言者だと解釈すれば、その姿が龍神のようだったという表現も理解できる。カッバーラの「生命の樹」には青銅の蛇、もしくは龍が絡みついているからだ。

また、徐福が見せられた輝く宮殿とは『聖書』でいう楽園、神の御国であると解釈できる。神の御国に入るには、子供のような心でなくてはならない。これを具体的に表現したのが、童男童女だったのである。それに技術者が同行したのは、地上における神の御国は建設するものであったからだ。カッバーラにおいては、聖なる者が建築者や大工として表現されることがある。イエス・キリストの職業が大工であり、カッバーラを根幹に据える秘密結社フリーメーソンが自由の石工を意味するのは、このためだ。

結局、秦始皇帝はカッバーラの叡智を手にすることなくこの世を去るが、彼は最初からわかっていたのではないだろうか。カッバーラの奥義は最終的に鏡像反転といって、物事をさかさまにすることが求められる。「生命の樹」の図像では上下、もしくは左右が反転した形で示されるが、秦始皇帝の場合、求めているといいながら実は与えていたのかもしれない。逆説的ではあるが、徐福が蓬莱山、すなわち日本で神の御国を築くことを秦始皇帝が願っていたというのは考えすぎだろうか。つまり、徐福は秦始皇帝から密命を帯びて日本に王国を築いたのである。

突飛な仮説であるとは十分承知しているが、漢波羅《かんばら》秘密組織「八咫烏《やたがらす》」の言葉を思えば、そうとしか考えられない。徐福に率いられてきた童男童女、そして技術者たちは日本に渡来し、古代豪族「物部氏《もののべし》」となった。彼らは唯一絶対神を奉じる物部神道をもたらしたユダヤ人だというのだ。その意味で、徐福はまさに絶対神の声に聞き従ったユダヤ人預言者だったのである。

第9章

物部氏となった徐福集団と邪馬台国

縄文・弥生人と環太平洋文化圏

これまで、ネオ・パラダイムASKAシリーズでは、古代日本とユダヤの関係を比較的新しいテーマから考察し、順次紹介してきた。この章では、あらためて過去から現代へと時系列に沿って整理してみたいと思う。

まず、歴史の教科書では日本のはじまりを旧石器時代に求めるが、筆者はこれについて強い疑問を抱いている。三ヶ日《みっかび》原人をはじめとする原人の骨は、みな縄文時代の人骨であることが判明しているのに加え、旧石器に関しては有名な捏造事件が発覚した。この一件で、日本中の旧石器遺跡が見直しを迫られ、沖縄以外の遺跡のほとんどは疑問視されているのが実情だ。原人に関しては、化石人類の問題を含めてあらためて論じたいと思うが、結論からいえば日本に旧石器時代はなかったといっていい。

日本列島における人類の歴史は縄文時代から始まる。ヴュルム氷期が終わった約1万2000年前から始まり、紀元前500年ごろまで縄文時代は続いたとされる。もっとも、東北地方ではその後も続縄文と呼ばれる時代が平安時代まで続いていた。

一般に縄文時代が終わると、代わって弥生時代を迎えたと説明される。大陸から稲作をもたらした人々が大量に渡来し、江南《こうなん》地方の文化を持ち込んだ。過剰なまでの装飾に彩られた縄文土器に比べて弥生式土器は模様が少なく、高温で焼いた薄手の壺や容器が作られた。

しかし、最近では弥生時代の年代が大きく遡り、紀元前1000年ごろに始まったとする論文が発表され、縄文時代との関係が見直されつつある。弥生時代の開始が約500年も遡ったことにより、縄文人と弥生人が同時に存在した可能性が高くなったのだ。これは筆者がかねてから主張してきた仮説をある意味、裏づけるデータである。

というのも、縄文と弥生とはそもそも土器によって分類した文化の違いであり、年代の違いを示すものではない。ましてや縄文人が進化して弥生人になったわけではない。古代日本列島には、縄文文化圏と弥生文化圏が同時に存在したのである。ごくごく大雑把にいえば、フォッサマグナを境として東日本は縄文文化圏、西日本は弥生文化圏で、それぞれ縄文人と弥生人が住んでいたのである。

民族的なことをいえば、縄文人は主にアイヌとエスキモー（イヌイット）から成り、弥生人は熊襲《くまそ》と琉球民族から成っていた。いずれも日本列島における先住民であり、その文化は今でもアイヌ文化や琉球文化として面影を見ることができる。

しかしイヌイットは別にして、アイヌと琉球民族の形質は非常に近い。体毛が濃く、顔の彫りも深い。言語や風俗風習、伝承も非常に近いものがあり、遠い昔には同じ民族であったことが推察される。

⬆アイヌと遺伝子的に近いカナダの先住民。

だが、アイヌと琉球民族の血は、国境のなかった古代にあっては、けっして日本列島だけにとどまるものではない。アイヌに関しては、太平洋の向こう、カナダの先住民トリンギット族と遺伝子的に非常に近く、九州の熊襲に関しては、遠く南米のインカ人と遺伝子がほぼ一致する。

太平洋の両岸で同じ遺伝子をもった人類がいるということは、当然ながら、間のポリネシアやミクロネシア、メラネシアといった太平洋諸島の人々とも遺伝子的に近いことを暗示しており、実際、アイヌや琉球民族の言語がオーストロネシア語という南方系の言語であることがわかっている。

つまり、日本列島の先住民であるアイヌや琉球民族は環太平洋文化圏もしくは汎《はん》太平洋文化圏に属するモンゴロイドなのである。

インディアンは失われたイスラエル10支族だった

南北アメリカ大陸の先住民は比較的、均質な形質をもつ。インディアンやインディオと呼ばれるネイティブアメリカンは一般にヴュルム氷期のころ、氷結していたベーリング海峡を渡ってユーラシア大陸からやってきたと考えられている。が、南米の古代遺跡に残された人糞を調べると、そこにズビニ鉤虫《こうちゅう》が存在することがわかった。ズビニ鉤虫は寄生虫の一種で、卵が含まれた人糞が肥料として使われた際、そこで育った作物に幼虫が付着。その野菜を生で食べると、再び人体で成長するというライフサイクルをもつ。

しかし、このズビニ鉤虫、いたって低温に弱い。氷結したベーリング海峡を越えることができないのである。ために、ユーラシア大陸からインディアンたちの祖先が北極圏を経由してアメリカ大陸にやってきたとする学説が疑問視されている。エスキモーなどが北極圏を経て北米にやってきたことは事実だろうが、少なくともインディアン、インディオたちは直接、海を越えてユーラシア大陸からやってきたらしいのだ。

彼らは豊富な神話や伝承をもっているが、なかでも最も古い伝承を今に残すのが北米インディアンのひとつ、ホピ族である。アリゾナの荒れ野、メサと呼ばれる台地に住むホピ族は最古のインディアンとして知られ、南米のインカ系のインディオや中米のマヤ族などがどのように

⬆イスラエルの教育文化省の長官であったアビグドール・シャハン氏と筆者。

して移動したのかを詳細に語る。

現在、北米インディアンの言語は200、南米インディオは450ほどの言語を話しているとされる。中米ではアステカ語やマヤ語が話されているが、これらは大きくユト・アステカ語として分類される。最古のインディアンであるホピ族はこのユト・アステカ語を話しているのだが、興味深いことに、これが古代ヘブライ語と非常に似ていることが近年、判明した。

言語学者のピエール・アグリニエやブライアン・スタッブズらによると、ユト・アステカ語とヘブライ語の間には音韻の近い言葉があるのみならず、音韻変化には一定の法則が存在するという。単語が似ているだけではたんなる語呂合わせか偶然の一致で片づけられても仕方がないのだが、音律の対応は使用された言語の転訛をたどることができるという意味で非常に重要なのだ。

もし仮にユト・アステカ語のルーツが古代ヘブライ語にあるとすれば、当然ながら、インディアンやインディオたちのルーツがヘブライ人、すなわち古代イスラエル人であった可能性が出てくる。よく誤解されるが、ユダヤ人を含めイスラエル人はもともと民族的に白人ではない。セム系の民族である。アラブ人を含め、アジアのモンゴロイドと同じ人種なのである。

イスラエルの全大学の監督官であり、教育文化省の長官であったアビグドール・シャハンによると、南北アメリカ大陸に失われたイスラエル10支族がやってきていたことはほぼ間違いなく、アステカやマヤなどのピラミッド型神殿は、もともと古代イスラエルの神殿とまったく同じものであると主張する。

縄文・弥生人はイスラエル人だった

南北アメリカ大陸のインディアンやインディオは古代イスラエル人の血を引く。だとすれば、だ。当然ながら、同じ環太平洋文化圏に属し、遺伝子的に同じ人種であるアイヌや琉球民族もまた、古代イスラエル人の末裔である。縄文人と弥生人はその文化からは想像もつかないが、実は契約の民だったのである。

イスラエル人がいるところには、必ず預言者がいる。霊能者や巫女《みこ》、シャーマンと呼ばれる人々のなかには、絶対神ヤハウェの言葉を預かる者がいるのだ。縄文文化圏と弥生文化圏と、ふたつに分かれてはいるものの、そこには預言者がいたはずだ。

縄文文化を今に受け継ぐアイヌの奥の院には、女性のシャーマンだけから成る秘密組織がある。同様に、弥生文化を継承する沖縄の琉球民族にはユタやノロ、そしてカミンチュがおり、かつて聞得大君《きこえのおおきみ》という女性の祭祀王がいた。おそらく邪馬台国《やまたいこく》の卑弥呼《ひみこ》もまたそうしたシャーマンであり、預言者だったに違いない。

極東の海に浮かぶ日本列島には、そのような預言者が統治するクニがあった。非常に神聖でスピリチュアルな社会があったのだ。古代の神国日本の噂は、遠く中国大陸にまで聞こえていたに違いない。仙人が住むという東海の三神山の伝説は、まさにそれを如実に物語っているといえよう。

『論語』で有名な孔子《こうし》は当時の中国にあって、あまりにも民衆が道徳から遠く離れていることを嘆いて、いっそのこと東海の神仙界に行きたいと語っていたという。孔子もまた、預言者が統治する古代日本のことを聞き及んでいたのだ。

だからこそ、徐福《じょふく》は三神山を目指したのである。徐福がユダヤ人の血を引くならなおさらである。同族である秦始皇帝《しんのしこうてい》も、その体に流れるイスラエルの血が徐福を神聖なる日本へと向かわせたのだろう。彼らがともに絶対神ヤハウェの預言者であったとすれば、すべてがきれいな一本の糸でつながってくる。

ユダヤ人徐福の渡来と籠神社

日本列島が縄文文化と弥生文化を育んでいた紀元前3世紀、中国大陸から渡来人がやってくる。なかでも大量の民を引き連れてやってきたのがほかでもない、ユダヤ人徐福である。徐福は、同じくユダヤ人の血を引く童男童女と技術者を率いて日本列島へと集団渡来してきた。彼らはアケメネス朝ペルシアから東漸し、秦帝国へとやってきた亡命ユダヤ人たちの子孫である。

徐福の秘密を握る漢波羅《かんばら》秘密組織「八咫烏《やたがらす》」は、2009年1月の東京における会談において、実は重要なことを飛鳥昭雄に告げていた。物部氏《もののべし》の正体が徐福集団であることと同時に、彼らの上陸地点が2か所あったというのだ。

『史記《しき》』が記すように、徐福は最初の航海の際、不老不死の仙薬を手に入れることができずに手ぶらで帰ってきた。注意したいのは、徐福が率いていたはずの人々に対する記述がないという点である。もちろん、たったひとりで帰国はできないだろうからある程度の人数はいたであろうが、帰ってきたのは意外に一隻の船だけだったのかもしれない。残りの船に乗っていた人々はどこへ行ったのか。船が難破したのではないとすれば、東海の蓬萊山《ほうらいさん》、すなわち日本列

⬆籠《この》神社の奥の宮の真名井《まない》神社の境内にある磐座《いわくら》。

島にとどまったのではないか。

八咫烏はまさにその通りであると証言する。最初の航海で徐福集団がやってきたのは若狭《わかさ》湾であったというのだ。若狭湾には天然の良港があるほか、何よりも元伊勢籠《この》神社が鎮座する。徐福らがやってきたとき、すでに籠神社は存在したのか。神社という形態ではなかったにせよ、古代の神域であったことは間違いない。奥の宮、真名井《まない》神社の境内にある古代の磐座《いわくら》はそれを裏づける。

『史記』では、最初の航海の際、徐福は三神山の仙人と出会っている。海神とも記されていることから考えて、海神を奉じる祭司もしくはシャーマンだった可能性がある。西日本は弥生文化圏であるから、琉球民族もしくは熊襲系の弥生人にしてイスラエル人預言者と徐福は会っていたとも解釈できる。

徐福もまたユダヤ人預言者だったとすれば、そこに絶対神ヤハウェの託宣が下ったことも考えられなくもない。いずれにせよ、ひとつ確かなのは、7年間という月日の間に徐福集団は丹後《たんご》に拠点を築いたということだ。彼らは聖なる磐座を中心に神殿を建設した。これが後の籠神社となった。

しかも、徐福集団は絶対神ヤハウェを海神として祀った。彼らは祭祀集団として籠神社に仕え、後に「海部氏《あまべし》」と称した。「海部」と書いて「アマ部」と呼ぶのは、大陸からやってきた渡来系の天孫族としての「天部」の意味を込めたからだ。

また、徐福集団の祭司は民族の始祖を「火火出見尊《ほほでみのみこと》」と呼んだ。火火出見尊は後に「天火明命《あめのほあかりのみこと》」とも呼ばれるが、後者の名を掲げたのは海部氏と同族である尾張氏《おわりし》である。三種の神器のひとつ、八咫鏡《やたのかがみ》を祀る伊勢神宮の元伊勢、籠神社に仕えるのが海部氏であるように、同じく草薙剣《くさなぎのつるぎ》を御神体として祀る熱田《あつた》神宮に仕えるのが尾張氏だ。彼らはともに徐福集団のなかでも祭司レビ人の末裔だったに違いない。

2度目の徐福渡来と物部氏

籠神社という拠点をつくった徐福は7年後、いったん秦帝国へと帰国する。秦始皇帝《しんのしこうてい》への報告と次の計画を遂行するためだ。『史記』によれば、蓬萊山の海神は童男童女と技術者を連れてこいと徐福に要求している。徐福が預言者だったとすれば、これは絶対神ヤハウェの預言で

⬆弥生時代の遺跡として知られる吉野ヶ里《よしのがり》遺跡。徐福《じょふく》が２度目に渡来したのはこの地だった可能性がある。

あると同時に、先住民であるイスラエル系弥生人たちの要望だったのかもしれない。彼らは大陸の高度な技術を必要としていたのだろう。

秦始皇帝もまたこれに応えた。徐福が打ち首にならなかったのは、秦始皇帝もまた預言者であり、絶対神ヤハウェの意思を知っていたからだろう。秦始皇帝は理想郷を建設するために、確信的に徐福を再び派遣したのである。

しかし、２度目の航海で徐福が上陸したのは若狭湾ではなかった。八咫烏の証言によれば、童男童女と技術者たちとともに徐福がやってきたのは九州であった。北部九州の西側というから、おそらく長崎か佐賀のあたりだろうか。

ここには有名な弥生時代の遺跡、吉野ヶ里《よしのがり》遺跡がある。稲作などの弥生文化が一気に花開く時期と徐福の渡来時期はぴったりと重なる。しかも、吉野ヶ里遺跡のすぐそばには徐福伝説を今に伝える金立《きんりゅう》神社が存在する。八咫烏の証言からすれば、金立神社の伝承は正しかったことになる。

考古学的に北部九州の弥生文化は筑紫《ちくし》平野を中心に、遠賀《おんが》川流域に展開する。遠賀川流域は、まさに物部氏が密集していた地域である。九州に上陸した徐福の童男童女と技術者たちは、高度な文化をもとに筑紫平野全域に広がり、後に物部氏と呼ばれた。北部九州に形成された徐福の王国こそ、まさに原物部王国だったのだ。

籠神社の海部宮司は、海部氏が物部氏の中の物部氏であると強調する一方で、海部氏と物部氏では格が違うと述べるのは、ここなのだ。海部氏も物部氏もどちらも徐福集団に変わりはないが、渡来時期と上陸地点が違うのだ。

しかも、海部氏は祭司レビ人であるという自負がある。もちろん、物部氏にも祭司レビ人はいただろうが、基本は童男童女と技術者である。神道祭祀においては海部氏が格上だったのだ。おそらく海部氏は祭司レビ人のなかでも、大預言者モーセやアロン直系の大祭司コーヘンの血統であった可能性が高い。

物部氏の東遷と邪馬台国

九州に上陸した徐福集団は「ヤマト」という名前を持ち込んだ。ヤマトとは中央アジアにあったイスラエル人の集合場所と考えられるオアシス国家である。失われたイスラエル10支族のほか、ペルシア経由でやってきたユダヤ人もこの名前を忘れていなかった。なぜなら、ヤマトとはヘブライ語で「神の民」を意味するからだ。

九州には福岡の山門郡や熊本の菊池郡山門など、ヤマトと発音する地名が数多くある。これらのヤマトは、かつてそこに邪馬台国があった証拠であると、邪馬台国＝九州説を支持する学者たちは指摘する。邪馬台国はヤマタイ国ではなく、本来はヤマト国と発音することが言語学的に判明しているからだ。もっとも「ト」については、当てる漢字によって甲音と乙音が使い分けられており、邪馬台と山門では異なる発音だという指摘もあるものの、九州説の学者にいわせれば、転訛の範疇であるという。

だが、籠神社の極秘伝からすれば、邪馬台国があったのは畿内である。九州にあったのは邪馬台国ではなく、原邪馬台国である。原邪馬台国が九州各地のヤマトの地名として残ったのだ。もっといえば、ヤマトとはクニ名ではない。部族の名称といっていい。九州各地にはヤマト族がいたのである。

このヤマト族こそ5世紀に部民制度ができたとき、物部氏と呼ばれることになる徐福集団のユダヤ人だったのである。九州に拠点を築いた物部氏たちは、2世紀ごろに発生した倭国大乱《わこくたいらん》に乗じて畿内へと侵出する。筑紫《ちくし》平野を中心とする北部九州の地名がことごとく畿内に見いだせるのは、物部氏の集団移住を意味する。これらの地名を冠する物部氏たちが大王ニギハヤヒ命にしたがって畿内に降臨したことが『先代旧事本紀《せんだいくじほんぎ》』に詳細に記されている。

こうして畿内に誕生したのが「魏志倭人伝《ぎしわじんでん》」でいう邪馬台国である。邪馬台国とは畿内における物部王国だったのだ。

卑弥呼はユダヤ人預言者だった

畿内の邪馬台国にあっては、かなりの混乱があったことが予想される。畿内における先住民にとって、物部氏は征服民に等しい。大陸仕込みの圧倒的な軍事力をもって侵攻してこなければ、いくら古代であっても、地名がそっくり入れ替わるほどの集団移住は実現できなかったはずである。

いや、軍事力だけでは無理である。軍事力のほかに、周辺の倭人を納得させるだけの権威が必要だったに違いない。古代における権威とは神秘的な力、今日でいう霊能力や超能力だったはずである。これらを持ち合わせていたのが、卑弥呼だった。実際の統治は弟が担い、ひたすら祭祀に没頭し、神々の託宣を下した卑弥呼の存在があってこそ、畿内における邪馬台国は成立しえたのである。

当然ながら、卑弥呼は物部氏である。しかも、ただの物部氏ではない。物部氏の中の物部氏、すなわち海部氏だった。徐福が率いてきたユダヤ人のなかでも、大祭司コーヘンの血を引く祭司レビ人だった。おそらく女性預言者ともいうべき存在だったのだろう。

第5章でも紹介したように、籠神社が所蔵する国宝「海部氏勘注系図」には天火明命の子、天香語山命《あめのかぐやまのみこと》を初代として、第8代目の丹波国造《たんばのくにのみやつこ》に日本得魂命《やまとえたまのみこと》なる人がおり、その娘の名が「日女命《ひるめのみこと》」と記されている。日女命はヒメ命、もしくはヒルメ命と読むことができるように、太陽神に仕える巫女を意味する。これは太陽神の巫女＝日巫女、つまり卑弥呼のことなのである。

しかし、ここで忘れてはならないことがある。八咫烏の証言によれば、徐福集団は2か所に上陸した。若狭湾と九州である。若狭湾に上陸した徐福集団は海部氏となり、九州に上陸した徐福集団は物部氏となった。ともに同じ徐福集団とはいえ、住む地域も異なり、両者は別のクニを形成していた。物部氏が九州から東遷してきたとき、畿内に影響力をもっていた海部氏がすんなりと集団移住を受け入れたとは考えにくい。

おそらく海部氏と物部氏の間でなんらかの取り引きがあったのではないだろうか。思うに、それが卑弥呼だった。海部氏の血を引く霊能者の卑弥呼を女王として迎え入れるならば、邪馬台国の存在は認めようという話になった可能性が高い。神秘的な力をもつ巫女を女王とすることで、物部氏は畿内の先住民たちを納得させることができ、海部氏もまた王家に一族の者を送り込むことで影響力を行使し、物部氏のもつ強大な軍事力を味方につけることができたというわけだ。

こうして海部氏のユダヤ人預言者、卑弥呼が女王として君臨することによって、無事に邪馬台国が成立した。九州と若狭湾から畿内を押さえたことで、物部氏＝海部氏は西日本の倭国を支配することが可能となったのである。ひょっとすると、これは徐福の戦略だったのかもしれない。若狭湾の次に九州に上陸することで、最終的に西日本の倭国を両端から挟み打ちする青写真を描いていた可能性は十分ある。

大邪馬台国とユダヤ教

九州から集団移住した物部氏によって邪馬台国は誕生した。「魏志倭人伝」によると、この時点で女王、卑弥呼に従う倭国のなかで、邪馬台国に匹敵するクニは投馬《とうま》国しかなかった。邪馬台国＝九州説では、とかく伊都《いと》国や奴《な》国などの存在がクローズアップされるが、それらの人口規模はせいぜい2万戸で、多くは1万戸にも満たない。7万戸の邪馬台国に対抗できるのは5万戸の投馬国だけなのだ。

邪馬台国が畿内にあったのに対して、投馬国は中国地方にあった。邪馬台国＝畿内説では投馬国を鞆《とも》ノ浦《うら》や吉備《きび》、出雲《いずも》、丹波などに比定するが、実際はもっと広範囲な領域を誇っていた。山口から丹波まで、瀬戸内海沿岸はもちろん、日本海側も含めて投馬国だったのである。

投馬国の中心はいうまでもなく徐福集団が最初に上陸した若狭湾、籠神社のある丹後《たんご》地方にあった。丹後とはいうものの、古代にあっては丹波、丹後、但馬《たじま》はひとつの国、丹波国であった。実は、この丹波国こそ投馬国のことなのだ。

海部氏のシャーマンを邪馬台国の女王とすることに成功した投馬国＝丹波国は以後、急速に勢力を拡大していく。丹波国を中心に東は中国地方全域、さらに西は琵琶湖から東海地方へと至る。このころ、東海地方を支配下に治めた海部一族が尾張氏となる。

さらに、丹波国の勢いはとどまらず、伊勢国や志摩《しま》国はもちろん、熊野国に至り、持ち前の水軍力によって紀伊《きい》半島をぐるりと支配下に収めてしまう。もはや、投馬国は丹波国、もしくは丹波王国というレベルではなく、大丹波王国ともいうべき存在だった。

こうなると、物部氏の邪馬台国と海部氏の投馬国は完全に勢力が逆転。王家が海部氏である邪馬台国の領域へと大丹波王国は侵出する。邪馬台国の中心である大和地方の石上《いそのかみ》に丹波や出雲といった地名があるのは、その証拠である。

しかし、これは戦争で領地を広げていったのではない。籠神社の海部光彦宮司にいわせれば、あくまでも平和的な併合であるという。勢力を拡大した投馬国は、ついに邪馬台国を併合することでひとつのクニとなった。これが後期邪馬台国、すなわち「大邪馬台国」である。

4世紀はじめ、こうして西日本列島はすべて大邪馬台国の支配下に入った。物部氏と海部氏が支配する日本ユダヤ王国が成立したのである。徐福集団の末裔たちは、自らが奉じるユダヤ教をもとにして日本独自の神道という信仰を生みだした。この時点で、神道は唯一絶対神ヤハウェを元初の神として崇拝するユダヤ教だった。

もともとヤハウェという名は「ありてある者」という意味で、実は固有名詞ではない。森羅万象を生みだす絶対神には名前などつけられないのである。そのため絶対神は便宜上、さまざまな名で呼ばれることとなる。

太陽に象徴される光の神として天照大神《あまてらすおおみかみ》、嵐を引き起こす神としてスサノオ命、山に宿る神として大山祇神《おおやまづみのかみ》、海を支配する神として大綿津見神《おおわたつみのかみ》、国を支配する神として大国主命《おおくにぬしのみこと》、食べ物をもたらす神としての豊受大神《とようけのおおかみ》など、実にさまざまな呼び名が生まれ、やがてそれらが独立した神々として信仰されるようになると、いくつもの神話が生みだされていき、ついには多神教的な神道へと変貌していく。

しかし、ユダヤ教としての物部神道を柱とする大邪馬台国に事件が起こる。にわかに大陸の国際情勢が混沌としてきたのである。北方の遊牧騎馬民族が中原《ちゅうげん》に押し寄せ、東アジアが大混乱に陥ったのである。その余波は朝鮮半島にも及び、秦人と呼ばれた柵外の騎馬民族たちが大量に南下。またたくまに王国を築きあげるとともに、さらにそこから日本列島へと侵入してきたのだ。

そして、彼らもまたイスラエル人の血を引く者たちだった。多くの民族から成る騎馬軍団には、奇しくもかつて同じ秦帝国にいたユダヤ人も含まれていた。秦始皇帝の末裔が長い時を超えて、徐福の末裔と歴史的な出会いをはたそうとしていたのである。まさにそれは流浪の民、ユダヤ人の長い旅の終わりでもあった。

第10章

ユダヤ人原始キリスト教徒「秦氏」になった物部氏

日本にやってきた3つの秦人

ユダヤ人には選民思想があるといわれる。神によって選ばれたという自負だ。ほかの民族とは違うという意識がときにいらぬひんしゅくを買い、差別の理由にもなってきた。が、本来の選民とは厳しいものである。人類をひとつの家屋にたとえるならば、ユダヤ人は柱となるべく選ばれた。ほかの民族の規範とするために、絶対神ヤハウェはイスラエル人と契約を結んだのであり、特別な権利を与えたわけではない。

ゆえに契約に背けばイスラエル人たちは激しい罰を受けた。戒めに従えば繁栄を享受し、堕落すれば衰亡の憂き目にあう。悲しいかな。これまでイスラエル人はたびたび背教し、そのつど国を失ってきた。ソロモン王の堕落のために後継者問題で古代イスラエル王国が分裂し、北朝イスラエル王国と南朝ユダ王国が誕生した。

南北ふたつの王国もまたご多分にもれず堕落し、その罰として他国に征服され、民は遠いところに捕囚された。滅亡と捕囚が起こるたびにイスラエル人たちは離散した。国を失って異邦人の中に散っていった。少なくともイスラエル人たちは3度、大きな離散を経験している。

ひとつは北朝イスラエル王国の滅亡で、貴族を中心に民はアッシリア帝国に捕囚された後、姿を消した。失われたイスラエル10支族である。

もうひとつは南朝ユダ王国の滅亡だ。新バビロニア王国によって、民はメソポタミアのバビロンへと捕囚された。アケメネス朝ペルシアによって新バビロニア王国が滅んだ際、多くのイスラエル人たちはパレスチナへと帰還したが、そのままバビロンに残った人々もいた。彼らは繁栄を享受しながらも、アケメネス朝ペルシアが滅亡すると、歴史の表舞台から姿を消した。アジアに広まったことから、彼らは東ユダヤ人とも呼ばれた。

そして最後は紀元1~2世紀のユダヤの滅亡である。帰還した南朝ユダ王国のイスラエル人たちはアケメネス朝ペルシアからアレキサンダー大王のギリシア帝国、そして古代ローマ帝国のもと、属国という立場ながらもかろうじて独立を保ってきた。

だが、紀元66年に圧政にたまりかねたユダヤ人たちがいっせいに蜂起。古代ローマ帝国に戦いを挑んだ。第1次ユダヤ戦争である。結果は火を見るまでもなく明らかで、圧倒的な軍事力の前に反乱はまたたくまに鎮圧される。続く紀元132年、残ったユダヤ人たちが再び戦いを挑み、第2次ユダヤ戦争が勃発するものの善戦空しく戦いは惨敗。再建されたソロモン神殿は跡形もなく破壊され、完全にユダヤは滅亡し、民は世界中に離散する。

西アジアの端、パレスチナで起こったこの3つのイスラエル離散の余波は、いずれも遠くシルクロードの彼方、日本列島にまで及ぶこととなる。奇しくも、絶対神ヤハウェからイスラエル人は地の果てにまで散らされると預言された通りに彼らは極東にまでやってきたのだ。

どうも絶対神ヤハウェはイスラエル人を離散させるにあたって、彼らに「しるし」を刻んだらしい。身体的な特徴や文化など、しるしは多岐にわたるが、そのひとつが民族の名前に刻まれた「秦」であったのではないかと筆者は考えている。

実際、古代イスラエル人の身に降りかかった3つの離散は、ともに「秦」というキーワードによって足跡を追うことができる。彼らは、いずれも日本列島に渡来してくる直前、朝鮮半島においていったん集合し、みな「秦人《しんじん》」と呼ばれた。彼らを束ねたのは、最後に離散したユダヤ人、なかでもイエス・キリストの直系の弟子たちから成るエルサレム教団の末裔、すなわちユダヤ人原始キリスト教徒であったと思われる。そのあたりを時系列的に整理してみよう。

失われたイスラエル10支族と秦人

まず問題の「秦人」であるが、これは柵外の人という意味で、非漢民族のことを指す。「魏《ぎ》志韓伝《しかんでん》」によると、古代朝鮮半島に秦人が流入してきた。時代的に紀元前2世紀ごろから紀元1世紀ごろにかけて断続的に移住が行われたと見られる。もともと朝鮮半島に住んでいた人々は馬韓《ばかん》という国を形成していたが、彼らと秦人は風俗や風習、言語がまったく違っていた。そのため、馬韓の人々は秦人を忌み嫌っていた。とはいえ、秦人の流入があまりにも多くなり、ついには朝鮮半島の東半分を分けて与えた。

土地を得た秦人たちは「秦韓《しんかん》（辰韓）」と「弁韓《べんかん》（弁辰）」を建国する。彼らの王は「辰王」といい、馬韓の了承のもと、その支配権を認められていた。秦韓と弁韓は、いずれも12か国から成り、多くの民族が含まれていたことを示唆する。

後に辰王は馬韓出身の者がなったともいう。これは馬韓もまた、いくつかの民族から成り、そのうちのひとつは秦人であった可能性もある。というのも、馬韓の領土から後に百済《くだら》が興る。この百済の王家は秦人なのである。百済王家は民族的に、高句麗《こうくり》と同じ夫余《ふよ》系騎馬民族であることがわかっている。朝鮮半島に流入してきた秦人の主流は、この夫余系騎馬民族だったのである。

実はこの百済建国にあたっては、始祖である温祚《おんそ》に兄がいたといわれている。名を沸流《ふる》といい、南の海辺に建国したもののしばらくして滅んでしまった。これを嘆いた沸流は自ら命を絶ったとも、行方不明になったともいう。

しかし、沸流の足跡をたどっていくと、どうも朝鮮半島南部に拠点を構えたらしく、それは弁韓から派生した伽耶《かや》諸国であった可能性が高い。『日本書紀』には朝鮮半島南部にあった大和朝廷の領地を「任那《みまな》」と呼ぶが、まさにこれが沸流の国だった。

さて、秦人である沸流は夫余系騎馬民族であった。彼らの文化はまさに遊牧騎馬文化であり、黄金細工や馬具、そして角杯など、その遺物には騎馬民族特有の意匠が数多く見られる。

チンギス・ハーン（ジンギスカン）のモンゴル帝国を見るまでもなく、騎馬民族の活動範囲は想像以上に広い。漢を脅かした匈奴《きょうど》はヨーロッパではフン族と呼ばれ、かの古代ローマ帝国滅亡の遠因にもなったといい、その子孫は北欧のフィンランドや東欧のハンガリーを建国している。

そうした騎馬民族のルーツは、およそスキタイに収斂されるといっていい。紀元前7世紀ごろ、北アジアに興ったスキタイは王家こそアーリア系だが、多くの民族から構成されていたらしく、そこに失われたイスラエル10支族が含まれていた。スキタイはしばしばアッシリア帝国を侵略し、その財宝と民を戦利品として奪っていたからだ。もともと遊牧民であったイスラエル人がスキタイと行動をともにした可能性は高い。

こうしてスキタイとともに騎馬民族となった失われたイスラエル10支族の一部は、やがて夫余系騎馬民族となって、朝鮮半島へと侵入してきた。したがって、秦人のひとつは失われたイスラエル10支族なのだ。

秦始皇帝の流民としての秦人

秦人に関して「魏志韓伝」は、もうひとつ伝承を語る。古老の話だが、秦人たちは「秦の役」を避けてやってきたという。秦の役を万里の長城や阿房宮、巨大陵墓建設など、秦始皇帝《しんのしこうてい》が行った大規模な土木事業と見るか、あるいは帝国崩壊に伴う戦乱を意味するのか、学者によって意見は分かれるものの、秦人のなかにはかつて秦帝国の住民だった者が少なからず存在していたらしい。

先述したように、秦帝国のもととなった秦国の王家は西戎《せいじゅう》、羌《きょう》族の流れを汲む人々であった。とくに秦始皇帝の実父と噂される呂不韋《りょふい》は羌族であった。いうまでもなく、王家の血は外戚や傍系を含めて、長い歴史のなかで秦国の住民の中に広まっていたに違いない。少なくとも秦帝国の貴族や支配層は事実上、羌族が占めていたといっていい。

その羌族が失われたイスラエル10支族であることが、イスラエルの調査機関、アミシャーブによって証明されている。

さらに、羌族とは別に秦帝国には多数のペルシア人がいた。彼らはアケメネス朝ペルシアの流れを汲む者である。アケメネス朝ペルシアには、バビロン捕囚の後も当地にとどまった東ユダヤ人がいた。彼ら東ユダヤ人もまた、ペルシア人の東漸とともに秦帝国に流入してきた。その血統は秦始皇帝自身にも流れていた可能性がある。

したがって、秦帝国の滅亡にともなってその住民が朝鮮半島に流入して秦人となったとすれば、彼らは失われたイスラエル10支族か、もしくは東ユダヤ人の末裔だった可能性がある。

後に、秦人は集団で日本列島に渡来し、秦氏《はたし》と名乗る。『新撰姓氏録《しんせんしょうじろく》』によると、秦氏は自らの出自が秦始皇帝であると主張する。はたして秦始皇帝の子孫が帝国末期の戦乱を生き延びることができたのかは疑問ではあるが、ご落胤を含めてひとりでも生存していれば、彼らの主張にも一片の真理があることになる。

ユダヤ人原始キリスト教徒「秦氏」

3つめの秦人は、まさに秦氏の大多数を占める人々である。彼らは4世紀、弓月君《ゆづきのきみ》に率いられてこの日本にやってきた。一般に秦氏は新羅《しらぎ》系渡来人、もしくは伽耶系渡来人だと考えられている。古代日本に新羅文化を持ち込んだのは事実上、秦氏であるといわれている。それほどまでに彼らは大集団で、渡来人としては最大規模であったことがわかっている。

秦氏については、歴史学者の佐伯好郎博士がユダヤ人景教徒であると主張したが、後に時代考証で自説を修正。実際は、もっと古いユダヤ人原始キリスト教徒であると結論づけた。あいにく、この論文が遺稿となったために、長らく忘れ去られていたが、筆者が独自に調査した結果、秦氏は紀元1世紀、第1次ユダヤ戦争が勃発した際、聖地エルサレムから消えたイエス・キリスト直系のユダヤ人原始キリスト教徒であったことが判明した。

学術的に彼らはエルサレム教団と呼ばれる。エルサレム教団は第1次ユダヤ戦争の直前、集団でヨルダン川の東岸にあったギリシア系都市ペラに移住。しばらく、そこで教会を建てて活動を続けていたようなのだが、いつの間にか姿を消してしまう。

一方、時を同じくして、シルクロードの向こうの中国に大量のユダヤ人たちがやってきたことが記録に残っている。キリスト教という言葉もなかった時代である。中国人にとって、ユダヤ人原始キリスト教徒とユダヤ人ユダヤ教徒の区別はなかったはずである。

当時、ユダヤは古代ローマ帝国の属国であった。古代ローマ帝国のことを後漢《ごかん》時代の中国人は大秦と呼んだ。中国では外国人に対しても、漢字の名をつける。しばしばそれは出身国から一字採用する。ユダヤ出身の場合、古代ローマ帝国の漢字名である大秦《たいしん》から一字とって「秦氏」とされた。

秦氏と呼ばれたユダヤ人原始キリスト教徒たちだが、自らを指しては「ユダヤ」と称したはずである。紀元1世紀のユダヤ人たちが日常的に使っていたアラム語でユダヤとは「イエフダー」と発音する。このイエフダーが転訛してイヤハダとなり、語頭の母音がサイレントになることで、ついにはハダとなった。これが秦氏である。読みのハダは奈良時代にはハタとなり、今日に至っているというわけである。

中国において秦氏となったユダヤ人原始キリスト教徒は流民の秦人として、そこから朝鮮半島に移動し、秦韓と弁韓に定着する。同じイスラエルの血を引く秦人を頼ってきたのかもしれない。

秦韓は後に新羅となるのだが、その遺跡から出土するガラスは高句麗や百済とは違い、ローマングラスであることがわかっている。ガラスの専門家である由水常雄氏は新羅は古代ローマ文化王国であったとまで主張するが、その担い手は、遠くシルクロードの彼方からやってきたユダヤ人原始キリスト教徒、秦氏だったのだ。

応神天皇の渡来

朝鮮半島にやってきた3つの秦人、すなわち失われたイスラエル10支族と東ユダヤ人、そしてユダヤ人原始キリスト教徒たちは、やがて集団で海を渡って日本列島へとやってくる。その先陣を切ったのが騎馬民族の大王、沸流であった。沸流は朝鮮海峡を渡って九州に上陸し、そのまま畿内へと侵出した。

考古学者の江上波夫博士は、九州に拠点を置いた辰王は記紀でいう第10代崇神《すじん》天皇だったとし、その子孫である第15代応神《おうじん》天皇が畿内へと東征して、大和朝廷を開いたと主張する。世にいう騎馬民族征服王朝説、通称、騎馬民族説は大筋で正しい。

だが、籠《この》神社の極秘伝によれば、朝鮮半島からやってきたのは崇神天皇ではなく、応神天皇であったという。いや、正確には初代神武《じんむ》天皇も含めて、神という文字を諡《おくりな》にもつ3人の天皇は同一人物であり、騎馬民族の辰王、沸流だったのだ。

しかも記紀によれば、応神天皇の母もまた神の文字を諡にもつ神功皇后《じんぐうこうごう》で、彼女は新羅の王子、天之日矛《あめのひぼこ》の子孫である。天之日矛は神話的な存在で、今日の歴史学界では秦氏集団の象徴であると考えられている。

また、応神天皇は全国の八幡《はちまん》神社の主祭神でもある。八幡信仰はもともと秦氏に由来し、その総本山である宇佐《うさ》八幡宮がある豊《とよ》国は、かつて秦王国とも呼ばれた。このことから、九州で生まれたという応神天皇は騎馬民族の大王であると同時に秦氏、言葉を換えれば失われたイス

⬆(上)全国の八幡《はちまん》神社の主祭神でもある応神《おうじん》天皇。
(下)ツヌガアラシト(天之日矛《あめのひぼこ》)の像。応神天皇の母の神功皇后《じんぐうこうごう》は天之日矛の子孫だ。

ラエル10支族にして、ユダヤ人原始キリスト教徒だったのである。

秦氏のなかに東ユダヤ人たちもいたことを考えると、応神天皇が率いてきた渡来人集団は、まさに北朝イスラエル王国と南朝ユダ王国の連合国家ともいうべき状態だった。極東でひとつになったイスラエル12支族は、預言者イザヤの預言を成就するがごとく、ついに東の果てにある島々へと一気に押し寄せてくる。

イエス・キリストの降臨

応神天皇が朝鮮半島から渡来してきた4世紀、畿内には邪馬台国《やまたいこく》と投馬国《とうま》が平和的な併合を果たした大邪馬台国があった。大邪馬台国は物部《もののべ》王国であり、その王家は物部氏の中の物部氏、すなわち海部《あまべし》氏であった。

当時、すでに卑弥呼《ひみこ》は亡くなっており、続いて女王の座に就いた台与《とよ》の姿もなかった。大邪馬台国を統治していたのは海部氏の大王で、記紀でニギハヤヒ命と呼ばれた人物であったに違いない。

ニギハヤヒ命は卑弥呼が祭祀を担っていたという鬼道《きどう》、すなわちユダヤ教である物部神道を国家の中枢に据えていた。ニギハヤヒ命を天孫族として迎えた長髄彦《ながすねひこ》は物部氏というよりは、琉球民族や熊襲《くまそ》系の弥生人であったと思われる。長髄彦一族は邪馬台国の人間ではあったが、もともと物部氏が東遷してくる以前に畿内を治めていた先住民であったに違いない。物部氏や海部氏が、徐福《じょふく》が率いてきた東ユダヤ人であったのに対して、彼らは北朝イスラエル王国の流れを汲む人々であった。

そこへ、突如、朝鮮半島から九州に上陸した応神天皇の騎馬軍団が畿内へと攻め込んでくる。記紀によれば、長髄彦らの抵抗にあった神武天皇は態勢を立て直し、紀伊《きい》半島を迂回して熊野から大和へと攻め上ったことになっている。一連の神武天皇の東征伝説は、その原型がアレキサンダー大王の東征にあることがわかっており、文字通り史実であったかどうかは疑わしい。記紀編纂時、アレキサンダー大王の伝説を聞き及んだ東ユダヤ人、もしくはユダヤ人原始キリスト教徒、秦氏らが創作した可能性がある。

伝説では、長髄彦との戦いは最終的に天から降臨した金鵄《きんし》によって勝敗が決まったとされる。すなわち、神武天皇の弓先に光り輝く金鵄が止まったのを見た長髄彦の軍勢が恐れをなして総崩れになったというのだ。八咫烏《やたがらす》の化身ともいわれる金鵄であるが、ここにはとてつもない史実が隠されている。

皇室はもちろん、漢波羅《かんばら》秘密組織の八咫烏たちが秘かに伝える驚愕の事実。それは、イエス・キリストの出現である。実に驚くことだが、復活して天に昇っていったはずのイエス・キリストが4世紀の日本に降臨したのである。

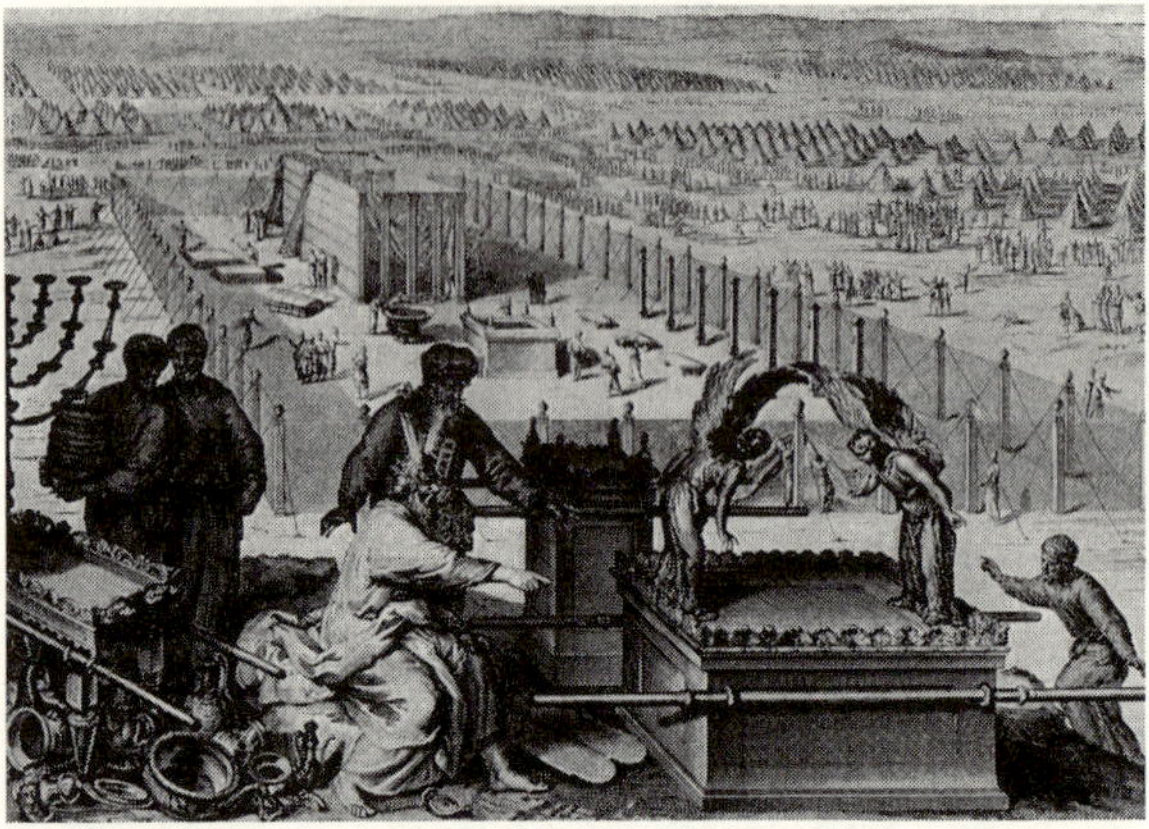

⬆契約の聖櫃《せいひつ》アーク。伊勢神宮内宮《ないくう》の地下殿に安置されているという。

しかも、光り輝く金鵄が不死不滅の復活体となったイエス・キリストを象徴するように、神武天皇が手にした弓矢とは血染めの十字架であった可能性がある。イエス・キリスト直系の弟子であるエルサレム教団は、ゴルゴタの丘に立てられ、主が磔になった聖十字架をはるか日本にまで運んできていた。現在、キリストの聖十字架は伊勢神宮の内宮《ないくう》にある地下殿に安置されているといわれ、そこには契約の聖《せい》櫃《ひつ》アークもあるという。

同じ民族の血を分け合った徐福のユダヤ人、すなわち物部氏と海部氏、それに先住民であるイスラエル系弥生人たちとの戦いに決着をつけるべく、失われたイスラエル10支族の大王にして、ユダヤ人原始キリスト教徒であった応神天皇は究極の兵器ともいうべき契約の聖櫃アークを持ちだし、そこにキリストの聖十字架を立て、神道でいう神の依代《よりしろ》としたのである。いわば、それはカッバーラでいう「生命の樹」の祭壇であり、最も聖なる神殿であった。

かくして応神天皇らの祈りは天に通じ、主イエス・キリストが契約の聖櫃アークと聖十字架の前に降臨したのである。目の前で繰り広げられた奇跡の光景に、長髄彦の軍勢が度肝を抜かれたのも無理はない。

地上に降り立ったイエス・キリストは神武天皇、すなわち応神天皇に倭国《わこく》を支配する王権を与えたに違いない。このとき、ユダヤ人ユダヤ教徒であった物部氏と海部氏、それにイスラエル系弥生人たちは、目の前にいるイエス・キリストが受肉した絶対神ヤハウェであることを悟ったのだ。自ら信仰する絶対神が王権の正統性を示したのである。もはやそこに戦う意味などなかった。

大邪馬台国から大和朝廷へ

記紀によると、神武天皇はニギハヤヒ命に自らが天神の子である証として「天羽々矢《あめのはばや》一本」と「歩靫《かちゆき》」を見せた。ニギハヤヒ命もまた同様に天神の子である証として「天羽々矢一本」と「歩靫」を提出。これによって、両者はともにお互いが天神の子であることを認めたと記されている。

ここでいう神武天皇とは応神天皇のことで、ニギハヤヒ命は大邪馬台国の王で、海部＝物部氏である。彼らがともに天神の子であるというのは、ふたりともイスラエル人であることを意味する。すなわち、応神天皇は失われたイスラエル10支族にしてユダヤ人原始キリスト教徒であり、海部氏は東ユダヤ人だったのである。

こうして、互いがイスラエル人であることを確認した応神天皇は、大邪馬台国の王家、すなわち海部＝物部氏に入り婿することで王権を手にする。ここにおいて、大邪馬台国は大和国として新たに生まれ変わったのだ。

⬆イスラエルの三種神器のひとつであるマナの壺はガド族が継承したといわれている。

大和朝廷を開いた応神天皇は失われたイスラエル10支族のうちのガド族であった。ヘブライ語でガド族出身の者を意味する「ミガド」が「ミカド」となり、天皇の古い呼び名である「帝」となったのだ。

ユダヤ人の古い伝承では、イスラエルの三種神器のひとつである黄金のマナの壺はガド族が継承したといわれる。ガド族の王であった応神天皇は王権のシンボルとしてマナの壺を持っていた。それゆえ、応神天皇の陵墓はマナの壺を象った形、すなわち前方後円墳として建造された。応神天皇やその子である仁徳《にんとく》天皇の陵墓は、よく見るとくびれの部分に丸い造出《つくりだ》しが両脇にある。これはマナの壺の把手なのだ。

⬆モーセが荒れ野でイスラエル人に示したといわれる青銅の蛇ネフシュタン。ネフシュタンを掲げた旗竿はマナの壺とともに伊勢神宮外宮《げくう》の地下殿に安置されている。

その後、応神天皇が持っていたマナの壺は婿入りした先である海部氏に与えられた。ある意味、それは結納だったのかもしれない。マナの壺は海部氏にとって最も聖なる社、すなわち籠神社に御神体として安置されることとなる。籠神社ではマナの壺を「真名之壺《まなのつぼ》」と呼び、宮司は代々、襲名の儀式に使用したという。

だが、その真名之壺は戦後、籠神社から神隠しにあったと噂されている。現在、マナの壺は行方不明とされるが、実は伊勢神宮にある。伊勢神宮の外宮《げくう》、秘密の地下殿に秘かに御神体として安置されているのである。外宮の主祭神である豊受大神は、もともと籠神社から勧請されたことが考慮されたのだろう。八咫烏によると、外宮の地下殿にはマナの壺のほかに、モーセが荒れ野でイスラエル人に示したという青銅の蛇ネフシュタンとそれを掲げた旗竿が安置されている。

また、籠神社は内宮の元伊勢でもある。内宮の地下殿には、イエス・キリストの降臨の際に持ちだされた契約の聖櫃アークと聖十字架が祀られている。いずれ詳細はあらためて公開するが、近代の天皇のなかでおひとりだけ、この契約の聖櫃アークに触れた方がいらっしゃるという。

秦氏の神社乗っ取り

応神天皇が海部＝物部氏の王家に入り婿し、大和朝廷を開いたことで、朝鮮半島の伽耶で待機していた秦氏が大集団で渡来してくる。当時、朝鮮半島の情勢が不安定であったこともあって、ほとんど亡命に近い形で秦氏はやってきた。ユダヤ人原始キリスト教徒であった秦氏は同族である応神天皇の周辺で活動しながら次々とイスラエルの神殿、つまり神社を建設していく。

もともと、古代日本にはイスラエル系縄文人とイスラエル系弥生人たちが信仰の拠り所としていた磐座《いわくら》や磐境《いわさか》、そして神が宿るとされたご神木などの依代があった。意外かもしれないが、これは古代イスラエル人の風習である。預言者アブラハムは聖地エルサレムに巨大な樹の柱を立て、また、預言者ヤコブは枕にしていた長い石を立てて、これらを神の御魂《みたま》が宿る依代として祀ったことが『旧約聖書』に記されている。同じことをイスラエル系縄文人とイスラエル系弥生人も行っていたのである。

そこへ徐福が引き連れてきたユダヤ人、すなわち海部氏と物部氏がやってくる。彼らは特別に社や祠を建てる。いわば神社の始まりである。物部氏は日本各地の聖地に神社を建設し、そこで神を祀った。物部氏はユダヤ人ユダヤ教徒であるから、彼らが建設した神社はユダヤ教の神殿であるといっていい。

これら物部氏が建設した神社をことごとく乗っ取っていったのが秦氏である。秦氏は多くの神社を建設する一方で、物部氏の神社を次々と乗っ取っていく。神社支配の急先鋒となったのが秦氏の中の秦氏、賀茂《かも》氏である。陰陽道《おんみょうどう》の呪術師集団であった賀茂氏は神職である禰宜《ねぎ》を送り込み、長い年月をかけて神社すべてを支配するに至る。

物部氏が建設した神社はユダヤ教の神殿であるが、これはユダヤ人原始キリスト教徒であっ

⬆『古事記』に記されている造化三神はカッバーラの絶対三神のことである（山邊神宮蔵）。

た秦氏にとっても同じ絶対神ヤハウェを祀る神殿である。ユダヤ教は基本的に一神教だが、密教であるカッバーラでは三神教である。カッバーラのいう絶対三神とはキリスト教でいう御父《おんちち》と御子《おんこ》と聖霊のことである。

籠神社の極秘伝が示すように、神道はもともと元初の神を崇拝する一神教であった。物部神道と呼ばれる信仰は、まさに唯一絶対神ヤハウェを崇拝するユダヤ教のこと。それを秦氏たちは新たに原始キリスト教としてフォーマットしなおしていく。いわば神道は物部神道から秦神道へと姿を変えたのである。

神道がカッバーラに基づく原始キリスト教である証拠は『古事記』の冒頭に記された造化三《ぞうかさん》神《しん》である。造化三神とは、この世の最初に現れた3人の神、天之御中主神《あめのみなかぬしのかみ》と高御産巣日神《たかみむすびのかみ》と神《かみ》産巣日神《むすびのかみ》のこと。これらはカッバーラの絶対三神、御父と御子と聖霊のことにほかならない。

多くの呼び名が独立した神々となって神話が形成され、あたかも多神教のように見える神道であるが、その実体は唯一絶対神を崇拝するユダヤ教を土台とした原始キリスト教、すなわちカッバーラの三神教なのである。

ふたつの鴨族

ユダヤ人原始キリスト教徒である秦氏はイスラエル12支族のなかでも主にユダ族とベニヤミン族から構成されているが、なかには祭司レビ人もいる。彼らレビ系秦氏の中核が賀茂氏である。神道祭祀を一手に握る賀茂氏は「鴨族」とも呼ばれ、全国の神社を支配している。なかでも、京都の下鴨《しもがも》神社と上賀茂《かみがも》神社の鴨族は事実上、神道の元締めといっても過言ではない。

仏教のようにいろいろな宗派をもたない神道は、すべて天皇に帰属する。神道の祭礼が陰陽道によって規定されるように、天皇にも陰と陽、すなわち表と裏がある。表の天皇が今上《きんじょう》天皇陛下であるのに対して、裏の天皇は漢波羅秘密組織である八咫烏のトップ3人、つまり3人の金鵄によって形成される。

彼ら八咫烏はレビ系秦氏であるが、組織としてはイエス・キリストの12使徒及び70人弟子に相当する。ユダヤ人原始キリスト教徒たちで構成されていたエルサレム教団が、そのまま日本にやってきて今日まで存続してきたのである。

ところが、ひとつ不可解なことがある。ネオ・パラダイムＡＳＫＡシリーズの前著『失われた日本ユダヤ王国「大邪馬台国」の謎』の最後で紹介したように、籠神社の海部光彦宮司がなんと、このような発言をしているのである。

「もともと海部氏は鴨族です」

海部氏はいうまでもなく物部氏と同族。歴史的に秦氏ではない。秦氏に乗っ取られはしたものの、血統としては紀元前から日本列島に住んでいる先住民である。鴨族ということは秦氏であることを意味する。いったい、これはどういう意味なのか。当初、筆者は海部宮司の言葉に戸惑い、これまで構築してきた仮説と理論体系の見直しを迫られた。

賀茂氏はレビ系秦氏であり、鴨族である。海部氏もまた鴨族である。海部氏及び物部氏は秦氏ではない。これらを矛盾なく説明するにはどうしたらいいのか。ここでも手がかりは八咫烏からもたらされた。物部氏は徐福とともにやってきたユダヤ人である。物部氏がユダヤ人ユダヤ教徒、なかでも祭司レビ人であると考えればいいのだ。

つまり、こうだ。鴨族とはすなわちレビ族のことを意味する。レビ族は北朝イスラエル王国と南朝ユダ王国の両方に存在した。よって、ユダヤ人原始キリスト教徒たちのほか、失われたイスラエル10支族や東ユダヤ人の中にも存在した。

　とくにユダヤ人原始キリスト教徒と東ユダヤ人はともに南朝ユダ王国の住民であり、同じユダヤ人である。ユダヤ人ユダヤ教徒である海部氏と物部氏が原始キリスト教に改宗すれば、その時点でユダヤ人原始キリスト教徒になる。宗教的にはもちろん、血統的にも海部氏や物部氏は秦氏とまったく同じ存在になってしまうのだ。言葉を換えれば、もはや海部氏や物部氏は秦氏なのである。

⬆ユダヤ教の祭司と大祭司。

　秦氏の中でも祭司レビ人が鴨族であるから、まさに籠神社の神職を代々務めてきた海部氏が鴨族と称しても、なんら不思議はないということになる。

　神道における祭祀一族は物部氏のほか、中臣《なかとみ》氏《し》や卜部《うらべ》氏《し》などがいるが、最も古いのが忌部《いんべ》氏《し》である。賀茂氏は忌部氏の中の忌部氏ともいわれる。忌部氏や中臣氏、卜部氏らがレビ族だとすれば、賀茂氏は大祭司のレビ人、すなわち預言者アロンの子孫であるコーヘンの血を引く者であるといっていいだろう。

大酒神社の祭神ダビデと物部氏

物部氏が原始キリスト教に改宗して秦氏となった。すべての物部氏ではないにしろ、多くの物部氏が秦氏になった。この仮説を裏づけるのが京都の太秦《うずまさ》にある大酒《おおさけ》神社である。祭神は秦氏の首長であった秦酒公《はたのさけのきみ》や弓月君、そして秦始皇帝である。

秦始皇帝の名があるのは、秦氏が秦始皇帝の子孫を称しているからだ。先述したように、秦氏の中には秦帝国の流民も含まれていたらしく、その中に秦始皇帝の子孫がいた可能性はゼロではない。その意味で、大酒神社の祭神に秦始皇帝の名があることは、あながち間違いではない。

問題は大酒神社という名前だ。字面を見るとまるで酒の神様のようだが、さにあらず。かつては、大辟《おおさけ》神社と称した。それゆえ、祭神も大辟大明神と呼ばれた。大辟という言葉は死刑という意味で、神様の名前にはふさわしくないのだが、漢字に翻訳した『聖書』にこれに似た名前が登場することを佐伯好郎博士は発見している。

「大闢《だいびゃく》」である。大闢とは古代イスラエル王国の大王にして、メシアとも称されるダビデのこ

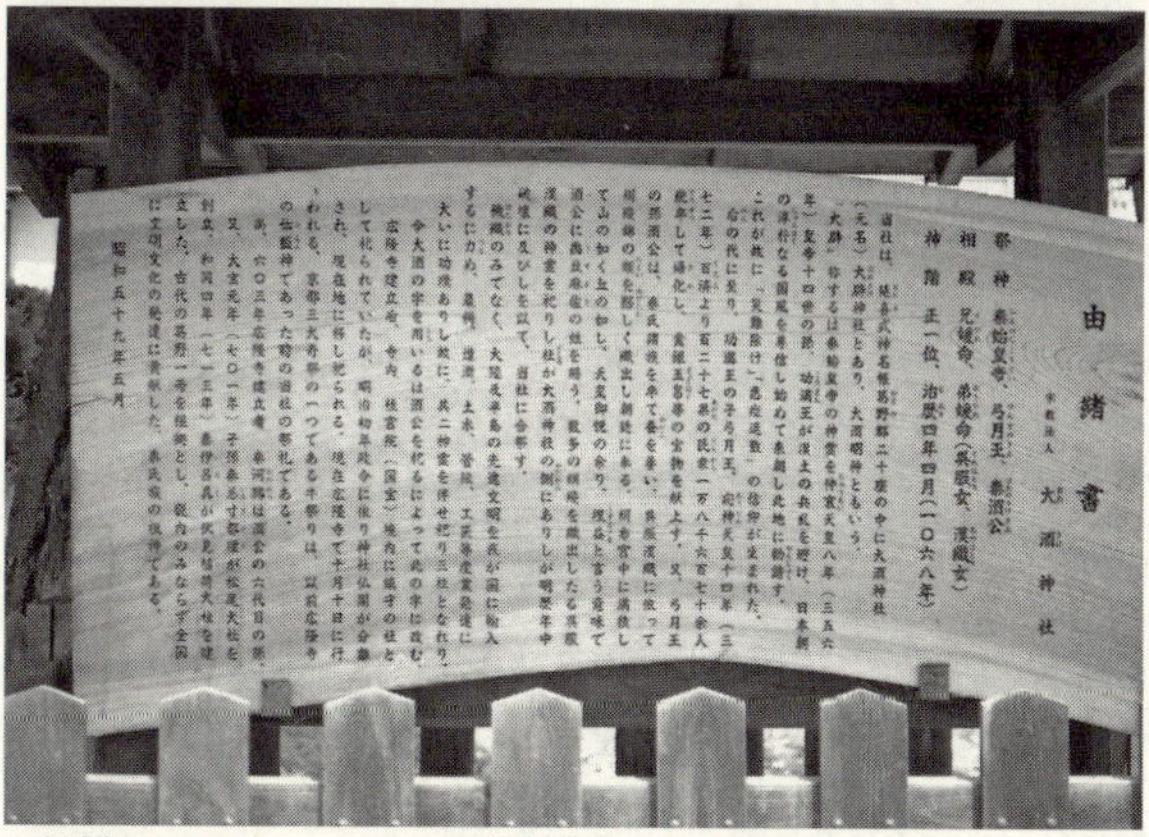

⬆大酒《おおさけ》神社（上）と、祭神に秦始皇帝《しんのしこうてい》の名がある由緒書（下）。

と。大辟大明神は大避大明神、大僻大明神とも称されることから、偏の違いはさして問題ではない。秦氏がユダヤ人原始キリスト教徒であることを考えると、大辟大明神とは大闢大明神、すなわちダビデ王だったことになる。

現在の祭神である秦始皇帝や弓月君、秦酒公は、いずれも秦氏にとって祖神である。東漸ながら、本来の大辟大明神＝ダビデも秦氏にとっては祖神だった。ユダヤ人原始キリスト教である秦氏にダビデ王の子孫がいた可能性は確かにある。ユダヤ人ユダヤ教徒は祖先を崇拝することはないという指摘はあるが、絶対神ヤハウェを指して、祖先である預言者の名前を出すことはよくある。いい例が「アブラハム、イサク、ヤコブの神」という表現だ。これはアブラハムとイサク、ヤコブが崇拝していた絶対神という意味であり、大辟神社の場合もダビデが崇拝していた「ダビデの神」と解釈できる。

大辟大明神がダビデであることはすでに何度も述べてきたが、実は、京都の太秦にある大酒神社について書かれた興味深い古文書がある。名を『物部家譜』という。表題にあるように、これは物部氏に関する書物なのだが、その終わりに大酒大明神という見出しとともになんと物《もの》部守屋《のべのもりや》の絵が描かれているのである。そのまま素直に解釈すれば、大酒大明神＝大辟大明神は物部守屋だということになる。

大辟大明神＝ダビデ説を引っくり返し、秦氏＝ユダヤ人原始キリスト教徒説をもゆるがしかねない『物部家譜』の内容は、いったいどう解釈すればいいのだろうか。もともと大辟神社は物部氏が祀る神社であり、それを秦氏が乗っ取ったということを示しているのだろうか。秦神道による物部神道のリフォームという観点からすれば、確かにその可能性は否定できない。

だが、物部氏＝ユダヤ人ユダヤ教徒であることを思えば、無理なく説明は可能だ。物部守屋は物部氏にとって英雄である。崇仏論争において神道を貫いた一族の誇りである。物部神道がユダヤ教であるならば、先の「アブラハム、イサク、ヤコブの神」という表現を踏襲できるだろう。あえていうならば「ダビデ、物部守屋の神」だ。この場合、物部守屋を崇拝する物部氏たちにはダビデの子孫が含まれていたことを示唆する。徐福に率いられて物部氏になった東ユダヤ人は、南朝ユダ王国の民であった。これはユダヤ人原始キリス

⬆『物部《もののべ》家譜』の中で大酒大明神として描かれている物部守屋《もののべのもりや》の絵。

ト教徒であった秦氏も、まったく状況は同じである。

ゆえに、これを十二分に知ったうえで、秦氏は物部氏が祀る大辟神社を乗っ取り、祭神を自らの祖先である秦始皇帝、弓月君、秦酒公に置き換えたのだ。もちろん、その意味は「ダビデ、秦始皇帝、弓月君、秦酒公、物部守屋の神」としての絶対神ヤハウェだ。カッバーラの担い手であった秦氏らは、こうして巧妙に神社を乗っ取っていったのである。

秦氏を名乗った物部氏

物部氏＝海部氏は物部神道＝ユダヤ教から秦神道＝原始キリスト教に改宗することによって、ユダヤ人原始キリスト教徒＝秦氏となった。もともと血統的にも同じ民族であった物部氏＝海部氏と秦氏は、この時点で本質的な区別はなくなってしまった。

実は、これこそ徐福伝説につきまとう秦氏の影の正体なのだ。第3章で詳細に検証したように、秦氏の中に秦始皇帝の末裔、もしくは秦帝国の流民が含まれていたとしても、船で直接、日本にやってきた徐福集団とはまったく関係がない。朝鮮半島に立ち寄った可能性は否定できないものの、徐福集団と秦人とは別の存在であることは動かない。

だが、物部氏こそ徐福集団であり、秦氏の渡来とともにやがて原始キリスト教徒に改宗し、新たな秦氏となったとすれば、筋は通ってくる。先述したように、中国の史書『義楚《ぎそ》六帖《ろくじょう》』には、徐福集団の子孫が今も秦氏となって日本に住んでいると記されている。これを単純に朝鮮半島から渡来してきた秦氏であると考えるのには無理があるが、秦氏となった物部氏だとすれば辻褄が合う。

おそらく、これを仕掛けたのは呪術者集団であった八咫烏であったに違いない。徐福集団の子孫が秦氏になっているという表現に嘘はない。が、その秦氏は新羅系渡来人と呼ばれる秦氏のことではない。言葉は悪いが、秦氏になりすました物部氏＝海部氏が実体を見えなくしていたのだ。

実際『新撰姓氏録』に記載された山城国《やましろ》秦忌寸《はたのいみき》は祖先をニギハヤヒ命であると主張する。当時、ニギハヤヒ命は物部氏のシンボル的な名前であった。それを知ったうえでニギハヤヒ命の末裔を称している秦氏は新羅系渡来人ではなく、秦氏となった物部氏であることを示している。おそらく山城国という土地柄、秦氏との婚姻関係もあったのだろう。婿入りという形で秦氏となったものの、祖先はニギハヤヒ命と称することで、血統的には物部氏であることを誇示したのかもしれない。

いずれにせよ、歴史的に秦氏と名乗っている人々の中には、もとは物部氏＝海部氏であった者が少なからず存在することを示しているといっていいだろう。日本における徐福伝説の謎は、秦氏という仮面をかぶった物部氏の存在を知ることで初めて解明できるのである。

エピローグ

秦氏と物部氏の雛祭りと イエス・キリスト

秦氏と物部氏の雛祭り

　物部《もののべ》神道から秦《はた》神道へ。ユダヤ教徒ユダヤ人であった物部氏《もののべし》は改宗することによって、ユダヤ人原始キリスト教徒「秦氏《はたし》」となった。かくて、日本全国に広がる徐福《じょふく》伝説は秦氏の関与することとなった。徐福が率いてきた童男童女と技術者たちは物部氏となり、やがて秦氏となったのである。

　日本では古くから姓が変わる場面が少なからずある。が、最も身近で、現代にまで続く姓の変更といえば、いうまでもなく「婚姻」である。結婚すると、女性は嫁いだ先の姓を名乗る。女性に限らず、男性でも婿入りすれば姓が変わる。秦氏と物部氏の関係もまたひとつの婚姻として象徴されたらしい。

　伊豆半島の突端に石廊崎《いろうざき》という岬がある。断崖絶壁の景観は雄大であり、太平洋の黒潮の流れの向こうには伊豆七島が遠望できる。古来、伊豆諸島は噴火を繰り返すたびに、そこに祀られる神々の位階が上げられてきた。伊豆半島の南が加茂《かも》郡と称したように、伊豆諸島を含めて一帯の神々は賀茂《かも》大神《おおかみ》と呼ばれてきた。

　いうまでもなく、賀茂氏は秦氏である。それを象徴するかのように、伊豆半島南部には加畑《かばた》賀茂《かも》神社もある。秦始皇帝《しんのしこうてい》を祀る神社もあり、ここ一帯に秦氏が広がっていた痕跡が見てとれるのであるが、それを最も端的に示すのが石廊権現《いろうごんげん》と呼ばれる石室《いしむろ》神社である。まさに石廊崎の突端の岩場にへばりつくように建てられた社殿の内部には、伊豆の神々にまつわる由来が記されている。

伊豆諸島の神々の中で最も中心となる神は「物忌名之命《ものいみなのみこと》」という。字面を見ると物部氏と忌《いん》部《べ》氏《し》の神のようだが、さにあらず。なんと別名は弓月君《ゆづきのきみ》だというのだ。伊豆の神々が賀茂大神であることを考えれば、秦氏を率いてきた首長が祀られていたとしても不思議ではない。

⬆静岡県南伊豆町に鎮座する加畑賀茂《かばたかも》神社の扁額。

だが、興味深いことに石室神社の祭壇にはふたつのご神像が並んで置かれている。ひとりは物忌名之命＝弓月君の22世の孫にして、初代神職の「秦宿弥槻本」。もうひとりは妻の「繁子」である。繁子は物部氏の女であるという。物部繁子は秦氏に嫁ぐことによって秦繁子となったのだ。

奇しくも、秦氏の血を引く神武《じんむ》天皇＝応神《おうじん》天皇が物部王国、すなわち邪馬台国《やまたいこく》の王家に入り婿したことが結果としてまるっきり逆、物部氏が秦氏になってしまったのだ。石室神

⬆石廊権現《いろうごんげん》と呼ばれる石室《いしむろ》神社（上）と祭壇に並ぶ秦宿弥槻本と妻の繁子の像（下）。

社のふたつの神像はこれを端的に表現しているのみならず、逆転の構図はそのまま雛祭りとして現代にまで継承されているのである。

プロローグの冒頭で雛祭りに隠された日本神話の秘密を紹介した。雛祭りの主人公であるお内裏様とお雛様は、それぞれスサノオ命と天照大神《あまてらすおおみかみ》を象徴している、と。実は、これこそ物部氏と秦氏、そしてユダヤ教の絶対神ヤハウェと原始キリスト教の救世主イエス・キリストの関係を象徴しているのだ。

お内裏様＝スサノオ命はヤハウェ

雛祭りにおけるお内裏様はスサノオ命を意味している。スサノオ命は出雲《いずも》神であり、物部氏の神である。古代出雲王朝は投馬《とうま》国の領地であり、それを支配した海部《あまべ》氏は物部氏と同族であると同時に、隣の石見《いわみ》には宇摩志麻治命《うましまじのみこと》を祀る物部神社もある。

籠《この》神社の極秘伝「多次元同時存在の法則」を持ちだすまでもなく、唯一神を祀る物部神道からすればスサノオ命は絶対神である。元初の神だ。物部氏＝ユダヤ人ユダヤ教という観点からすればスサノオ命は絶対神ヤハウェにほかならない。

スサノオ命は「素戔嗚尊《すさのおのみこと》」と表現されるように、荒ぶる神である。嵐を呼ぶ神であるといっていいだろう。一方、『旧約聖書』における絶対神ヤハウェは、まさに荒ぶる神である。天変地異を引き起こす嵐の神だ。絶対神ヤハウェが龍神リヴァイアサン（レビアタン）を退治するエピソードがあるが、これはスサノオ命のヤマタノオロチ退治そのものであるといっていいだろう。

また、スサノオ命は出雲神の代表格である。出雲とは雲が出ると書くが、雲を出すとも読め

⬆『旧約聖書』のレビアタン退治（上）とスサノオ命のヤマタノオロチ退治（下）は同じ荒ぶる神による同じエピソードだ。

る。実際、スサノオ命が詠んだ日本最古の和歌「八雲立つ出雲八重垣妻ごみに八重垣作るその八重垣を」に端的に示されるように、八雲や出雲など、雲そのものがスサノオ命の代名詞ともなっている。

対する絶対神ヤハウェはイスラエル人の前に姿を現すときは、必ず雲を伴った。大預言者モーセの前に現れたときも燃える柴、シナイ山の雷雲として顕現。出エジプトのイスラエル人を導くときは雲の柱となり、さらに契約の聖櫃《せいひつ》アークを収めた幕屋でも、顕現するときは必ず雲が部屋を覆い尽くした。いわば絶対神ヤハウェは雲を出す出雲神と表現できるのだ。

ユダヤ人ユダヤ教徒であった物部氏は自らが奉じる絶対

⬆絶対神ヤハウェが幕屋に顕現するときは部屋を雲が覆い尽くした。

神ヤハウェを『旧約聖書』に記された故事にならって出雲神、なかでも荒ぶる神として位置づけられたスサノオ命と呼んだのである。

お雛様＝天照大神はイエス・キリスト

一方、お雛様の天照大神はイエス・キリストを意味している。天照大神は太陽神であり、天孫族の神、すなわち天津神《あまつかみ》だ。国津神《くにつかみ》に対する天津神を祀るのは神武天皇＝応神天皇、つまり秦氏である。ユダヤ人原始キリスト教徒であった秦氏が祀る天照大神は、いうまでもなくイエス・キリストにほかならない。

天照大神がイエス・キリストであることは記紀神話の中にしっかりと記されている。天照大神を天照大神たらしめている「天岩戸《あまのいわと》開き神話」が、それだ。天照大神は弟であるスサノオ命の乱暴狼藉によって体を傷つけられたことがきっかけで天岩屋《あまのいわや》に籠もる。このとき『古事記』では天服織女《あめのはたおりめ》、『日本書紀』では稚日女尊《わかひるめのみこと》が死亡している。いずれも天照大神の分身とされることから、神話的に死んだのは天照大神自身であると解釈できる。事実「隠れる」という表現は天皇陛下をはじめ高貴な人が亡くなったときに使う表現である。

かくて死んだ天照大神は天岩屋に籠もったのではなく、実際は横穴式墳墓に葬られたことになる。入り口には大きな岩が扉として置かれたという。

さて、天照大神が天岩屋に籠もったことで天地が暗くなり、困り果てた神々は天岩戸の前に大きな榊《さかき》を立て、そこに八咫鏡《やたのかがみ》をかけた。天鈿女命《あめのうずめのみこと》は裸踊りをし、そばで常世《とこよ》の長鳴鶏《ながなきどり》が夜明けを告げる。

あまりの騒々しさに、天岩屋に籠もっていた天照大神が不審に思って天岩戸を少しだけ開けたところへ、天鈿女命が八咫鏡を差しだし、そこに映った姿を指して別の尊い神がいると述べた。これに天照大神が驚いた隙に天手力雄神《あめのたぢからおのかみ》が天岩戸をこじ開けて引きずりだし、天児屋根命《あめのこやねのみこと》が注連縄《しめなわ》を張って二度と入れないようにした。こうして再び世界に光が戻ったというのが天岩戸開き神話のストーリーだ。

これはカッバーラの手法で描かれたイエス・キリストの十字架刑と死、そして復活のことなのだ。八咫鏡に映った段階で、天照大神は鏡像反転して男神となり、それが榊にかけられていた。榊とは神の木であり、「生命の樹」のこと。原始キリスト教における最大の「生命の樹」は十字架にほかならない。十字架は木製であり、そこに磔《はりつけ》になったイエス・キリストを表現したのが八咫鏡なのだ。天孫ニニギ命に託宣したように、八咫鏡は天照大神の分身であり、榊にかかった状態は、まさに十字架刑を象徴していたのだ。

さらに裸踊りをし、八咫鏡を差しだした天鈿女命は、娼婦とも呼ばれ、最初に復活したイエス・キリストに会ったマグダラのマリア。常世の長鳴鶏とは使徒ペトロがイエスを知らないと

⬆⬅天岩戸《あまのいわと》開き神話（上）はキリストの復活（左）を表している。

嘘を口にしたときに鳴いた鶏のこと。そして、天岩戸開きに関わった天手力雄神と天児屋根命は、イエス・キリストが復活したときに現れたふたりの天使を意味しているのである。

カッバーラにおいて、イエス・キリストは御《おん》子《こ》なる神であると同時に絶対神ヤハウェである。ヤハウェが受肉した姿がイエス・キリストなのだ。霊のみで肉体を持たない陰なる存在としての御子がヤハウェであり、肉体を持った陽なる存在としての御子がイエス・キリストなのである。

雛祭りでは、お内裏様とお雛様の祝言《しゅうげん》が行われ、ふたりは結婚してひとつになる。男神と女神が結ばれてひとつになるとは、神話的に同一神であることを象徴する。スサノオ命と天照大神、すなわちヤハウェとイエス・キリストが同

一神であることを示しているのである。
だが、賢明な方はもうお気づきだと思うが、表向き女神と男神、陰と陽が入れ替わっているのは、秦氏が仕掛けたカッバーラの鏡像反転の呪術のせいである。八咫鏡をモチーフとして登場させ、かつ神社の御神体として鏡を設置させたのは、鏡像反転が最後の謎の鍵であることを暗示しているのだ。

ユダヤの右近桜・左近橘

雛祭りは婚礼をモチーフにしている。日本における最も神聖な婚礼といえば、天皇陛下と皇后陛下、もしくは皇太子殿下と妃殿下のご成婚である。日本国民の結婚式も、そのモデルは皇室の結婚の儀にある。

本来、天皇に即位してからご結婚されることはない。天皇として即位するときには、天皇陛下と皇后陛下が並んで儀式を行うのが原則である。即位の礼にあたっては、京都御所に置かれたふたつの高御座《たかみくら》にお上りになる。

ちなみに、今上《きんじょう》天皇が即位したとき、その御前で万歳三唱を行った総理大臣は海部俊樹であった。海部元首相は愛知出身で、そのルーツは四国の海部氏であるという。民間の人間ではあるが、即位の礼という大儀の一環を務めた首相が徐福《じょふく》集団の子孫にして邪馬台国の王家と深い関係にあるのは、はたして偶然だろうか。

プロローグでも紹介したように、高御座がある京都御所の紫宸殿《ししんでん》の前には、雛祭りにおける雛壇飾りと同様、右近橘と左近桜が植えられている。伝えられるところによれば、右近橘は秦氏の首長、太秦《うずまさ》とも称された秦河勝《はたのかわかつ》の邸宅にあったものだという。その意味で右近橘は秦氏の象徴といっていいだろう。陰陽道《おんみょうどう》では右は陰であるから、雛祭りにおいてはお雛様であり、女神である天照大神に相当する。

もうひとつの左近桜は物部氏の象徴である。雛祭りにおけるお内裏様であり、男神であるスサノオ命に相当する。

両者をユダヤ教の視点から見ると、陰陽の立場は逆転する。カッバーラの鏡像反転が仕掛けられているのだ。女神である天照大神が陽神イエス・キリストとなり、男神であるスサノオ命が陰神ヤハウェとなるのと同様、右近橘と左近桜の関係も入れ替わる。

そもそも聖なる場所に「右近橘・左近桜」を植える風習は、もともとユダヤ人特有のものなのである。

ユダヤ教の祭礼のひとつに「仮庵《かりいお》の祭り」というものがある。ヘブライ語では「スコット」という。出エジプトの際、人々が移動生活を余儀なくされ、仮庵で過ごしたことを記憶にとどめて伝えていく祭りで、ユダヤ暦のティシュリ月15日から8日間行われる。最初の7日間は犠牲を捧げ、屋外にしつらえた仮庵で過ごす。ただし、初日と8日目には聖なる集会を開き、安息日として休む。『旧約聖書』にはこうある。

「初日には立派な木の実、なつめやしの葉、茂った木の枝、川柳の枝を取って来て、あなたたちの神、主の御前に七日の間、喜び祝う」(「レビ記」第23章40節)

「新共同訳聖書」で「木の実、なつめやしの葉、茂った木の枝、川柳の枝」と日本語に翻訳されている部分はヘブライ語では「エトログ、ルーラヴ、ハダス、アラボット」とあり、いずれも具体的な植物の名前が示されている。エトログとは柑橘類の実で、見た目はレモンやカボスに似ている。ルーラヴとは棕櫚《しゅろ》やナツメヤシの葉。ハダスはミルトスという低木で、5つの花

⬆仮庵《かりいお》の祭りの様子（上）と4種類の植物（エトログ、ルーラヴ、ハダス、アラボット）を手にするユダヤ教徒（下／ウィキペディアより）。

弁をもった真っ白な花を咲かせる。そしてアラボットとは川柳のことで、祭りでは枝が用いられる。

ユダヤ教徒たちは仮庵の祭りの際、この4種類の植物を用意する。今でもその品質にはこだわり、祭りが近づくとこれらの植物が市場を賑わせ、人々はこぞって買い求めるのだ。さしずめその姿は正月が近づいた日本人たちが門松や注連縄を買い求める姿とそっくりである。

祭りに必要な植物が手に入ると、これを手に持ってユダヤ人たちは神に祈りを捧げる。その際、右手にはルーラヴ、ハダス、アラボットを持ち、左手にはエトログを握る。ここで注意したいのはハダスとエトログである。右手に持っている植物のなかで、最も象徴的な花を咲かせるのはハダス、すなわちミルトスである。ミルトスの花は日本の桜の花そっくりなのだ。同様に左手に握られるエトログは柑橘類であり、日本でいう橘の実であるといっても過言ではない。

そこで、あえてミルトスを桜、エトログを橘として、日本的に表現すれば「右近ミルトス・左近エトログ」、すなわちユダヤにおける「右近桜・左近橘」となる。日本の「左近桜・右近橘」と左右が逆転していることに注目してほしい。ユダヤの真実を知るためには左右を逆転させる必要があるのだ。

田道間守と徐福

カッバーラの奥義にしたがって、お雛様である秦氏とお内裏様である物部氏を左右入れ替えて、陰陽を鏡像反転させると、お内裏様は陽神であるイエス・キリストを祀る秦氏、お雛様で陰神であるスサノオ命を祀る物部氏となり、先に見た伊豆半島の石室神社のご神像とまったく同じ構図になる。

しかも、これは偶然かもしれないが、左近桜に対応する右近桜のミルトス、すなわちハダスはアケメネス朝ペルシアの王妃となったユダヤ人、エステルの別名でもある。物部氏のルーツが遠くアケメネス朝ペルシアから秦帝国を経て、徐福に率いられてきた東ユダヤ人であることを思うと、天の配剤を感じずにはおられない。

さて、このカッバーラの鏡像反転は長らく謎であった「秦氏と物部氏の複雑な関係」を解き明かす鍵でもある。橘を常世から日本に持ってきたのは田道間守《たじまもり》である。彼は天之日矛《あめのひぼこ》の子孫、すなわち秦氏である。

しかし、鏡像反転すれば、橘をもたらしたのは秦氏ではなく物部氏であったことになる。田道間守伝説の裏にあるのは物部氏、もしくは海部氏の歴史にほかならない。垂仁《すいにん》天皇のために不老不死をもたらす「非時香果《ときじくのかぐのこのみ》」を捜し求めて遠く常世国へと旅立った田道間守とは、秦始皇帝のために不老不死の仙薬を求めて東海に浮かぶ蓬莱山《ほうらいさん》を目指して出航した徐福、その人だったのである。

だからこそ、籠神社の海部光彦宮司は、筆者の物部氏と徐福の関係についての質問に対して直接的に答えを示すのではなく、いったんはいなしながらも、3度にわたって田道間守の話をしたのである。秦氏は秦氏でも、秦氏となった物部氏こそ徐福集団の末裔であることが本当の答えだったのである。

童謡「カゴメ唄」は籠神社の暗号歌だった!!

2009年の取材において、徐福の名を出したことに、何かふっきれたものでも感じたのだろうか。海部宮司はおもむろに数枚の紙を目の前に広げた。つい最近になって、ごく限られた氏子だけに公開した籠神社の極秘伝の一部であるという。

写真厳禁ということで、目を皿のようにして書かれている文字を追った。驚くことに、そこには童歌のひとつ「カゴメ唄」の秘密が記されていた。

「伝承によって、一部は変わってしまっていますが、本来、カゴメ唄は籠神社の隠し歌でした。そこには日本の国家成立に関わる重大な秘密が暗号として隠されています」

まったく予想だにしなかった展開に、筆者は正直、面食らってしまった。物部氏の謎を解き明かし、その確証を得るための取材であったが、まるで勝鬨を上げる直前に、アッパーカットでノックダウンされたような気分である。

いうまでもなく「カゴメ唄」といえば、日本人ならだれでも知っている童謡である。地方によって異同はあれど、およそこんな歌詞だ。

かごめ、かごめ
籠の中の鳥は
いついつ出やる
夜明けの晩に
鶴と亀がすべった
後ろの正面、だあれ

一般に、これには遊戯がともなう。目隠ししてしゃがんだひとりの子供を中心にして、数人の子供が輪になるように手をつなぎ、この唄を歌いながら周囲を回る。そして歌い終わった段階で立ち止まり、目隠しした子供が後ろに立っている子の名前を当てる。当たれば、当てられた子供が中心の子供と入れ替わって、再び遊戯は続けられる。当たらない場合は、そのままもう一度、同じことが繰り返される。

遊びそのものはいたって単純であるが、歌われる歌詞はどこか謎めいている。籠の中の鳥とは何か。それが出てくるとは⁉　夜明けの晩とは朝なのか、それとも深夜なのか。鶴と亀がすべるとはいったいどんな状態を意味するのか。そもそも、後ろの正面とは単純に真後ろのことなのか。言葉は明快なのに、それを想像するとなると、どこか釈然としない感覚がつきまとう。

ために、かねてから「カゴメ唄」は埋蔵金のありかを示す暗号歌ではないかと指摘されてきたが、古代日本の真相を知り尽くした籠神社の宮司はいとも簡単にこれを肯定する。しかも、暗号は暗号でも、それは籠神社の暗号歌であり、そこには日本成立に関わる重大な秘密が隠されているというのだ。

残念ながら、このとき見せられた一枚の紙だけではその全貌を知ることはできなかったが、ひとつだけはっきりしているのは、これが一種の「予言」になっているということである。唄の核心部分は「後ろの正面にいる者」であり、やがて公然と姿を現すとも読める。ならば、それは、いったいだれのことなのか。

手がかりはほかならぬ「カゴメ」、すなわち「ダビデの星」だ。

長い間、籠の中に閉じ込められた鳥は、今もそこにいるのか。それとも、解き放たれて、どこか遠い空を自由に飛び回っているのか。いずれにせよ、筆者はその鳥を追いかけねばならない。幸せをもたらす青い鳥であると信じて……。

あとがき

古代日本とユダヤの関係を調査するため、これまでに3回、別件での取材を含めると、5回、京都の丹波《たんば》に鎮座する籠《この》神社に赴いた。それによって、古代天皇の謎、秦《はた》氏の謎、そして物部《もののべ》氏の謎を解き明かしてきた。思えば、籠神社の極秘伝は、実に驚くべきものばかりだった。神という文字が諡《おくりな》に含まれる3人の天皇はすべて同一人物であるばかりか、初代から第15代までの天皇の事跡は、ひとりの天皇に帰する。同様に、神話における神々は、そのほとんどが別名であり、古代の神道は多神教ではなく、唯一神を奉じる一神教である。

さらに、籠神社の裏社紋はカゴメ紋であり、ユダヤ人のシンボルとして知られるダビデの星と同一である。以上のことから、古代日本には、明らかにユダヤ教、しかも神秘主義カッバーラ（カバラ）を基本とする原始キリスト教が存在したという結論に達したのだ。

おそらく、ここまで神道の深層が明らかになったことはないだろう。俗説のひとつというだけなら、これまで多くの日ユ同祖論はあったが、籠神社の極秘伝に基づく古代神道の解き明かしは、何より、この日本を裏から支えてきた秘密組織「八咫烏《やたがらす》」のお墨付きがある。裏天皇が認めているのだ。神道界に与えた影響がいかなるものか、ご想像できるだろう。もちろん、表向き、神道界は静観したままだ。否定することもなく、また攻撃することもないまま、事態を見守っている。

しかし、ここへ来て、少し変化が出てきた。ご存じの通り、伊勢神宮の内宮《ないくう》と外宮《げくう》を結ぶ街道沿いには多くの石灯籠が並んでいる。それらの石灯籠には十六花弁菊花紋のほか、カゴメ紋、すなわちダビデの星が刻まれている。ダビデの星があるということは、伊勢神宮がユダヤと関係があるに違いないと、これまで幾多の日ユ同祖論者らが指摘してきたことはおそらくご存じの方も多いであろう。

もっとも当局は、あくまでもこれは伊勢神宮とは関係がなく、地元の有志の方が石材店に依頼して勝手に立てたものだという姿勢をとっている。確かに、伊勢神宮の管理下にある境内の灯籠にはカゴメ紋はない。しかし、伊勢神宮とまったく関係がないのであれば、どうして石灯籠の存在を認めているのか。石灯籠があること自体、伊勢神宮が暗に存在を認めているという証ではないのかという批判の声もないわけではない。

こうした声に応じたのか、最近、これらの石灯籠が次々と撤去されはじめた。表向きの理由は危険であるからだという。すなわち、石灯籠の柱に車がぶつかると、その衝撃で上から上部が落ちてきて死亡事故につながるのだとか。大きな地震の際にも倒壊の恐れがあるという。

だが、はたして、それだけだろうか。かつて筆者が籠神社の極秘伝を公開し、古代ユダヤとの関係を公開した際、しばらくして奥宮《おくみや》にあった石碑に刻まれていたカゴメ紋が無難な三《み》つ巴《どもえ》紋に変えられた。宮司は言葉を濁したが、どうも某所から圧力がかかったらしい。ひょっとして、伊勢神宮の石灯籠に関しても同様のことがあったのではないか。実は、伊勢神宮の石灯籠に刻まれたカゴメ紋については、もうひとつ説がある。このカゴメ紋は元伊勢のひとつ、伊《い》雑《ざわの》宮《みや》の社紋だというのだ。伊雑宮は、かつて本伊勢と名乗ったことで大事件に発展したことのある曰くつきの神社だ。実際、問題の石灯籠は伊雑宮の前にも立っている。

籠神社と伊雑宮、ふたつの元伊勢の社紋がともにカゴメ紋なのは偶然ではない。ちゃんとした理由があるのだ。これは取材の最後に、籠神社の海部《あまべ》宮司が語った童謡「カゴメ唄」の暗号を解き明かす重要な手がかりとなる。一説に、童謡「カゴメ唄」には秘密の予言が隠されているという。いったい、それは何か。少なくとも、伊勢神宮に関係する予言であることは間違いない。伊勢神宮に大きな変化が起こる。石灯籠撤去はその序曲なのだ。

いよいよ、これから日本は重大な局面を迎えることになる……。

今回も共著者として全面的に協力してくれた三神たける氏と、編集作業でお世話になった西智恵美さんに感謝したいと思う。

サイエンス・エンターテイナー　飛鳥昭雄

●編集制作●西智恵美
●写真提供●龍谷大学図書館／山邊神宮／ウィキペディア／学研資料室／ムー編集部
●ＤＴＰ制作●明昌堂

MU SUPER MYSTERY BOOKS

失われた徐福のユダヤ人「物部氏」の謎

2011年5月24日
初刷発行

著者――飛鳥昭雄／三神たける
発行人――土屋俊介
発行所――株式会社　学研パブリッシング
〒141-8412　東京都品川区西五反田2-11-8
発売元――株式会社　学研マーケティング
〒141-8415　東京都品川区西五反田2-11-8

印刷――共同印刷

★ご購入・ご注文は、お近くの書店へお願いします。
★この本に関するお問い合わせは次のところへ。
・編集内容――編集部直通　03（6431）1506
・在庫・不良品（乱丁・落丁）――
販売部直通　03（6431）1201
★学研商品に関するお問い合わせは次のところへ。
文書は、〒141-8418　東京都品川区西五反田2-11-8
学研お客様センター『失われた徐福のユダヤ人「物部氏」の謎』係
電話は、03（6431）1002